読書空間、または記憶の舞台

20世紀文学研究会 編

風濤社

読書空間、または記憶の舞台＊目次

I　読みの振幅

Ⅱ　本の境域

本をめぐる記憶のプロムナード——54名への読書アンケート

読書空間、または記憶の舞台

カバーデザイン：伊勢功治

I　読みの振幅

異国のホイットマン

小池昌代

午後四時半
初めて来た国の　初めて来た町は
誰一人知らない
知り合いにもなれない
背の高い人々
無愛想な人々
すれちがったとき
空気が　ひゅっと音たてすぼまった
あれ　あの人　どこかで会った?

黒いリュックのなかに
小さな本と
薬指と
切り立つ断崖をしまいこんで
妄想ばかりが　ふきあがる外国の路地
呑めないくせに酒屋をのぞく
ずらっと並んでいる瓶の風貌は
人間よりも　品格があって懐かしい
おお　ダルモア　ロイヤル・ブラック
行くところがない
本屋に入る
酒屋には酒があり
本屋には本がある
その一角に
燃える藁小屋
POETRY（詩）の看板の横に立つのは

あんたホイットマンじゃないの
黒いリュックで
さっきすれ違ったわね?
好きじゃなかった　あんたのこと
なんだかうっとおしくて
ディキンソンのほうが　ずっと素敵
なのに　わたしはあんたの顔を知ってる
詩集でみたわ
あんたの名前も
そして詩の一行までも
東京の　わたしの本棚の
片隅にも在ったホイットマン
肩に手をかけ　ページを開く
I celebrate myself, and sing myself.
燃える藁小屋のなかからとびだし
荒野をまたぎ

Waterstones の扉を押して
濡れた石畳の上
傘を開けば
ひゅっと音がして　小さな穴があく
どうしてくれるのさ
ホイットマンの内ポケットから
飛び出た遊魂の欠片に違いない
オックスフォード、　午後四時半
壊れた傘で
裏路地を歩いていく
I celebrate myself, and sing myself.
黒いリュックのホイットマンよ
「お前がたとえ俺を嫌いでも
　俺はここにいる
　ここに広がる
そうしてお前とつながっている」

選ばれし書物の壊し方

――ジョナサン・サフラン・フォア『暗号の木』を「読む」ために

波戸岡 景太

はじめに

書物とは何かという問いかけに、プロットやコンセプトやナラティブのみでなく、一冊の（と同時に印刷され流通する複数冊の）書物そのものとして答えてくれる、稀有な作品がある。『暗号の木』と題されたその本は、新世代のユダヤ系アメリカ文学を代表する作家ジョナサン・サフラン・フォアが、世界的ベストセラー『ものすごくうるさくて、ありえないほど近い』（二〇〇五）に続く自身三作目の小説として、二〇一〇年に発表した書物だ。一見したところ、ごく平凡なペーパーバックのように思える同書だが、その扉を開いた人のほとんどは、アッと声をあげるか、思わず息を飲むかして、これが正常な書物ではないということをその身体的反応によって表現してしまうことだろう。なにしろ、同書の全ページには、作者の意図的な「くり抜き」が施され、それがために、他の書物では経験しようのない物質的な脆弱さというものが、これを読もうとする人の身体に直接的に伝わってしまうのである。すなわち、テクストとして何が書かれてあるかということばかりでなく、先行するテクストがどのように失われ、どのように新しいテクストが現前化しているか、といったことが、いわば物質的なメタ構造となって提示されている作品――それが『暗号の木』なのである。

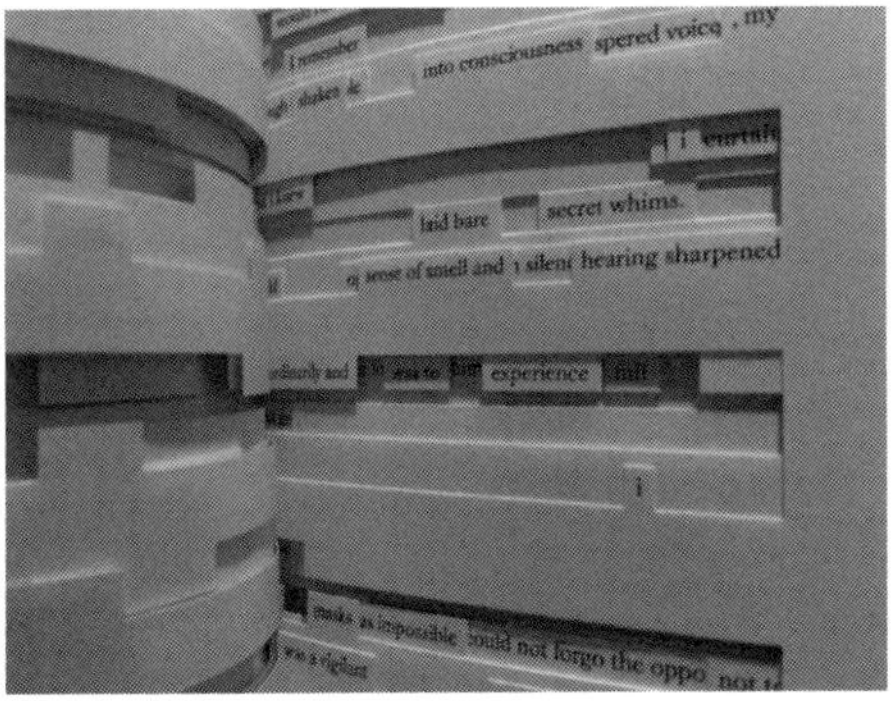

　同書が、フォアという才能によって企画され実現された、革新的な「書物論」であることは間違いない。だが、その真意を言い当てるには、いささか謎が多すぎることも事実だ。たとえば、なぜ削除のために「くり抜き」が選ばれたのか、くり抜かれる側のテクストはなぜフォア自身のものではなくブルーノ・シュルツというポーランドのユダヤ小説家のものであったのか、はたまた、なぜ同書は五〇〇〇部しか刷られなかったのだろうか……、といった具合に、さまざまなレベルで生じてしまう本書の謎は、一つ一つを律儀に解いていこうとすると、ともすれば多義性のなかで目的が見失われてしまうといった事態を引き起こしかねない。なによりも、後続するページの文字列が層となって切り抜かれた穴から顔を出すことによ

って、同書は通常の意味ではほとんど「読む」という行為に適さない造りになっている。そんな「読む」ことのできない作品を、あえて「読む」ということは、ともすれば生産性の低い解釈ゲームとなってしまうだろう。

だからこそ、私たちには特別な準備が必要なのだ。テクストとしてのみならず、オブジェとしても「書物論」を体現する作品として製作され刊行された『暗号の木』を、従来の読解とはまったく異なった方法で「読む」ためには、私たちはまず、いくつかの書物論を経験しなければならない。焚書論、国民文学論、そして「書物の死」論。以下では、これら三つの書物論を辿りつつ、そのどこかの段階で、フォアの実践の真意が立ち現れてくれる瞬間を待ちたいと思う。

一、焚書論

美術家・鴻池朋子の作品に、『焚書 World of Wonder』（二〇一一）という鉛筆画の絵本がある。「何億年ものあいだ閉じられてきた本」（一二頁）がその扉を開かれるとき、ページの上では、天地創造から核実験に至るあらゆる出来事が引き起こされる。洪水、落雷、キノコ雲。それらはすべて、〈神〉が〈紙〉に与えし試練である。試練に耐えながら、本は生命を育み、ときにそれを破壊する。鴻池は書く、「想像力は内と外を狂ったように駆け巡る」と（二二頁）。確かに、彼女のドローイングは雄弁だ。とても紙に鉛筆で描いただけとは思えない深みが、そこにはある。水は黒々と荒ぶり、炎は艶かしいほどに煌めく。「春がきて屍はめばえる」（三四頁）。だがしかし、焚書というタイトルにもかかわらず、本そのものはちっとも灰燼に帰さない。私たちは思う、そもそも「焚書」とは、何であったのだろうかと。

焚書については、すでに多くの人がさまざまな見解を述べてきた。だが、本を焼くこととは畢竟、「世界を、そして一つの世界観をまるごと焼き尽くすことのできる造物神のような力を誇示する唯一の方法」であるとした、イタリアの記号学者ウンベルト・エーコの言葉ほど、人々の共感を得られる解釈はないだろう（『もうすぐ絶滅するという紙の書物について』、三四二）。ここでエーコが語っているのは、ナチス・ドイツによって先導された、一九三三年の焚書についてである。このとき、『わが闘争』という一冊の書物を頂点とする権力機構は、実に二万五千巻を超える書物を焼き払った。一対二五〇〇〇。単純すぎるそんな比率にさえ、私たちははっきりとファシズムの狂気を見るだろう。

他方で、焚書という手段は、対ファシズム政策としてはあまり有効性を持ち得なかった。ナチスを称揚する出版物の刊行には、いまだ強い制限がかけられてはいるけれど、ナチズムという謎を解明することが責務となった現代社会にあって、『わが闘争』の存在を忘却するなどということは、かえって困難になってしまった。とりわけ関係する学者たちなどは、組織的かつ個人的に、ヒトラーの著作を半永久的に保存し読み返す義務を負わされてしまったのである。

例をあげよう。一九九〇年代初め、思想書『ナチ神話』を上梓したジャン゠リュック・ナンシーとフィリップ・ラクー゠ラバルトは、その冒頭に「われわれは当時の膨大で単調な文学をほとんど読んでいない」（二六頁）という、戦略的な「無知」の告白を挿入することで、ナチズムに対する彼らなりの思想的焚書を行ってみせた。私たちは読まない、という姿勢をとることは、当然のことながら知識人にとっては苦しい選択だ。ともすれば反知性の誇りを免れないその姿勢を、けれども二人の哲学者は臆せずに選ぶ。その勇気は讃えられてしかるべきだが、そうした彼らの「焚書」は、もう一方の側に、彼ら自身の著書を最後まですえることはできない。「われわれは単にある特有なる論理の襞を押し広げてみようと努めただけであり、したがって、格別結論すべきことがあるわけではない」(八二頁)。結局、「当時の膨大で単調な文学」を焼き払った彼らがその対極にすえることができたのは、分析対象としての『わが闘争』と、ローゼンベルクの『二〇世紀の神話』といった、ナチス・ドイツ時代のベストセラーであった。

こうした逸話から窺い知れるのは、書物をめぐる選民思想的な世界にあっては、「選ばれし書物」と「祝福されし書物」が、決してイコールにはならないということ。鴻池の『焚書 World of Wonder』にしても、「何億年ものあいだ閉じられてきた本」は、最後まで燃え尽きない代わりに、その功績を讃えられることもなかった。読み手を失った書物は、沈黙するだけ。かくして、『焚書 World of Wonder』を読み終えた私たちは知るのである。私たちの手元に届けられ、開かれていく書物とは、いずれもみな、これまで地上で行われた数かぎりない迫害と虐殺から残されたものであるということを。

二、国民文学論

「選ばれし書物」について、もう少し具体的な事例を考えてみたい。たとえば、ジョナサン・サフラン・フォアが育ったアメリカ合衆国において、国民文学はどのようなかたちで選別されてきたのか。一九世紀アメリカ文学を専門とし、環境批評の第一人者でもあるローレンス・ビュエルは、そのキャリアの集大成ともいうべき大著『偉大なるアメリカ小説の夢』(二〇一四)において、合衆国における選ばれし書物の文学史を綴ってみせた。「私たちは知っている、偉大なるアメリカ小説の夢なるものが、死刑宣告を受けてなお消え去ることを拒み続けてきた歴史を」(四六二頁)。

一見、保守的な文学擁護論にも思える本書だが、その批評性はきわめて高い。「一九世紀半ばよりずっと、偉大なるアメリカ小説とおぼしき作品は、国家的願望や優位性やプライドといったものを弁護せず、むしろその脆弱性を診断し、国家的願望の正当性に繰り返し疑義を差し挟んできたのだ」(同)と主張するビュエルにとって、最も重要なことは、世俗的な「偉大なるアメリカ小説」の称揚ではなく、そうした国民文学を夢見る態度それ自体の是非を問うことにある。なにしろ、その夢が国内で高まるのは、決まって「アメリカの国力や世界的名声が将来的には相対的衰退の道を辿るという展望や、国民文化内部に走る亀裂」(同)が表面化したときなのであり、つまりは、合衆国の見る悪夢の中にこそ、「偉大なるアメリカ小説の夢」は花開くのである。

『緋文字』『白鯨』『アンクル・トムの小屋』そして『ハックルベリー・フィンの冒険』といった作品が、合衆国的な想像力を特徴づけているとみなすこと。それはすなわち、この国が揺籠の中で絞め殺され、思い上がりの末に難破し、人種的で地域的な分断に引き裂かれたかと思えば、自身をカリカチュアライズしてしまうといった具合に、合衆国の持つ負のイメージを更に増大させることに等しい。アメリカの国力や世界的名声が将来的には相対的衰退の道を辿るという展望や、国民文化内部に走る亀裂が露わになるたび、今こそ先人を打ち負かすチャンスであるとばかりに、嬉々としてその負の事態を作品化しようと作家たちがやっきになるのも、こうした観点からすれば故なきことではないのだろう。フィリップ・ロスであれ、トニ・モリスンであれ、あるいはトマス・ピンチョンであっても、たいがいの作家たちはそうやって執筆に取り組んできたのである。
（四六二頁）

国家的な危機を、あたかもビジネスチャンスであるかのごとくに受け入れる作家たち。浅ましいと言ってしまえばそれまでだが、ビュエルにしてみれば、そうした祝福されざる下心こそが、偉大なるアメリカ小説を生み出してきたのだ。かくして、「選ばれし書物」と「祝福されし書物」は決してイコールにはならないという命題が、ここでもまた真となる。

ところで、『偉大なるアメリカ小説の夢』では、その刊行年にもかかわらず、今世紀最初に合衆国内で起こった象徴的な危機であるところの「九・一一」については、まっとうな査定はほとんどなされない。というのも、自身が「偉大なるアメリカ小説」の再検証を必要と感じたもっとも卑近な理由として、対テロ戦争へと国家を先導し煽動したブッシュ・ジュニアが『白鯨』のエイハブ船長になぞらえられていたことを挙げてみせるビュエルにとって、九・一一をめぐる小説群に期待できることは、あるいはあまりなかったのかもしれない。

それでも、現実問題として、九・一一という悪夢は、事件後十年以上を経てもなお、多くの作家たちに「偉大なるアメリカ小説の夢」をみせている。興味深いのは、その夢が持続しているあいだ、作家たちは危機を生き延びたサバイバー同士として、見えない連帯を組むことさえあるということだ。たとえば、当時二十四歳だったジョナサン・サフラン・フォアは、いまだ一冊の長編小説しか刊行していない新人作家であったが、そんな彼であっても、こと九・一一に関してならば、『重力の虹』(一九七三)という「偉大なるアメリカ小説」の作者であるトマス・ピンチョン(当時六十四歳)とも、その想像力を共鳴させることができた。

二〇〇五年。先に長編小説を刊行したのはフォアであった。『ものすごくうるさくて、ありえないほど近い』と題されたその作品は、父親が世界貿易センタービル崩落の被害者となってしまった少年を主人公とする物語であった。一方で、やはり家族というユニットを念頭に置き、九・一一前後のIT業界に取材した『ブリーディング・エッジ』なる作品をピンチョンが発表したのは二〇一三年のことだった。このように、作者の年齢もキャリアも、あるいは作品の発表年も重ならない二冊の九・一一小説だが、その虚と実の取り扱い方に注目すると、そこには思いがけない重なりが見えてくる。

たとえデビュー長編一作のみとは言え、当時フォアは、すでにしてユダヤ系アメリカ文学の旗手として認知されつつあった。そうした状況下での周囲の期待を、けれどもフォアは実にあっさりと裏切っていく。すなわち、彼は新作の主人公を「非ユダヤ」の少年に設定し、その家族を「ドイツにルーツを持つアメリカ人」としたのだ。米文学者クリスティアン・ヴェスリュイも指摘するように、「アメリカ生まれのユダヤ人であり、かつその家族はホロコーストの直接的な被害者でもある作者によって書かれたこの小説」であるからこそ、そうした物語設定は、意図的な虚と実の「ねじれ」と考えられるし、事実そう見なされもした（『アウト・オブ・ブルー』第三章）。

ピンチョンもまた、『ブリーディング・エッジ』においては、これと同じような「ねじれ」を仕掛けているのだが、その真意を理解するには、まずは先行する『重力の虹』のことを知っておく必要があるだろう。

彼の最大の出世作にして、刊行翌年には全米図書賞も受賞した『重力の虹』。同作でピンチョンは、「異端者」を遠い祖先にもつ「WASP」の家系というものを、みずからの祖先であるウィリアム・ピンチョンに取材することで創出してみせた。というのも、このウィリアムという男は、一七世紀半ばにアメリカの東海岸に入植するも、『われらが救済の褒むべき価』（一六五〇）という書によって異端者のレッテルを貼られた男であったのだ。そればかりか、彼の書物はボストン初の「焚書」の対象となり、ピンチョン家の始まりに暗い影を落とすことになる。だが、当時の価値観に照らして「異端」であったものが、現代においてもいまだ「異端」であり続けるなどということがあるだろうか。ピンチョンの想像力は、『見捨てられしものについて』というもうひとつの焚書本を物語内に生み出し、その存在はやがて、小説の主たる舞台であるナチス崩壊直後のドイツ内外の混乱すらも見事に相対化してしまう。

みずからの家系のカリカチュアライズという意味では、フォアもまた、そのデビュー作『エブリシング・イズ・イルミネイテッド』（二〇〇二）において、作者自身を思わせるユダヤ系アメリカ人の青年に、祖父の記憶を辿る役目を負わせ、かつまた、現代におけるホロコーストの意味に揺さぶりをかけるナラティブレベルでの実験を行った。そのフォアが、九・一一小説である『ものすごくうるさくて、ありえないほど近い』では、主人公の一家をユダヤ系からドイツ系へと転換したのと同期するように、ピンチョンもまた、『重力の虹』で提示されたWASPの家系を、九・一一小説『ブリーディング・エッジ』では、ユダヤ系のそれへとシフトさせる。

九・一一を小説化する、あるいは、「偉大なるアメリカ小説」化しようとする際に、なぜフォアとピンチョンは、その主人公の家系を、自分自身のそれからずらしたのか。さらに言うならば、彼らはなぜ、ホロコーストというテーマには有効性を感じていたメタフィクション的手法(作家自身の似姿を物語に登場させることで、虚と実の混淆を図ること)を、こと九・一一というアメリカ的危機の物語においては採用せず、かわりに、虚と実が「ねじれ」を生じさせるような主人公を設定したのか。パリス・レビューには、「『ブリーディング・エッジ』を書いた」ピンチョンは、私たちにとって、最もユダヤ的なWASPであると言ってもいい」という書評が掲載されたが、この言葉の背景には、「ビル・クリントンは、アメリカ初の黒人大統領である」といったトニ・モリスンの有名な言葉がオーバーラップしていた。すなわち、こうした「ねじれ」が意味を持つのは、単に異なるアイデンティティがふたつ並べられたというだけでなく、一方のアイデンティティが、主体の出自と効果的に反発しあった瞬間なのである。

フォアとピンチョン。世代も出自も異なる二人のアメリカ人作家は、虚と実に「ねじれ」を加えた主人公を生み出すことで、合衆国を構成するさまざまな集団のいずれにも回収されることのない地点を探り出し、そこから、合衆国の国家的危機を語ってみせた。このとき、二つの作品が、やはりどちらもインターネットへの積極的なアクセスを主人公たちに課していたことは注目に値する。ピンチョンの場合、インターネット世界への参与は、主人公の探求に深みと広がりをもたらすのだが、だからといって、危機の原因が特定されるわけではない。むしろ、ネットという脱国家的な文化圏と対置されることによって、虚と実の「ねじれ」であるところの主人公の出自は、九・一一という事件との相性のよさを明らかにしていく。

同様に、フォアの小説では、オスカー少年が九・一一という出来事について、英語以外のさまざまな言語によってグーグル検索を行うシーンが印象的であった。その検索は、本来であれば国境や言語の壁を越えたところに立ち現れる「仲間」を求める行為であったのだが、結果的にオスカー少年は、どの国でも未成年の自分がかき集めた以上の情報が共有されており、自分一人では到底想像しきれないほどの多様な解釈がネット上に溢れているということを思い知らされることとなる。

九・一一というパブリックな物語を、亡父に関する事物や人物を徹底的に収集することで、父子のごくプライベートな物語に収斂させようとするオスカー少年の試み。それは、ともすると、「独創的な九・一一小説」を「偉大なるアメリカ小説」にまで昇華させるといった、作家自身の使命感の裏返しのようにも思えてくる。事実、一冊の書物に封じ込められた物語は、それを手に取った無関係の人々に共有され、パブリックなものとなることで初めて大きな意味を持つのだが、その一方で、作家とは、自身の書物と物語が唯一無二のものであることを主張せずにはいられない。つまり、みずからのプライベートな世界観がパブリックとなることを夢見つつも、ひとたびパブリックとなった書物と物語に対しては、あくまでも排他的なオーサーシップを要求しなければならないというのが、作家という矛盾した存在の本質なのである。

だからこそ、フォアとピンチョンがそれぞれの九・一一小説で試みた、みずからの出自の「ねじれ」の表出は、私たちが思う以上に切実なものであったのだ。彼らの「ねじれ」にもとづく偽装工作は、まずは国民文学となるべき各々の小説が孕む、パブリックとプライベートの不均衡を露呈させた。そうして二人は、書物というものが本来、国家のような大きな共同体の内と外のはざまに浮遊するものであることに思いをはせつつ(対するインターネットは、はざまではなく、内と外が合流し合う場であると考えるべきだろう)、文字通りに「新しい＝ノベル」な事象である、この九・一一の小説化に挑んだのである。

三、「書物の死」論

フォアの小説『ものすごくうるさくて、ありえないほど近い』は、一定の商業的成功を収めたのち、二〇一一年にはスティーブン・ダルドリー監督の手で映画化もされ、さらに多くの読者を獲得した。同作は各国で翻訳され、作者のフォアを一躍セレブリティに押し上げた。しかし、そうした華やかなサクセス・ストーリーの最中に、一冊のフォア名義の書物が出版されたことに気づき、あまつさえそれを入手した人間はあまりに少ない。

ツリー・オブ・コーズ。直訳すれば『暗号の木』となるその本は、五千部という、世界的ベストセラー作家としては驚くほど少部数での出版だった。同書が限定出版となった最大の理由は、ダイカットという技法による、書物そのものの「くり抜き」行為にあった。既存のテクストから単語を取捨選択して創作する、いわゆるファウンド・ポエトリーの手法を用いた『暗号の木』は、本来ならば塗り潰すかホワイトで消すかされるべき不要な部分を、きれいさっぱり切り落としてしまったのだ。

言葉の消去が、ただちに紙面の物質的欠損として提示される書物。それはあたかも、くり抜かれたオリジナルのテクストへの冒涜であり、言葉を伝達する書物そのものへの反逆のようである。そして、そのようなかたちでの書物への介入は、フォアに限らず、芸術の領域ではしばしば行われてきた。たとえば、中川素子と坂本満が編者となった『ブック・アートの世界』（二〇〇六）を開いてみると、そこには、二〇世紀初頭の未来派を中心とした、オブジェとして書物の書物性にメスを入れられた作品が、三十冊あまり紹介されている。とりわけ目を引くのは、福本浩子による『バベルの本』。中川の解説には、「表紙を開けると、扉、本文部、奥付とどの部分の文字も穴があき、文字が消失してしまっていて読めない。〔……〕作者によれば、この穴は線香を一文字一文字押しあてて開けたとのこと」とある（二四五－二四六頁）。

あたかも、書物それ自体を罰するかのような『バベルの本』だが、惜しむらくは、これが決して流通しないという点であろうか。線香の火にせよ、ナチス・ドイツの焚書の炎にせよ、それによって燃え上がるのは、あくまでも象徴としての書物でしかない。そして、象徴としての自身が焼かれているあいだも、オリジナルなきコピーであるところの書物は流通をやめない。

今福龍太は、レイ・ブラッドベリの焚書をめぐるSF小説『華氏451度』を論じながら、書物の「真実」について次のように述べている。

〔……〕この世界に書物の存在と不在があるのではなく、むしろ書物とははじめから「非在」である何かなのかも知れない。その無形のイデアが、しかしつねに紙と糸とインクによる身体をそなえた命の限りある物質として現前していること。それこそが書物の神秘であり、逆説であり、かけがえなき真実なのかもしれない。
（二八頁）

確かに、書物とは、そのテクストが指し示そうとしているかたちなき何かの、世をしのぶ仮の姿であるのかもしれない。そして、私たちはその何かの仮の姿にしか出会うことを許されないから、結果として、仮の姿そのものを当の何かであると見做すようになってしまう。そこまでは良いのだが、果たして、焚書や一点もののアート製作のような象徴的行為によって、その何かに到達できるかと問われれば、難しいと答えざるをえないだろう。そうではなく、「身体をそなえた命の限りある物質」がどのように現世に生まれ、育ち、そして朽ちていくかが肝心なのだと説く今福は、現代社会において書物を取り巻く本当の脅威とは、むしろ、デジタル・アーカイヴなどによる書物の「不死」化にあると主張するのだ。

瓦礫を前にして私たちがいま真に憂えるべきは、書物の死ではない。むしろ、身体を欠いた不死の書物が記号情報の洪水的ネットワークとして構想され、そのことによって逆に書物が十全に生き尽くす可能性を剥奪されてしまうこと。これこそ、私たちがいま直面する生命と記憶の最大の窮地にほかならないのである。
（三二頁）

世界を覆い尽くす記号情報の網目から、純粋に物質としての書物を、書物として成立するぎりぎりのかたちで掘り出すこと。物質的繁栄をほこる現代社会の象徴的建造物が倒壊し、その映像が瞬時に全世界に流布するような状況下にあって、フォアの『暗号の木』は、破壊にも似たその造本によって、改めて「書物が十全に生き尽くす」ことを願ったのかもしれない。ポーランドのユダヤ系作家ブルーノ・シュルツの短編集『肉桂色の店』を手にしたフォアは、そこに収録された「大鰐通り」(STREET OF CROCODILES) という短編のタイトルに手を加え、『暗号の木』(TREE OF CODES) という新たな題名を作った。各ページについては、すでに述べたように、ダイカットによって不要な言葉がくり抜かれてしまったから、それを開いていくと、その立ち姿はあたかも廃墟となったビルディングのようにすら見えてくる。

欠損した用紙を綴じた『暗号の木』は、それでも書物として十全に生き尽くすべく、流通と消費に耐えうるよう、その造本にも細心の注意が払われた。具体的には、製本途中での破損を回避するため、いわゆる「くるみ製本」によってペーパーバック版のみが限定部数で発行されたのである。

廃墟としての書物、あるいは、無数の銃痕を残された書物としての『暗号の木』は、「作品の物質的正常さに危害を加えることは、文学という観念そのものを標的にすることになる」と述べた、ロラン・バルトの思想をも体現する(吉村和明訳、「文学と不連続」二六三頁)。バルトは、フランスの詩人ミシェル・ビュトールの『モビール』を念頭に、そのカタログ的かつスクラップ・ブック的な手法が、「正常な活字印刷=正常な言説」という図式を破綻させることで、逆説的に文学を発見したと論じたが、フォアの場合、そのダイカットの最大の効果とは、くり抜かれた当のシュルツのテクストが、消去でも欠損でもなく、まさしく「非在」としかいいようのないかたちで再発見されることだろう。

試みに、本文中において「Tree of Codes」という言葉が登場する箇所を、本来であればくり抜かれて読むことのできないシュルツのオリジナルテクストを再現するかたちで引用してみよう。

> The Street **of** Crocodiles **was** a concession of our city to modernity and metropolitan corruption. Obviously, we were unable to afford anything **better than a paper imitation**, a montage of illustrations cut out from last year's mouldering newspapers.

（九六頁）

「暗号の木は、紙の模造品よりもマシだった」という一文が、実は、これだけの言葉を削って成立しているということと、反対に、たったこれだけの一文の背後に、倍以上の先人のテクストが潜んでいるということを、『暗号の木』は、実に生々しいかたちで提示する。その生々しさとは結局、物質としての書物と非在の何かとしての書物性の両方が、そこにひとかかえにあるということに由来しているのだろう。

かくして、『暗号の木』のページを危なげにめくり、その物質的崩壊の予感に怯えた読者たちは、テクスト上に残された文字の連なりを追ううちに、不意に気づかされるのだ。選別と破壊の危機に常に晒される「紙製の模造品」としての書物とは、実のところ、それ以上に数限りない言葉の選別と破壊の末に残された、思考の瓦礫のオブジェであったことを。

おわりに

覗き穴のごとくあいた空白をかつて埋めていた、先人のテクスト。それはある種の「暗号」として、いまそこに現前化しているテクストの意図するところを、ときに強め、ときに曖昧模糊とさせる。このとき、すべての解釈の鍵となるシュルツの言葉は、書物の中にあってその書物からあらかじめ切り落とされるというプロセスを経ることで、いかなる全体主義者も手出しのできない、非在と実在のはざまにのみ綴られることとなる。それはいわば、選ばれし言葉と見捨てられし言葉という、単純な二項対立の撹乱である。このことはさらに、「大鰐通り」を含んだ『肉桂色の店』という書物と、そこから新たに作り出された『暗号の木』という書物の関係が、すでに私たちが見てきた「選ばれし書物」と「見捨てられし書物」のそれとはまったく次元の異なるものとして想像され、かつまた、その二冊が、書物としてはたった一つの「身体」となって創造されたことに繋がっていく。

「おのずから、書物は穢れを知らず、おのがうちに封印されている。この封印のうちに、書物は始まり、そして終わる。書物はつねに、おのれ自身の墓碑銘なのだ」というのは、本論の初めに引用した『ナチ神話』の共著者ジャン＝リュック・ナンシーによる単著『思考の取引』からの引用だが、『暗号の木』という書物は、おのれ自身の墓碑銘の上に、「非在」としての他人の墓碑銘を「穿つ」ということをした作品であったのだ。そして、『暗号の木』は、「読む」という行為を繰り返されることで、少しずつよじれ、裂け、朽ちていく。そうやって、もう何度目かの崩壊を開始する同書とは、「書物とは何か」という私たちの問いかけに、すぐれて書物的な態度で、プロットやコンセプトやナラティブのみでなく、一冊の（と同時に印刷され流通する複数冊の）書物そのものとして、応答しようとしているのである。

引用文献

Buell, Lawrence. *The Dream of the Great American Novel*. Cambridge: Belknap P of Harvard UP, 2014.

Foer, Jonathan Safran. *Extremely Loud and Incredibly Close*. Boston: Mariner, 2005.

——. *Tree of Codes*. London: Visual Editions, 2011.

Lippman, Gary. "Pynchonicity." *Paris Review*. 5 September 2013, Online.
<http://www.theparisreview.org/blog/2013/09/05/pynchonicity/>, 23 May 2015.

Pynchon, Thomas. *Bleeding Edge*. New York: Penguin, 2013.

——. *Gravity's Rainbow*. New York: Viking, 1973.

Versluys, Kristiaan. *Out of Blue: September 11 and the Novel*. New York: Columbia UP, 2009. Kindle.

今福龍太『書物変身譚』新潮社、二〇一四年。

エーコ、ウンベルト、ジャン＝クロード・カリエール『もうすぐ絶滅するという紙の書物について』工藤妙子訳、CCCメディアハウス、二〇一〇年。

鴻池朋子『焚書 World of Wonder』羽鳥書店、二〇一一年。

中川素子、坂本満『ブック・アートの世界——絵本からインスタレーションまで』水声社、二〇〇六年。

ナンシー、ジャン＝リュック『思考の取引——書物と書店と』西宮かおり訳、岩波書店、二〇一四年。

——、フィリップ・ラクー＝ラバルト『ナチ神話』守中高明訳、松籟社、二〇〇二年。

バルト、ロラン「文学と不連続」『批評をめぐる試み——一九六四』（ロラン・バルト著作集 五）、吉村和明訳、みすず書房、二〇〇五年。

書物の中の書物、ハガダー

関口裕昭

この世に存在する膨大な、それこそ星の数ほどある書物の中で、「書物の中の書物とは何か」という問いを出したら、どんな答えが返ってくだろうか。

これはきわめて漠然とした問いである。もっとも高価な書物のことをいっているのか、もっとも巨大なものをいうのか、あるいは最古の書物なのか――。さらに一冊の本なのか、それともあるジャンルや集合体を想定しているのか。それぞれに応じて異なる答えが出てくるはずである。

ある人は聖書だというだろうし、これがおそらく一番多い答えではないか。コーランだと答える人も当然いよう。個々の作品ならば、ダンテの『神曲』やゲーテの『ファウスト』などの古典に始まり、『ハリー・ポッター』など最近のベストセラー、さらには個人的な思い出の詰まった作品をとりあげる人もいるだろうから、いくらあげてもきりがない。

しかし私なら、即座に自信をもって、それは〈ハガダー〉である、ときっぱり答える。なぜ〈ハガダー〉なのか、また〈ハガダー〉とはどのような書物なのか。これから、この問いに答えていきながら、私が理想とする書物について語りたいと思う。それはとりもなおさず、効率と実用性のみが重視される現代の情報社会の中で、価値を失いつつある紙媒体の書物のもつ意味を再確認し、それを後世に伝えていくための小さなきっかけになればと思う。

そのためには〈ハガダー〉を扱った一冊の新しい小説と、〈ハガダー〉を創作の基盤に据えていたドイツの詩人ハイネについて語らねばならない。

1　『古書の来歴』

『古書の来歴』は一冊の書物がたどった長い歴史を扱った小説である。原題は *People of the Book*、「啓典の民」、すなわちユダヤ人という意味である。ある書物にかかわった人々の時空を超えた、奇想天外な物語が展開する。著者のジュラルディン・ブルックスはオーストラリアに生まれ、大学を卒業後、新聞社に勤め、その後特派員としてボスニア、ソマリア、中東などを旅した。小説家としてのデビュー作『灰色の季節を超えて』（二〇〇一）は、ペストの災禍の吹き荒れる一七世紀半ばのイギリスの小村を舞台にして、生命を賭してそれを防ごうとする人々を語った感動作である。第二作『マーチ家の父——もうひとつの若草物語』（二〇〇六）ではピューリッツアー賞も受賞し、ストーリーテラーとして高い評価を受けている。

『古書の来歴』（森嶋マリ訳、武田ランダムハウス・ジャパン、二〇一〇）は、日本でもかなりの好評を博し、二〇一一年の翻訳ミステリー大賞を受賞した。しかし、本書の価値を「ミステリー」というカッコにくるんで評価したことは日本の読書界の限界というほかなく、ミステリーファンからはこれはミステリーではないと非難され、これほど面白く価値のある小説が、今では絶版の状態にある。

時は一九九六年。主人公のハンナ・ヒースはオーストラリア生まれの若い女性の古書鑑定家。あの伝説の〈サラエボ・ハガダー〉が発見され、調査と保存を依頼された彼女は、急遽サラエボに飛ぶ。調査の過程で、その書物に残されたかすかな痕跡――外された留め金の跡、蝶の鱗粉、ワインの染みなど――を調べていく現在と交錯するようにして、この書物がたどった数奇な過去が物語られていく。

ハンナを主人公とする奇数の章と、書物の来歴をさまざまな時代と場所から語る偶数の章が交互に進んでいく珍しい構成を取っている。恋や仕事に悩みつつ、独立した女性としての生き方を模索するヒースの成長も共感を呼ぶが、なんといっても読みごたえがあるのが、書物の過去を描いた偶数の章である。そのいくつかを紹介すると――

「蝶の羽」（一九四〇、サラエボ）では、ローラという一五歳のユダヤ人少女が、ナチスの迫るサラエボからパルチザンに助けられつつ、決死の逃避行を成し遂げる。章の最後で窓からドアから忍び込んだ蝶の羽の鱗粉が、人知れず本の上に落ちる。「翼と薔薇」（一八九四、ウィーン）では、ユダヤ人の医師ヒルシュフェルトが患者のミトルから〈ハガダー〉を譲り受ける。翼と蝶は、この留め金に彫られていた模様であった。「ワインの染み」（一六〇九、ヴェネチア）では、キリスト教の教義に反する書物は焚書にされる厳しい時代に、カトリックの司祭ヴィストリニとユダヤ教のラビ、ユダ・アリエとの稀有な友情と葛藤が描かれ、悲しみに暮れた司祭がガラスを握りつぶしたとき、〈ハガダー〉にワインと血の染みがつく。そしてユダヤ人追放令が敷かれ、異端尋問の吹き荒れる一四九二年、スペインのタラゴナ……。小説の締めくくりは二〇〇二年、公開を目の前にし〈ハガダー〉に驚くべき運命が待ち構えている。おそらくこの出来事が「ミステリー」とみなされたのであろうが、ハンナがそれをいかに見事に解決するかは言わぬが花であろう。

〈ハガダー〉がテーマであるので、どの章にもユダヤ人が登場するが、決してユダヤ人だけの物語ではない。意外なことに、〈ハガダー〉はユダヤ人とともにそれを取り巻く様々な民族によって助けられ、危機を乗り越え次の世代へと受け継がれてゆく。この小説が繰り広げられるそれぞれの時代は、実際の〈サラエボ・ハガダー〉にとっても、存続できるかどうかの岐路となる重要な年代であったことが分かっている。ユダヤ人は他の民族から煙たがられ迫害を受けるが、必ず彼らを理解し、救いの手を差し伸べる人々がいた。筆者がオーストラリア出身ということにもよるのだろう、海外の小説を読んでいて時おり感じる欧米中心主義というものと本書は無縁だ。さまざまな民族が入り混じり、融和していく明るい未来が描かれている。その中心に〈ハガダー〉があることに、私は静かな感動を禁じえなかった。

ところで〈ハガダー〉とはどんな書物なのか。

〈ハガダー〉(Hagadah) または〈ハガッダ〉(Hagadda) は、アラム語で「物語」を意味する。旧約聖書のさまざまな物語的伝承を、風俗、信仰、歴史から解説し、集約した書物である。説話、伝説、奇蹟譚、教訓、ジョークなどさまざまな形態をとり、聖書の解釈において実践的な規範を導き出すよりも、その背景にある思考や宗教観を示すことに重きが置かれている。特に「出エジプト」を扱ったものが多く、過越祭のセデル（晩餐）において朗誦された。ユダヤ人の家庭には、このような美しい挿絵が入った豪華な装丁の〈ハガダー〉が代々保存されてきたのである。

日本では、私の知る限り一冊だけ〈ハガダー〉が刊行されている。アルトナ＝ハンブルクの〈ハガダー〉写本（一七五二）を翻訳した『過越祭のハガダー』（石川耕一郎訳、山本書店、一九八八）である。ヘブライ語と英語によるオリジナルの復刻版（閉じ本ではなく、短冊形になっている）に別冊子として日本語訳がついている。美しく多彩な挿絵と本文から、〈ハダガー〉の豊かな世界を垣間見ることができる貴重な書物である。

『古書の来歴』では次のようにハガダーが紹介されている。

「これほど高価な顔料が用いられている古書は、宮廷や大聖堂で使用するために作られたものが多い。ところが、〈ハガダー〉は家庭で使うものだ。〈ハガダー〉という書名は、ヘブライ語の〝語る〟という意味を持つ動詞の語根 hgd から派生したもので、出エジプト記の物語を親から子へ語り継げという教えからきている」（上巻、四一頁）。

私の経験から言うと、〈ハガダー〉の装丁はどれも意匠をこらした豪華絢爛なもので、しかも手作りである場合が多い。各家庭に独自の〈ハガダー〉があり、代々それが伝えられてゆく。〈ハガダー〉は旧約の故事を物語ると当時に、折々の祭り、とくに過越祭でそれを朗読する。つまり次の世代へと語り伝えられ、何百年も語り継がれてゆく使命を持った書物である。このような書物がほかにあろうか。筆者は右の部分に続けて、こう書く。

「ページをめくった。とたんに、何よりも学術的な考察を誘発する絵が目に飛びこんできた。それはある家族を描いたものだった。服装から察するにスペインに住むユダヤ人の家族が、過越しの祭のセデルのテーブルについていた。テーブルにはその祭ならではの食べ物が並んでいる。ヘブライ人がエジプトを脱出する前夜に、パン種を入れずに大急ぎで焼いたことに由来する種無しパン（マッツォー）。〔……〕家長はゆったりと椅子の背にもたれて――ゆえに奴隷ではなく自由市民だ――黄金の盃でワインを飲んでいる。〔……〕」（上巻、四二頁）

〈ハガダー〉には光彩陸離たる挿絵が多数収録されている。偶像崇拝を固く禁じたユダヤ人がなぜ〈ハガダー〉にだけ挿絵を許したのか、そのなぞはまだ解けていない。しかし、〈ハガダー〉の中の絵には、ユダヤ人にそなわった驚くべき想像力の発露がみられる。

たとえば、右の文章では過越祭のセデルという儀式のことが描かれている。いま私の手元にある〈ハガダー〉にも同じ場面を描いた絵がある。円卓を囲んで家族七人が席についている。みな楽しそうだ。四人の大人は黄金の盃を手にし、テーブルには赤い覆いがかぶせられてある。その下にはこれから始まる晩餐でのすばらしい料理があるのだろう。後ろの扉や窓は大きく開け放たれていて、噴水や糸杉のあるすばらしい庭が見える……。

この〈ハガダー〉はある詩人の家に代々伝わったものである。次にこの詩人について語ることにしよう。

2　ハイネとハガダー

ハインリヒ・ハイネ（一七九七～一八五六）はゲーテ以後のドイツ最大の詩人のひとりであるが、デュッセルドルフに生まれたユダヤ人であった。そのためドイツでの彼の人生は暗礁に乗り上げ、三一歳の時に意を決してパリに移り、ドイツの雑誌や新聞に寄稿するジャーナリストとして敏腕を振るった。ドイツへの憧憬の念は断ち切れず、何度か故郷へ戻り、『ドイツ　冬の旅』などの詩集を書いたが、最後は異郷の地で死んだ。晩年には、ユダヤ人としての自覚はますます高まっていった。

ハイネが自らの出自を強く意識するようになったのは、一八二二年ベルリンでユダヤ人文化学術協会に入会したことによる。学殖豊かなガンツやツンツらの仲間から刺激を受け、図書館から古い本を借りるなどしてユダヤ人の歴史、特にその迫害の歴史を真剣に勉強し始めた。彼らとともに、一八二四年四月一三日、一四日の過越祭の夜にハガダーを朗誦したことは、少年時代の思い出をよみがえらせ、未完に終わった歴史小説『バッハラッハのラビ』（以下、『ラビ』と略記）の執筆の強いきっかけになったと思われる。晩年にもハイネは詩集『ロマンツェーロー』において、ユダヤというテーマにふたたび正面から取り組んでいる。

ところがハイネのユダヤ性を研究することは、ドイツでは長らくタブーであった。ドイツ有数の詩人が実はユダヤ人であるなど、ドイツ人は認めたくなかったのであろう。さらに東西分断の時代には政治的要素が介入した。ハイネをマルクス主義的に読むか、そうでないかの東西の間での熾烈な競争があり、ユダヤ性はなおざりにされたのである。

ユダヤ人としてのハイネのヴェールがはがされたのは、ようやく一九七〇年代にはいってからであり、ハルトムート・キルヒャーの『ハイネとユーデントゥム』(一九七三)がその嚆矢をなす。以来、このテーマで優れた研究が続けられているが、まだ全体像が明らかにされたとはいえない。私も日本のあるベテラン世代のハイネ研究者が、「私はハイネをユダヤの詩人と思ったことは一度もありません」と断言するのを聞いて、開いた口がふさがらなかったのを鮮明に記憶している。

私がハイネのユダヤ性に興味をもつきっかけとなったのが、二〇年ほど前に刊行された、ハイネの母方のゲルデルン家に代々伝わった〈ハガダー〉の復刻版である(*Die von Geldern Haggadah.* Hrsg. von Emil G. L. Schrijver und Falk Wiesemann, München, 1997)。この書物のおかげで、われわれはハイネが子どものころ見ていた〈ハガダー〉を目にすることができる。これをつぶさに読むと、ハイネがいかにハガダーをもとに多くの作品を書いていたか、彼のユダヤ人像がいかにそれに依拠しているかが、理解されるのである。そして同書と『ラビ』をつぶさに比較してみると、その文章と挿絵が『ラビ』の記述にいかに大きな影響を与えているかに驚かされる。

それを指摘する前に、まず『ラビ』のあらすじを紹介しておく。

時は一五世紀の末。場所はライン河畔のバッハラッハ。ラビ・アブラハムは友人や親戚を自宅に招いて過越祭を開く。ラビがハガダーを朗読しているとき、二人の男が侵入し、子どもの死体をひそかにおいて去る。危機を察知したラビは妻ザーラとともにひそかにその場を抜け出し、船に乗ってライン川を下り、フランクフルトに向かう。ラビ夫妻は賑やかな商都を見物したあとゲットーに行き、祈祷に加わるが、祈りながらザーラはそれが残してきた死者たちへの祈りに変化していることに気づき、ショックのあまり気を失う。回復したザーラとラビは、ある騎士の歓迎を受ける。ドン・イサーク、ラビのスペイン留学中の旧友であった。イサークを交えた三人での食事の光景で小説は中断している。

この小説でハガダー（アガーテと呼ばれている）が何度も呼び起こされ、また繰り返し引用されている。最初に出てくるのは、第一章の過越の祭りにおけるザーラの回想シーンで、彼女は聖書物語の挿絵を思い出す。

「今日、美しいザーラはそのように座り、夫の目をじっと見つめていた。ときおり彼女は目の前においてある、美しい、金とビロードで装丁された羊皮紙の書物であるアガーテ（ハガダー）を見やった。それは古い遺品で、祖父の時代についたワインの染みが残っていた。この書物には、たくさんの枠で色とりどりの挿絵があって、ザーラは少女のころからそれらを過越祭の夜に見るのが好きだった。それはさまざまな聖書物語で、アブラハムが彼の父が持っていた石像を槌で叩き割るところや、天使たちがアブラハムのもとにやってくるところとか、モーセがエジプト人をたたき殺すところとか、パロが堂々と玉座にすわっているところとか、蛙たちが食卓についている王に食事の暇を与えないところとか、うまい具合に王が溺れ死ぬところとか、イスラエルの子どもたちが用心深く紅海を渡るところとか、彼らが呆然として羊や牝牛、雄牛とともにシナイ山の前に立っているところとか、敬虔な王ダビデが竪琴を弾いているところとか、エルサレムの神殿の塔と屋根が陽光を受けて輝いているところであった」

このうちハイネ家に伝わる〈ゲルデルン・ハガダー〉には、王がおぼれ死に、子らが紅海を渡る絵、ダビデが竪琴を弾く絵、エルサレムの神殿の絵の三点が、きれいに彩色されて載っている。一方、ハイネが執筆に際して参考にしたと推測される〈アムステルダム・ハガダー〉には、これらのすべての絵が確認できた。

ハイネはこれらの絵をただ思い出の中からくみ取って、ここに列挙したのではない。これらのイメージが変奏されて、筋の展開を先取りしているのである。たとえば、「天使たちがアブラハムのもとにやってくる」のは、「三人の天使がザーラの身ごもったことを伝えにやってくる」と書き換えられているが、やがてそれは過越の祭りの最中に二人の男が侵入し、死んだ子供をひそかに置いて去るという残忍な行為に変奏されることになる。また「イスラエルの子どもたちが用心深く紅海を渡る」は、アブラハムと妻ザーラがライン河を船で逃走する場面に置き換えられる。

おそらくハイネにとって〈ハガダー〉は、生まれて最も早い時期に見た書物の一つであり、しかもその後も毎年折にふれてそのページをひもとき、あるいは家族が朗読するのを聞いたことだろう。そのきらびやかな装丁と挿絵は、ハイネのその後の詩人の人生にどれほど豊かなイメージの贈り物をしたことであろうか。

第二章には、フランクフルトで行われた余興で、道化のイェーケルが「子山羊の歌」を歌う場面があるが、これもハガダーからの引用である。

「子やぎ、子やぎちゃん、父ちゃんが二ズスで買った子やぎ、子やぎちゃん」
「そこに猫が来て、父ちゃんが二スズで買った子やぎを食べちゃった、子やぎ、子やぎちゃん」
「そこに犬が来て、猫にかみついた。父ちゃんが二スズで買った子やぎを食べた猫にだよ。子やぎ、子やぎちゃん」

以下の内容を示すと、杖があらわれて犬を打ち、火がやって来て杖を焼き、水が来て火を消し、牛が来て水を飲み干し、肉屋があらわれて牛を殺し、死の天使があらわれて肉屋を殺す。ハガダーでは最後に「聖なる者」があらわれて死の天使を殺すが、ハイネは最後の歌だけは省略した。このころはまだ神への信仰が十分ではなかったという説もある。今あげた歌はハイネの風刺精神にも大きな影響を与えたとみられ、いくつかの物語詩にその片鱗を認めることができる。

『ラビ』ではこれ以外にも過越祭のセデル（晩餐）の料理を紹介しているが、日本のお正月にも匹敵する重要さを持つこの儀式は、〈ハガダー〉の存在とともに少年ハイネの記憶に深く刻まれていたと思われる。

ハイネは一八四〇年、ダマスカスでユダヤ人問題が再熱したときに再び『ラビ』を取り上げ、続きを書いたが、結局、三章の途中で完成されずに終わった。中断の後にハイネは「この結末とこれに続く章は、作者の落ち度ではなしに失われてしまった」と書いているがこれは嘘であって、ハイネはこの先をもう書かなかったのである。

3　晩年のハイネとハガダーという楽園

晩年のハイネは徐々に健康をむしばまれ、一八四八年五月にルーブル美術館へ行ったのが最後の外出となった。ミロのヴィーナス像の前でくずおれたまま、一歩も動けなくなってしまったのである。

それ以後、死ぬまで寝たきりの状態が続いたので、一般に「褥の墓穴」と呼ばれている。しかし病床でもハイネは精力的に本を読み、詩を書き続けた。『ラビ』が中断した一八四〇年以降、ほとんどユダヤの出自に触れることはなかったが、晩年の詩集『ロマンツェーロー』の第三部「ヘブライの旋律」(一八五一)では、ユダヤのテーマと真正面から取り組んだ。そのなかでもひときわ痛切な調べを響かせているのが、やはり未完に終わった「イェフーダ・ベン・ハレヴィー」という八九六行にも及ぶ長詩である。このなかでふたたび〈ハガダー〉への思いが語られている。

イェフーダ・ベン・ハレヴィーは、世界で最初のユダヤ詩人とみなされている。一〇八〇年スペインのトレドに生まれ、ヘブライ語とアラビア語で教育を受けた。最初はグラナダを本拠地にして詩作を開始するが、猛威を振るったユダヤ人迫害を逃れてトレドに移る。ここで医学を学び、アルフォンス六世に仕えるが、一一〇八年に王が殺害されると、彼はトレドを去って長い放浪の旅に出た。まずアフリカに赴き、ようやく一一四〇年、アレクサンドリアにたどり着いた。さらにカイロを経てパレスチナをめざすが、その途上でアラビア人に殺害されたと考えられる。ところが理由はわからないがハイネはこれを信じず、パレスチナについてから死んだと、かたくなに思い込んだ。ハイネはミヒャエル・ザックスの『スペイン・ユダヤ人の宗教詩』を参照しつつ、この詩を書いた。この本にはハレヴィーの詩のドイツ語訳がいくつか掲載されている。

「イェフーダ・ベン・ハレヴィー」では、〈ハガダー〉について次のように書かれている。

「後者、ハガダーのことを/私は庭園と名づけたい、/それは途方もない空想の庭園であり、/それと比肩できるのは、//同じくバビロンの地に/咲きいでた/セミラミスの庭園、/世界の八番目の不思議である。／／女王セミラミスは、／子どものころから／鳥に育てられ、／鳥の性格を身につけていた、／／彼女はわれわれのような／ほかの哺乳類と違って／平坦な地面の上で散歩をしたがらず、／空中に庭園を造ったのだった――／巨大な円柱の上空に／棕櫚や糸杉、／オレンジの木や花壇、／大理石像や噴水までもが光り輝き、／／すべてが無数のつり橋によって／しっかりと巧みに結びつけられていた、／蔦のように見えるつり橋には／鳥たちがブランコを漕いでいた――／／色とりどりの、大きな賢い鳥たち、／知恵のある思想家たちは、歌いはしないが、／小さなヒワたちは、飛び回り／楽しそうにさえずっている――」

「セミラミス」とは伝説上のアッシリアの女王で、世界の七不思議の一つ、バビロンの空中庭園を造ったことで有名である。先にも少しふれたが、ハイネ家に伝わる〈ゲルデルン・ハガダー〉のセデルの夕食を描いた絵の背景には、開かれたドアや窓を通して高い空と噴水や糸杉のある庭園も見える。おそらくハイネは、少年のころに見たこの絵を思い出しながらこの一節を書いたに違いない。しかもそのドアの上には、輪のようなものにつかまった小さな鳥も描かれているので、なおさらそうであろう。少しとばして詩の先を続ける。

「〔……〕その花ざかりのハガダーでは、／／美しい昔の伝説、／天使のメルヒェンや聖人伝、／秘められた殉教者伝、／さまざまな祭りの歌や箴言が／／さらにはおかしなほら話まで／すべて信仰の力みなぎり／信仰の情熱に満ち、おお、それらは輝き、／ほとばしり出ていた。／／そして少年の気高い心は／荒々しい冒険の歓喜と、／不思議な苦痛の歓びにとらえられ、／／われわれがポエジーと名づけた、／あの聖なる神秘の世界、／あの偉大なる啓示の世界の／架空の戦慄にとらえられた。／

／ポエジーの芸術も／われわれが詩芸術と呼んでいる／明るい知識、高貴な能力も／少年の感覚の上に開かれた。」

庭園に花が咲き、噴水や東屋があるように、〈ハガダー〉という言葉の庭園にも、伝説や聖人伝、祭りの歌や箴言など、さまざまなジャンルの言葉が花咲く。これほど目にもあやな、よく手入れをされた、長い伝統をもつ文学の庭園はほかにないだろう。小さな書物ながら、文学のすべてが詰まっている。そしてこれらを総称して、ハイネはポエジーと呼んだのである。「少年の感覚の上に置かれた」の「少年」とは文字通りにはハレヴィーのことをさしているが、ハイネ自身の自画像でもあることはもうお分かりだろう。ハイネにとって〈ハガダー〉とは、楽園であると同時に、また豊かな詩的想像力の源泉、いや詩そのものであった。

このように、〈ハガダー〉はヘブライ語で書かれた古い書物なのでわれわれにはあまりなじみがないが、数百年、いやもっと長い時代を生き延び、後世に伝えられるべき使命をもっている点において、また美しい挿絵とともに、さまざまなジャンルのテクストが集成され、まさにポエジーの庭園を形作っている点において、「書物の中の書物」と私が呼びたいのである。

詩による救済——アイルランドの試み

北　文美子

　詩は人を救うことができるだろうか。今から三十年ほど前、ダブリンにあるウェスリー高校の学生が立てた問いは、精神的な問いかけであると同時に、経済支援も視野にいれた現実的な問いかけでもあった。詩は人々の心を豊かにするというものの、飢えや苦しみにあえぎ、絶望の淵に立つ人々にたいしていかなる支えとなることができるだろうか。彼らの問いは、詩の社会的な有用性にたいする問いかけであったといっても差し支えないだろう。

　とはいえ、その問いはアイルランドでは必ずしも新しいものではなかった。彼らの先達として、北アイルランド、アイルランド共和国の詩人も一九六〇年代終わりから続いた北アイルランド紛争のなか、詩が社会と無縁ではないことを強く意識し詩作に向かっていた。詩は社会の現実に背を向けることなく、混迷する社会に生きる人々に寄り添い、その役割を果たしていく。詩は決して無力ではない。

詩は社会に応答する役割を担うことができるという揺るぎのない信頼は、アイルランドの文学伝統が育んだものだった。

ウェスレー高校では授業を通して教員と学生が協力し、一九八〇年代終わりから、詩による社会貢献が企てられた。それは、読者が思わず手に取るような魅力的な詩集を編集し、収益を飢えや貧困に苦しむ第三世界の人々に寄附しようというものだった。当時、世界の著名なアーティストたちが発展途上国の子供にたいする経済支援を目的としてCDを制作し、売上を寄附するという試みもあり、彼らの企画は目新しいものではなかったかもしれない。しかしながら、ウェスレー高校の教員と学生が企画した詩集は、その編集方針において一風変わっていた。

詩集の編纂にあたり、彼らはアイルランドはもとより、イギリス、オーストラリア、ニュージーランド、アメリカ、カナダといった英語圏のほか、チェコ、イスラエル、インドなど、世界各国で活躍する著名人に向けて手紙を送った。対象となった人々は、詩人、劇作家、小説家など創作に携わっている人のほか、研究者、政治家、実業家、俳優、演出家、画家、テレビ・キャスター、ジャーナリストなど多岐にわたった。手紙は著名人に好きな詩をひとつ選び、その詩について簡単なコメントを寄せることを依頼するものだった。新たな詩集はこの返信された手紙をもとにつくられた。通常の詩集とは異なり、いわゆる編集者なくして編まれた詩集は、当初の予想をはるかに超える人々からの協力を得た。

詩集『ライフラインズ』(*Lifelines*)は、こうして一九八五年に日の目をみる。当初は簡易製本された冊子であったが、一九八八年、一九九〇年、一九九二年と版を重ね、一九九二年秋には一冊の書物として上梓された。初版には、一九九四年にノーベル文学賞を受賞した北アイルランド出身のシェイマス・ヒーニーが序文を寄稿した。詩集はアイルランド国内ばかりでなく海外でも評判になり、一九九四年には『ライフラインズ2』、一九九七年には『ライフラインズ3』が出版され、詩人ポール・ダーカン、イーヴァン・ボーランドがそれぞれ序文を担当した。

『ライフラインズ』は、特定の編者が存在しないため、詩の時代的、地域的な背景もまちまちであり、いわゆる「正典」、「カノン」が集められているわけではない。たとえば、ミルトンのような古典的な詩よりも、いわゆる読みやすい現代詩が多く所収されている。『ライフラインズ』では、そもそもいわゆる「カノン」とは何かといった客観的な事実が求められているのではなく、個人の経験を通した主観的な真実が問題にされている。読者に向かって一人称で語られる詩の紹介は、詩を読む悦びという詩を受容する原点に私たちを立ち返らせてくれるのだ。

一例を挙げると、小説家のドリス・レッシングは好きな詩にW・B・イェイツの「記憶」（'Memory'）を選んでいる。「短く、簡潔な言葉は、日本の俳句に似た重層的な響きがある」と紹介している一方、同じ詩を選んだジャーナリストのブライアン・ファレルは、三五年前ダブリンで大学一年生だったときの記憶とともにこの詩について語っている。また、詩人テッド・ヒューズは、彼なりのユーモアをもって返事が遅れたことを詫び、レディ・グレゴリーが英語に翻訳したアイルランド語詩「若きドナル」（'Dónal Óg'）を好きな詩に挙げている。「これほど私を強く揺さぶり、心から離れない詩はないんだ」。

そのほか、アイリス・マードック、デイヴィッド・ロッジ、ハロルド・ピンター、J・M・クッツエー、フェイ・ウェルドンなど、『ライフラインズ』では、よく知られた文学者の意外な一面を垣間見たり、なるほど思われる面に首肯しながら、それぞれが紹介する詩を楽しむことができる。題名が表すように、『ライフラインズ』は「生命を繋ぐ綱」という詩の役割を実感するとともに、詩を共有する幻想の共同体を身近に感じさせてくれる。

『ライフラインズ』は、二〇〇六年にそれまでに出版された三巻を一冊にまとめた詞華集が上梓された。この版については、二〇〇九年十月号のウェブ版『英語青年』で「アイルランドの詩の受容」として紹介したので、そちらを参照いただけたら幸いである。『ライフラインズ』は、二〇〇六年までに十万ユーロの売上げを記録し、著名人からの手紙の原本は、一部図書館に売却されたほか、残りはアイルランドの図書館に寄贈された。

翼としての文学
――エンデ、カルヴィーノ、オウィディウス

佐藤真基子

1　ミヒャエル・エンデ『鏡の中の鏡――迷宮』

ミヒャエル・エンデ『鏡の中の鏡――迷宮』(1)に、こういう話が収められている。

迷宮の都市《まち》には全住人を支配する掟があって、中でももっとも重要な掟のひとつは「迷宮を去る者だけが幸福になれる。だが、幸福な者だけが迷宮から逃げだせる」というものだ。この都市《まち》の若者が、父親でもある師匠《マイスター》の指導のもとで長い年月をかけて翼をつくりあげた。父親は息子に語りかける。「この種の翼で飛ぶことができるのは、軽やかな人間だけだ。だが、人間を軽やかにするものは、幸

福だけだ。お前は幸福か?」。恋をして、翼なしでも空に浮かぶことができると思えるほどに幸福な息子は自信に満ちてこたえる。「はい、お父さん、幸福です」。そうして息子は、迷宮の都市《まち》を脱出する最終試験にのぞむ。試験の課題は受験者の特性に対応したもので、自分をただしく認識して、そもそもなにが課題であるのかを発見すること、まさにそれが課題であるという。

家並みや街路の位置や配置がたえず変化する迷宮の都市《まち》を歩きながら、息子はどこへ行っても不幸な者に出会う。片脚の乞食は彼に言う。「ご慈悲を! 慈悲をかけてくれても、あんたにとっちゃ、大したことじゃないだろう。だが、おれはずいぶん楽になる。あんたは幸福者《しあわせもん》だから、この迷宮を脱出するんだろう。だがおれは、ずっとここにいつづける。けっして幸福《しあわせ》にはならねえからな。だから頼む、ともかくほんのちょっとでいいから、おれの不幸《ふしあわせ》をもって都市《まち》をでていってくれ。そうしてくれりゃ、おれもわずかながら、あんたの脱出のお相伴《しょうばん》にあずかれるだろう。そうなりゃ、おれも慰められるってわけさ」。幸福な者が薄情であることは、めずらしい。息子は言う。「そんなわずかなことで親切ができるなら、よろこんで」。そうして息子の素肌にかかる網には不幸な者たちの持ち物がからみつき、彼の歩みを重くする。

日暮れがせまり、息子は不安におそわれる。彼はいまや自分の課題がなにであるかを理解したと思っていたが、彼に試験の合格を告げる者はあらわれない。たどりついたテラスから海辺を見おろすと、そこで別の者たちが試験に合格したことを告げられているのに気づく。彼の恋人と父親は、都市《まち》の掟にしたがって、罰を受けるために暗闇に連れ去られていく。息子は理解する、自分が試験に合格しなかったことを。そして永遠に迷宮の住人となったことを。

なぜこの息子は、試験に合格しなかったか。自分の課題を理解したと思っていたという息子は、自分が「幸福な者」にふさわしく不幸な者たちの頼みにこたえて慈悲をかけることが課題だと思っていたのだろう。しかし実際には、課題はそうではなかった。エンデは、自らの不合格を知って真の課題に気づいた息子にこう語らせている。「服従しないことが自分の課題だったのだ」。それはすなわち、片脚の乞食に慈悲を乞われたとき、餓死寸前の子供をかかえて悩みやつれた女に同じ慈悲を乞われたとき、息子はその頼みに服従するべきではなかったということだ。もし彼が迷宮から去るべき「幸福な者」であるならば、不幸な者たちの「ほんのちょっとの」頼みにこたえず、薄情にも断るはずだということだ。しかしこの息子がそう考えたように、「幸福な者が薄情であることは、めずらしい」。なぜ、「服従しないこと」が、幸福者の条件でありうるのか。

2　イカロスの物語

このエンデの物語が語る、翼をもつ息子とその師匠でもある父親のイメージは、ギリシア神話の一つ、イカロスの物語を思い出させる。息子イカロスとともに迷宮（ラビュリントス）に幽閉された工匠ダイダロスが、迷宮を脱出するための翼を作り上げ、二人は迷宮を飛び出す。しかしイカロスは高いところを飛んだために、翼をつなぐ蝋が太陽の熱によって溶け、海へ落下して死んでしまう。

イカロスが高いところを飛んだ理由について、「父の命を無にして、夢中になってしだいしだいに高く飛んだ」ためであるとアポロドーロスは伝えている。[2] オウィディウスも『変身物語』の中で、「息子は、大胆な飛行を喜び始め、父の先導を離れる。天空へのあこがれから、あまりに高いところを飛びすぎた」と語る。[3] オウィディウスは、飛行の前に父ダイダロスが息子に再三飛び方の注意を与え、息子を心配して心を砕いている様子に言葉をついやしてもいる。その父の思いを無にし、その指導を軽んじた結果として、イカロスの墜落を語っている。[4]

こうした、アポロドーロスやオウィディウスにおける父と子の描き方は、エンデの物語にも共通している。父は息子にすぐれた指導をおこなった師匠であり、息子が無事に翼で飛び立つために心配し、心を砕いている。他方で息子は、飛ぶことにあこがれ、自信と希望に満ちている。いずれの物語においても、脱出しようとしている場所が「迷宮」である点でも一致している。エンデはアポロドーロスやオウィディウスが描くイカロスの物語を踏襲していると言ってよいだろう。

だが、翼を失った理由についてはどうか。イカロスの場合は、父の指導に従わない彼の軽薄あるいは軽率が原因だと言えるかもしれない。しかしエンデの物語の「息子」はどうか。彼が出会った不幸な者に慈悲をかけることは、「軽薄」、「軽率」であったか。「息子」が迷宮を脱出できなかった理由について「服従」という言葉をもって語るエンデは、アポロドーロスやオウィディウスとは異なる考えを提示しているのか。それとも、共通する考えがあるのだろうか。

3 オウィディウス『変身物語』

イカロスの物語においてオウィディウスは、翼を失ったイカロスが墜落した海が「イカリア海」と呼ばれ、父ダイダロスが息子の遺骸を埋葬した島が「イカリア島」と呼ばれていると語る。そしてさらに、この埋葬のときそばにいた鳥は鷓鴣《しゃこ》で、実はダイダロスがかつてその才能を妬んで丘から突き落として殺した少年が変身した姿なのだと言う。鷓鴣が高いところに飛び上がらないのは、かつての突き落とされた経験から、高所を怖がっているためであると。こうしたオウィディウスの語る物語の展開が、まさに『変身物語』がその名をもつ由来なわけであるが、『変身物語』は、今ある事物と伝承を結びつける、一見こじつけにも見える話の寄せ集めではない。オウィディウスが本書の読者に提示しているのは、万物は流転し変化するという、古代の思想に基づく世界観である。彼は本書の最後の巻において、こう語っている。

この全世界に、恒常なものはないのだ。万物は流転し、万象は移り変わるようにできている。『時』さえも、たえず動きながら過ぎてゆく。それは、河の流れと同じだ。河も、あわただしい時間も、とどまることはできぬ。波は、波に追いたてられる。同じ波が、押しやられながら進みつつ、先行する波を押しやるように、時間も、追われながら、同時に追ってゆく。こうして、それは、つねに新しい。以前にあったものは捨て去られ、いまだなかったものがあらわれるからだ。

そして、この運動の全体が、あらためてくり返される(5)。

オウィディウスが語るイカロスの物語において、かつてダイダロスに殺された少年は鳥となり、殺したダイダロスは自らの息子イカロスを失意の内に失う。失われたイカロスは海や島の名となり、その島ではかつて少年のとき殺された鳥が、殺人者ダイダロスの息子の埋葬に居合わせその不幸を喜ぶ。万物は確固とした一つの姿をもつのではなく、その姿を変え、他のものとの関係を変え、境界のはっきりしないと生と死をくり返す。

『変身物語』で示されるオウィディウスのこうした世界観は、かのエンデの物語にも反映している。翼をつけた「息子」が脱出しようとしているのは「迷宮の都市《まち》」であり、そこは、次のような場所だと説明されている。

迷宮の都市《まち》では、家並や街路の位置や配置がたえず変化していた。だから、ひとと会う約束をすることは不可能なのだ。どのような出会いも――これは言葉の解釈によるのだが――「偶然」または「運命」に左右されていた(6)。

都市はたえず姿を変え、まさにオウィディウスが言うように、「以前にあったものは捨て去られ、いまだなかったものがあらわれる。そしてこの運動の全体が、あらためてくり返される」。だからこそそこは「迷宮」である。この物語を含む複数の物語から成る、本書『鏡の中の鏡――迷宮』(*Der*

Spiegel im Spiegel: Ein Labyrinth）自体が、オウィディウスの『変身物語』同様、各物語を独立したものとして収める物語集ではない。それらの物語は「ひとつずつ順番に、大きくゆがんだ鏡像となって前の話を映しだし、最後の話がまた最初の話につながっていく」(7)。読者は読書を通して『鏡の中の鏡』という文学作品の迷宮の中に入り込み、その読書空間の中に、ある迷宮の都市《まち》からの脱出を試みる若者がまたその中に消え去っていくのを見る。

4　イタロ・カルヴィーノ「軽さ」

イタロ・カルヴィーノは、ハーヴァード大学で行った講義の第一回目を「軽さ（leggerezza）」と題し、複数の文学作品を挙げながら、自らが理想とする「軽さ」の概念を論じた。彼がその講義の一番はじめに言及するのが、オウィディウスの『変身物語』である。彼はペルセウスとメドゥーサをめぐる物語についてのオウィディウスの語り方を例に挙げて、次のように述べている。

ここでオウィディウスは、私には非凡の冴えのようにも思われる詩行（第四巻、七四〇—五二行）をものして、怪物に勝利し得た英雄、ペルセウスであるためにはどれほど繊細な心が必要であるかを説明しています。

「ざらざらした砂が蛇の毛をもつ頭《こうべ》を損なわぬよう（anguiferumque caput dura ne laedat harena）、木の葉を敷いて地の面《も》を和らげ、またその上に水中に茂った小枝を敷きのべ、メドゥーサの——

面《おもて》の下に――首を置いた」。ペルセウスは軽やかさの英雄ですが、恐ろしい、しかし他面では傷つきやすく、ひ弱な、奇怪な存在に対するこのさわやかなやさしさの仕草以上に、そのことをよく表し得るものはないように思えます。[8]

怪物メドゥーサは、それを見た者を石に変える。そのメドゥーサの頭を、ペルセウスは石に変えられることなく首尾よく奪う。翼のついたサンダルを履いたこの英雄は、まさにカルヴィーノが言うようにその「軽さ」のゆえに英雄（eroe）である。しかしカルヴィーノがここで注目しているのは、石となって固まることなく飛翔し敵に打ち勝つペルセウスの物理的な軽さではない。その軽さを可能にする、ペルセウスの心である。恐ろしい怪物の頭をぞんざいに扱うのではなく、「さわやかなやさしさの仕草（gesto di rifrescante gentilezza）」でもって扱う英雄の繊細な心である。

なぜオウィディウスは、こうした繊細な心をもつ者として英雄ペルセウスを描いたか。カルヴィーノは、その背景に、万物は流転し移り変わるという『変身物語』を貫くオウィディウスの世界観があることを指摘している。[10] 万物が常に変化しうるとすれば、英雄と怪物もその姿は変わりうるのであって、勝者と敗者、善と悪に見える関係も確固としたものではありえない。今は力や価値の大小が見てとれるとしても、それは絶対のものではない。とすれば、「存在するいっさいの間に本質的な対等関係がある」。じっさい、翼のついたサンダルをペルセウスが手に入れたのは、メドゥーサの姉妹である怪物からであったし、翼をもつ馬ペガソスは、メドゥーサの血から生まれたという。こうした万物流転の理解をもち体現する者として、オウィディウスは英雄ペルセウスを描いている。

エンデの物語においても、迷宮の都市を首尾よく脱出できた者は「英雄（hero）」[11]とみなされたと語られている。すなわちかの息子は、英雄になれなかった者として描かれている。不幸な者たちの持ち物を引き受けた彼の体は重く、まさに「軽さ」を失っていた。息子がそう考えたように、不幸な者たちに慈悲をかける行為は一見、英雄らしいやさしさのように見える。しかしどうだろう。万物流転の考えに照らして見れば、この慈悲は、万物流転の考えに反し、不幸な者を不幸な者と絶対視する考えに由来している。「おれは、けっして幸福にはならねえ」と語る片脚の乞食の言葉に同意したからこそ、息子はこの乞食の頼みに応えた。乞食の言葉に同意し慈悲をかける息子の行為は、自分と人との間に本質的な対等関係を認めない、勝者と敗者の間に絶対的な区別の線を引く彼の心を表している。この息子のもつ心からは、英雄ペルセウスが示した「さわやかなやさしさの仕草」は生まれない。

5　翼としての文学

エンデの物語の息子がもたずペルセウスがもつ繊細な心は、なぜ、ペルセウスを翼によって飛翔する軽やかな英雄とさせるのか。カルヴィーノは、ペルセウスの物語をはじめ、『変身物語』においてオウィディウスが描く「軽さ」を、「思慮深さに備わる軽さ（una leggerezza della pensosità）」と呼び、それは「軽薄さ（frivolezza）」と呼ばれる軽さとは区別されるものだと言う。この「思慮深さに備わる軽さ」を説明するとき、カルヴィーノは、オウィディウスと並んでルクレティウスが提示する世界観に言及している。ルクレティウスは『事物の本性について』において、「物質の真の実体は目に見えないほどに小さな物体でできている」[12]という考えを提示している。この考えは、わたしたちが目で見る諸事物を形成するものとして、素粒子など直接目に見えない微小なものが存在することを指摘する点で、現代の諸科学の言説にも共通している。堅固な氷が流れる水となり、さらに目に見えない水蒸気となるように、あらゆる事物は、いっとき固定的なものとして感覚によってとらえられたとしても、その姿を解体し、目に見えないものにまで変化していく。氷の変化を説明する科学の言説は、感覚のとらえるところを超えて真実を見ようとする知性のはたらきによるものである。この知性は、万物流転の理解に基づいて物語を語るオウィディウスにも、そしてこの同じ万物流転の理解を体現する者としてオウィディウスが描く英雄ペルセウスにも共通している。彼らのもつ、感覚のとらえたところを超えて常にそこに変化の可能性を見出す知性を念頭において、カルヴィーノは、「思慮深さに備わる軽さ」と表現している。この知性こそ、ペルセウスを英雄とさせるものに他ならない。

エンデの物語の「息子」は、片脚の乞食に出会ったとき、この乞食は「不幸な者」であり自分は「幸福な者」であるととらえた。そして、乞食は不幸な者として永遠に迷宮にとどまり、息子は幸福な者として迷宮を脱出するであろうという乞食の言葉に同意した。すなわち息子は、「不幸な者」と「幸福な者」として今とらえた現実を、変化の可能性のない絶対的なものとして受け取った。しかしエンデが語るように、そこはひとと会う約束をすることさえ不可能な、その姿を変え続ける迷宮の都《ま》市《ち》である。息子がこの乞食にふたたび会うために同じ街角に戻ろうとしたところで、再会することはないであろう。流転する世界にあって、息子が出会った不幸な者たちは、息子のありようを浮き上がらせるために息子の心を揺さぶって去っていく、一介の風に過ぎない。

自分は「幸福な者」だと息子が認識していたのは、彼が恋をしていたからであった。恋をして、「翼なしでも空に浮かぶことができる」[13]と思えるほどに彼の心は幸福だった。彼が「幸福である」と自分を認識した根拠は、恋に舞い上がる自らの感覚である。その感覚だけにしたがって、彼は「幸福な者」と「不幸な者」を分離し、その分離を実体的に永遠なものとみなした。彼には、変化の可能性に心を向ける「思慮深さ」はなかった。飛行そのものに夢中になって、太陽のそばに近づくほどにまで舞い上がったイカロスもまた、飛行の喜びという現在の感覚にしたがって、自分は飛び続けられる者だと認識した。そして墜落の可能性に心を向ける「思慮深さ」をもちあわせていなかった。息子もイカロスも、ある種の感覚的な軽さはもっていたけれども、それはカルヴィーノが「思慮深さに備わる軽さ」と呼ぶ軽さではなかった。彼らのもつ軽さは、カルヴィーノが「軽薄さ」と呼ぶそれだったと言えるかもしれない。

とはいえ、感覚する喜びがなければ、自らの幸不幸を認識すること自体難しい。英雄ペルセウスも、自らを「英雄」、メドゥーサを退治すべき「怪物」と区別して認識するのでなければ、そもそも怪物を退治するという英雄的行為自体生じ得ない。問題は区別することそのものではなく、いっとき認識した区別を、変化しえない絶対的なものだとみなす心にある。そうした心を、カルヴィーノは「軽薄さ」と呼んでいる。エンデの物語の息子は、一方を「幸福な者」、他方を「不幸な者」として固定する一つの世界の中に自らをおいて、その他の世界が存在する可能性を退けた。彼は自らが作り上げた一つの世界の中に、自らを閉じ込めたのである。囚人が牢獄の中にあって、そこから脱出する自由を奪われるのと同様に、彼は自らが作り上げた一つの世界の中に居続けることを自ら選択した。息子が服従したのは、不幸な者たちの頼みに対してではない。彼は、自らが認識した世界のみを絶対視する、自らの軽薄な心に服従したのである。この「軽薄さ」が、人を牢獄の中の囚人にする。だからこそエンデは、「服従」という、囚人にふさわしい言葉で、かの息子が英雄となれなかった原因を語っているのであろう。

じっさい、イカロスの物語において、ダイダロスとイカロスの親子は「迷宮」に幽閉されていたのであり、そもそもこの「迷宮」は、半人半牛のミノタウロスを閉じ込めるためにダイダロス自身が作ったものであった(14)。神話において「迷宮」のイメージは、その中にいる者の自由を奪う牢獄のイメージと重なっている。しかしダイダロスがその迷宮から翼によって首尾よく逃れ得たように、そしてエンデの物語において試験の合格者は他にいたように、人が迷宮から逃れる可能性は残されている。この脱出のための翼が、カルヴィーノの言う「思慮深さに備わる軽さ」である。この軽さは、感覚のとらえるところと対峙しつつもそれを固定的なものとみなさず、そこに変化の可能性を常に見出す繊細な心に由来する。オウィディウスが『変身物語』で提示しているのはまさにこうした「軽さ」であって、カルヴィーノが指摘するように、多くの文学的営みがそれを追求してきたものである(15)。そうした文学を読むいとなみはまさに、人が翼を獲得する空間に他ならない。

迷宮の都市で、息子が不幸な者たちに出会ったように、わたしたちの生は、偶然によってか、運命によってか、人やもの、できごととの多くの出会いに満ちている。その出会いをとおして自らが認識したことがらを、絶対的なものとみなすとき、わたしたちは「思慮深さに備わる軽さ」という翼を失ってしまう。人はしばしば、世界についてのある一つの見方を「現実」と呼んで、この「現実」こそが真の世界の姿であると判断する。しかしこうした判断をするとき、人は自ら迷宮の中に入り込み始めている。わたしたちを生の迷宮に閉じ込めるのは、迷宮そのものではない。わたしたちを生の迷宮に閉じ込め、真に幸福な者となることを阻むのは、文学の翼を放棄して一つの世界に耽溺する、わたしたち自身の軽薄な心なのだ。

註

(1) 以下の引用と要約は、ミヒャエル・エンデ『鏡の中の鏡——迷宮』丘沢静也訳（岩波書店（同時代ライブラリー3)、一九九〇年）にしたがっている。

(2) アポロドーロス『ギリシア神話』高津春繁訳、岩波書店（岩波文庫）、一九七八年、一七五頁。

(3) オウィディウス『変身物語』第八巻。オウィディウス『変身物語（上）』中村善也訳、岩波書店（岩波文庫）、一九八一年、三一八頁。

(4) ヒューギヌスも *Fabulae* 40でこの物語に言及しているが、「とても高い位置で飛んでいたイーカロスは、蝋が日光で暖められたため、海に落ちた」（ヒューギヌス『ギリシャ神話集』松田治・青山照男訳、講談社（講談社学術文庫）、二〇〇五年、八六頁）と語る限りで、その心性には言及していない。

(5) オウィディウス『変身物語』第一五巻。オウィディウス『変身物語（下）』中村善也訳、岩波書店（岩波文庫）、一九八四年、三〇八頁。

(6) エンデ、前掲書、一一頁。

(7) エンデ、前掲書、丘沢静也による解説、三四六頁。
(8) ここで「軽やかさ」と訳されている語は *la leggerezza*、この講義のタイトル「軽さ」と同じ語。
(9) 『カルヴィーノ アメリカ講義——新たな千年紀のための六つのメモ』米川良夫・和田忠彦訳、岩波書店(岩波文庫)、二〇一一年、二二頁。
(10) カルヴィーノ、前掲書、三〇頁。
(11) エンデがここで使うドイツ語 heros も、カルヴィーノがペルセウスを語るとき使う「英雄」を指すイタリア語 eroe と同様、ギリシア語 heros に由来する。
(12) カルヴィーノ、前掲書、二七頁。
(13) エンデ、前掲書、九頁。
(14) 例えばアポロドーロス、前掲書、一二二頁。
(15) カルヴィーノ、前掲書、六一頁。「生きること〔実存〕の機能としての文学、生の重さへの反動としての軽さの探求」。

読むこと、そして記憶の片影

――私が〈私〉を引用する

中村邦生

読みながら手応えのある芯のような言葉を摑もうとする。というか、重いか軽いかはともかく、何かしら愉悦や驚きを感知できる妙所への言葉の欲望に促される。そうした読みの動線をたどった結果、「書評」と呼ばれる文章形式に行き着くにせよ、読後、辺縁のような場にたたずむ感覚がある。刺戟的な読書ほど、異境に誘い込まれた気分を残すものかもしれない。

中心的な言葉（仮に中心があったとしてだが）に触れたと思うことも皆無ではないが、かならずしもそれが読むことの愉楽には結びつかず、逸脱の軌跡を描くことにこそ昂揚感を覚えることもある。

「表現することを本当に感じたかどうかが重要なのではない」と実名と複数の異名を使って書いた多人格のポルトガルの詩人・作家フェルナンド・ペソアは言う、「そう思って、感じたふりをすることができれば十分なのだ」（澤田直訳）。言わんとすることは、判る気がする。そしてこの「ふり」もまた周縁的な表現の「妙所」ならば、読者は「ふり」を「ふり」として共犯的な結託を演じなければならない。

こう述べるだけで、にわかに読み行為への内省的な気分が動き出す。我が身の読書経験を追想するにつけ、これ自体が中身を欠いたまま、記憶の端だけを追う辺境の作業に思えてくる。それでよいのだと断ずる気はないが、たとえわずかであっても、読むことをめぐり、仄かに覗く記憶の片影を、私自身の過去の文章から引用テキストとして記したい。

〈いないいないばあ遊び〉

私たちは本を読みながら、あたかも引用されるべく待ちかまえていたかのような一節に出会うことがある。こちらを見つめる強い視線。もちろん私たちはそれをいつでも期待している。見つめられ、見つめ返す。このときの甘美な嬉しさ、興奮、慰め、安心。

たとえば、母親が子ども相手にする〈いないいないばあ遊び〉。母が顔を隠しては、現われる。この母親の消失と再現のゲームで、子どもは本当に母が消えたとは感じない。むしろそれどころか母の眼差しの不在はありえないことを象徴的に納得させる遊びなのだ。子どもにとって、自分が見られていないことは、自己消滅の恐怖にほかならない。

R・D・レインは『引き裂かれた自己』(阪本健、志賀春彦、笠原嘉訳)の中でこう述べている。

子供は、母親が室内から姿を消すと、自分の存在が消失することをおそれる。彼にとっても知覚されること＝存在することだからである。彼が完全に生き、動き、存在を保てるのは、母親が現前する限りにおいてである。

読むとは、このような「知覚されること＝存在すること」としての〈いないいないばあ遊び〉ではなかろうか？　そうだとすれば、強い感応力を誘い出すように浮かび上がってくる引用を誘う言葉の現前とは、「母」の眼差しであり、ときに「母」の愛撫かもしれない。何かを一心に読んでいる私とは、くりかえし「母」の、しかも複数の「母」の視線をもとめる子どもなのだ。

（『〈虚言〉の領域』の「余白の思考」より）

〈読書の放熱〉

ある小説の読書体験が、その人にとっていつまでも記憶に残る特別なものとなる条件は何であろう。条件とはいかにも大げさだが、私に答えられることが一つある。それは熱心にひたすら夢中になって読むと同時に、その「熱」を逃がす程よい放心があった場合である。ある作品が特別なものとなるためには、〈熱心〉と〈放心〉とが不即不離の関係にならなければいけない。しかし、より重要なのは〈放心〉のありかただと私は思う。簡単に言ってしまえば、それは読書の〈中断〉である。逆説めいて聞こえるかもしれないが、深い読書というものは、読書の〈中断〉があって、はじめて可能となるのだ。

　ある語りに寄り添って推移する読む私の感情の高まりや思考の広がりの中で、脳髄にたまった「熱」を放つように、開いたページから顔をあげて、ふとまわりの情景に目をやる。しばらく〈放心〉の時間があって、視線は眼前の風景に流れながら、意識は心のうちに残っている作品を復読している。いわば〈放心〉において、もう一度読んでいる。これを含めて、読書体験というのだ。

　人によっては本をいったん閉じ、そわそわしたような、落ち着かない心の揺れや昂揚した気分を鎮めるため、散歩に出て、川べりの道で雲を見たり、公園のベンチに坐ったり、駅前の喫茶店に出かけたりしたくなるかもしれない。わざと違った場所の中に身を置きたいほど、心が動いている。自分の目の前の風景が、いつもと異なる情感を放ち、作中の世界と響き合い、交感しているのだ。

　あるいは、こういう例もあるだろう。電車の中で読んでいた小説のページからふと顔を上げる。一瞬、まわりの乗客たちが登場人物の感情を分かち持っているように見えて心がさわぐ。なかば夢の残像を曳くように、ぼんやりと作中の人物を投影し、乗客たちに何かしら慕わしい気分で歩み寄りたくなるのだ。


（『書き出しは誘惑する』の「ある都市の肖像」より）

〈喜ばしい眩暈〉

アルゼンチンの作家フリオ・コルタサルの短篇小説「続いている公園」から――

一人の男が、仕事の合間にある小説を読んでいる。物語がだんだん彼の興味を惹きはじめ、樫の木の公園に面した静かな書斎にこもって、愛用のビロードの肘掛け椅子にゆったりと座り、本を読み続ける。物語の主人公たちは男女関係のもつれで、ジレンマに陥っていた。夢中になってストーリーを追っていくうちに、二人の人物が山小屋で最後の密会をする場面にさしかかる。男の方は、胸にナイフを隠し持っている。喘ぐような長い会話。

男には殺さなければならない人物がいる。必死に思い留まらせようとする女。しかし殺人計画を休みなく練り上げる男。別れのときが来て、男は木々の間を縫うように走りだす。黄昏の靄のなかに、目的の屋敷が浮かび上がる。ポーチを駆け昇り、屋敷に踏みこむ。青い部屋、次はホール、最初の部屋には誰もいない。二番目の部屋にも。そして次の部屋。男はいよいよナイフに手をかける。窓から光が射しこみ、ビロードの肘掛け椅子の背もたれが見える。そこには小説を読みふけっている男の頭が……。

読んでいる私はどこにいるのか。小説の内部にいながら外部にあり、外部にいながら内部にいる。すなわち、虚構と現実がくるりと反転してつながる。虚構と現実が対立的にあるのではなく、メビウスの帯のように、反曲しながら表裏の区別なく重なり合う。

「続いている公園」を読み終わった私たちもまた、ふと背後に殺気を感じ、怖々と振り返る。物語の主人公がいつしかページを抜け出して、本を読んでいる私にナイフを突き刺そうとしている。作中人物が読者を殺したら、この先はどのような物語の解体＝再生が行われるのか。私たちは自ら書くことも含めて、大いに続編へと誘惑される。自分の尾を呑みこむ怪蛇ウロボロスの姿にも似た物語。

文学とはそうした虚＝実のよじれの巡り巡る眩暈の場なのだ。〈虚言〉とはその喜ばしい眩暈の言《こと》祝《ほ》ぎに他ならない。

（『〈虚言〉の領域』の「プロローグ」より）

〈思考のシンコペーション〉

小島信夫は中編小説「暮坂」において、小説の些細な部分への執着について語る文脈で、「ぼくの友だちである女流作家」〈大庭みな子〉にこう言わせている。

よくわからないけど、とてもヘンなところがあるのよ、そのヘンなところに私はこだわらざるを得ないし、そうして私にこだわらせるところが面白いのよ。だって、面白く思えることって何もないんですもの。この頃の小説には殆んどないんですもの。それは、きっと、その人が、一般の人たちが感じないようなものであるが、それが大事だと思うことを感じたがっていて、それを書くのでなければ書く必要なんかないんだ、とこう思っているんだ、ということよ。

同じ言葉が転がりながらスイッチバックして進むこの口調もまた吃音的なのは、小島信夫の身体的ミメーシスが反照しているからだ。「ぼくはヘンということにこだわる彼女は、得がたい人だと思います」という小島信夫自身の存在が十分にヘンなのであり、読者にもまた一緒にヘンになることを誘惑してやまない。誰もが何気なく通過してしまう些細な事象に、ヘンなものを感じて引っ掛かり、気がかりな凝滞に進行が阻まれる。ヘンなものに滞留するのは、まさしく吃音的思考なのだ。言い換えれば、吃音こそ思考のシンコペーションを生み出す。それゆえ、〈書く=読む〉の愉楽が兆すのだ。

（『小島信夫批評集成』第一巻解説、「小島信夫という運動体」より）

〈登場人物もまた、読者の声を聞く〉

作中人物もまた作品の外の物音に耳を澄ましているのだ。ある小説を読者が読み出すや否や、いやむしろ読むことによって初めて、登場人物は外部の音に目覚め、読者の声を聞きとれるようになるのである。読者の心中のざわめきすら聞こえるときもあるぐらいだ。

（『転落譚』より）

〈うろおぼえの読書こそ〉

小島信夫は書評的エッセイ「引用句への誘い」を次のように結ぶ。

それにしても私はこの二つの引用文は、これから一層、うろおぼえになり、私の変奏を加えるにしても、それは私の中のかなり大切な部分となるような気がする。

異様なことが述べられている。「うろおぼえ」が読書の方略として選ばれているとも見做し得るからだ。しかしながら、対象への思考から発しつつも、読みをずらし、発想の湧出の場に向かって横断し、来るべきテキストへ越境するためには、正確な情報の記憶があってはならず、常に「これからいっそう、うろおぼえ」になる必要があるのだ。よく称揚される「客観的に対象に迫る」読書が、いかに一面的な現実を示しているにすぎないか、思わざるを得ない。

したがって、きわめて逆説的な事態なのだが、多くの線引きや書き込みは、自己を宙吊りにする行為であり、見えないテキストを引き寄せるための〈忘れ〉の運動なのである。備忘のための記録ではなく、忘れるための書記行為、あるいは絶えざるパリンプセストの制作。しかも傷痕が広がるほどに勢いを増す。これはどうあっても幽霊の仕事と言わざるを得ないであろう。

ならば、死者の仕事であろうか。そんなはずはない。ベンヤミンは言う、「幽霊的なものの中には、生命を生み出すすべての形式（分裂や生殖など）が、存在形式としてあらかじめ形成されている」（浅井健三郎訳『断片の力』）と。

小島信夫の〈読む＝書く〉のコンタクト・ゾーンで反復される行為は、ときに迷妄を帯びてはいても、いささかの神秘もない。それもあえて言えば、「生命を生み出すすべての形式」としての生の賦活の秘儀ではあるかもしれない。

（『小島信夫の書き込み本を読む』、「亡霊の仕事――〈読む／書く〉のコンタクト・ゾーン」より）

Ⅱ　本の境域

本のふちどりを読む——鶴見俊輔の書評術

武田徹

書評を書き始めたのは大学院時代からだ。二足のわらじをはいて文筆業で学費と生活費を稼ぎ出していたが、そんな仕事の中で書評の占める比率は高かった。無事に大学院から退院した後は研究者の道を選ば（べ）ず、フリーのライター専業となった。自由になった時間を使って、取材や調査に日本中、時には海外にも出かけた。ノンフィクションライターという肩書で呼ばれることも多かったが、その時期にも書評は書き続けている。

その後一〇年ほど経って大学に職を得て再び兼業ライターとなった。大学教員の身分となると時間がそう自由になるわけではない。相手のスケジュールに合わせる取材活動が制限される中で本を読み、批評する仕事の比重が高まった。こうして仕事量の塩梅はそのつど変わって来たが、書評の仕事には長く関わり、その縁は今後も続きそうだ。そこで書評とは自分にとって何なのか、改めて考えてみた。

哲学者・鶴見俊輔の書評や本にまつわる論考を集めた『鶴見俊輔書評集成』（全三巻。みすず書房）に「書物について」というエッセーが収録されている。「読んでいる本のへりに何があるか？」。鶴見さんは謎めた言葉で書き出す。「何があるとしても、それは、いやおうなしに、本の中に入り込んで本と区別がなくなってしまう時もあるだろう」。

この箇所はおそらく個人的な経験に基づいて書かれている。別のエッセー「わたしの一〇〇冊」の中で「私が本を読むようになったのは、おふくろと目を合わせたくないからです」と書いている。鶴見さんの母親は自分が世間でもてはやされているのは後藤新平の娘であるからに過ぎないと考えて自己嫌悪に陥っていた。そして鶴見さんに嫌悪の感情をぶつけた。「おふくろにとって愛情とは、私をひっぱたいたり庭の木に縛りつけたりすることだった」そうだ。そんな母親から逃れたい一心で濫読にふけった。それは本の中に閉じ籠ることであり、本と一体化して心を閉ざしてしまうことだった。「どんな本でもよい、本の中にかくれ場所をさがした。本を盾にして実人生を守ろうとした」と鶴見さんは表現している。

名家の出でない筆者には想像しにくい話だが、本を隠れ家、逃げ場にしていた点では自分でも似たところがあると思った。大学院時代に最初に依頼された書評の仕事は、今はなき雑誌『諸君』の読書欄だった。本選びも任されたので考えに考え、ただの本ではなく、小林秀雄の対談を録音したカセットブックを選んだ。小林は書いたものには癖があるが、話すと江戸っ子気風というか、案外とストレートに考えを開陳する。そんな違いも意識して文字と声の違いについて哲学者デリダ『声と現象』などを引きつつ議論した。実は手元にその切り抜きが残っており、読み返すと力が入り過ぎていて気恥ずかしい。書評を書いていながら自分の持論に入り込みすぎている。個性的な書評が書けてそれが評判となればいい。その評判は世間の荒波から物書きとしての自分を守ってくれるだろう。そう考えて本の中に閉じこもり、本を「盾」にしようとする。その発想は幼い頃の鶴見さんと同じだ。

筆者にとって書評の書き方が転機を迎えたのはノンフィクションを書くようになってからだ。ノンフィクション専業ライター時代にはノンフィクションものを書く延長上で書評が書けないかと考え、たとえばベストセラーになったり、社会的に話題になったりした小説を取り上げて小説自体よりも時代の位相、社会の実情を語ろうとした。そこでは本よりも本の向こう側の社会をもっぱら論じていたように思う。そんな本末転倒を経由して鶴見さんの言葉が心に響く。先に引いた本のへりについてのエッセーで鶴見さんは「本をふちどりしているものを、本とともに見ることをこころみたい」と書いていたのだ。

鶴見さんが書評委員をしていた時期の朝日新聞書評も『鶴見俊輔書評集成』には収められている。自分も二〇一五年から二年間同じ書評委員をする機会があったので鶴見さんがどんな書評を書いていたのか気になった。今より多少分量が多いようだが、それでも新聞の書評は短い。そんな制約の中でも鶴見さんは内容紹介をきちんとする。引用する余裕がなければ自分の言葉で簡にして要を得た解説をする。それは自分を守ってくれる硬い「盾」として本を私有するのではなく、読者と本をつなげることを第一の使命とする書評家の姿勢だろう。

そして鶴見さんは「本をふちどりしているものを、本とともに見ることをこころ」みるのだ。優れた本は内部に豊かな圧力を湛えている。その圧力が社会の圧力と抗い、両者が均衡するところが本のヘリになる。その意味でヘリは本の物理的形姿ではない。そのヘリのかたち、つまり本の「ふちどりのあり方」の大きさや凹凸をみることで本の内容と社会との関係が分かり、結果として書評は社会時評を兼ねることになる。

たとえば朝日新聞一九八六年九月八日に掲載された安部譲二『塀の中の懲りない人々』を評した鶴見さんの「世間に膝を屈しない心」は面会に来た安部の母と、親子の様子を見守る看守の姿を描いた部分を紹介して本のエッセンスを伝えつつ、「塀」の内外の物理的ではなく、意味論的な境界線——それがこの本のふちどりでもある——を意識させ、社会についても考えさせる。

本の中に閉じこもるか、本のページを越えて社会を見るか。近視か遠視かのいずれかでしか本と向かってこなかった筆者は、そんな鶴見さんの書評術を見習いたいと思うが、なかなかうまくゆかない。まだまだ修行中の身なのである。

カズオ・イシグロ、または読むことの軌跡

平井杏子

「わたしがある種の、投影された恐怖に駆られて書いているということは言えます」と、あるインタビューで語ったとき、イシグロは長編『遠い山なみの光』（一九八二）、『浮世の画家』（一九八六）、『日の名残り』（一九八九）の三作を世に問うたところだった。その後もわたしたちは、イシグロのいう〈恐怖〉とはいったい何なのかと、後続の作品に手がかりを求めてきたが、確かな答えはまだ得られていない。

思えば、漠とした不安のようなものは、当初からイシグロの作品にはつきまとってきた。デビュー作の『遠い山なみの光』や短編「夕餉」（一九八二）には、縊死した娘やふぐ毒に当たって死んだ母親への慙愧の思いから生まれた幻影が、白い光のような幽体として漂っていたし、『充たされざる者』（一九九五）や『わたしたちが孤児だったころ』（二〇〇〇）には、語り手の内部に巣食う一種の狂気

が、虚実の境も定かではない幻覚現象として描かれ、読む者をとまどわせた。カズオ・イシグロの難解さは、こうした〈恐怖〉の感情と不即不離の関係にあるのではないかと思われる。とくに六作目の『わたしを離さないで』(二〇〇五)では、人造人間や臓器移植のもたらす戦慄が、イシグロの読者に新たな恐れをもたらしたことは間違いない。

人類に臓器を供するために生産され飼育されながら、仮装の揺籃期を懸命に生きる子どもたちが主人公である。子どもを無意識の象徴としたユングと同じように、イシグロは無知ゆえの牧歌的子ども時代の表象として、クローンの養育施設ヘイルシャムを造型した。ここまでは〈バブル期の幼年時代〉、〈子ども時代のエデン的記憶〉を描いた『充たされざる者』や『わたしたちが孤児だったころ』と変わりない。子どもたちはやがて、じぶんたちに課せられた臓器供与の使命を知るが、運命に抗うこともなく、脱出をはかることもなく、身体を切り刻まれた果てに静かに〈完結〉する。その痛ましいほどの従順と沈黙が、わたしたちを戦慄させるのである。人間としての生を与えられていないクローンの最期にあるのは死ではなく、コンプリート、すなわち使命の成就だけである。

しかしクローンたちに恐れや激しい悲嘆の感情がないわけではない。だが、仔細に読んでみれば、彼らの苦悩は外部からもたらされる脅威や力に起因するものではなく、すべてクローンが心のうちに自生させ増殖させた、いわば根拠のない幻覚によるものである。たとえば、ヘイルシャムの校舎に隣接する黒い森は、クローンの死にまつわるおぞましい伝説を生むが、それは子ども時代のいわれのない恐怖が生んだ幻にすぎない。クローンたちは、〈ポシブル〉の存在を求めようとして叶わず悲嘆にくれる。ポシブルとは、すなわちクローン羊ドリーに成体体細胞を提供した羊と同じ、いわば親でもあり、複写の原型となる人間である。しかしその落胆も、クローン自らが勝手に生み出した幻想に惑乱されたことが原因であった。恋人同士の愛が立証されれば、ひとときの〈提供〉の猶予が与えられるという希望が粉みじんに砕け散り、絶望するのも、もとはと言えば、希望という確証のない夢に導かれてのことだった。

いわば自縄自縛のクローンたちのこうした心理は、見方を変えれば、彼らに対峙する外部世界の不在を明らかにしている。苛酷な〈提供〉によって衰弱し〈完結〉するクローンの悲惨は描かれるが、臓器移植を享受する人間のエゴも、手術を施す者の残酷もまったく描かれていない。リアルタイムの一九九〇年代末に時代が設定されているのは、SFや近未来小説と誤解されることを避け、現実世界のパラレルワールドを人間の状況のメタファーにするためであったと、イシグロは随所で語っているが、パラレルにあるはずの外界からの脅威はいっさい描かれていないのである。

イシグロが出版の十五年前に本作を書き始めたときは、学生と称する若者たちが、核によって未来を断たれる構想だったという。その後二度の中断を経て二〇〇〇年に本格的な執筆が再開された。核のイメージがかすかに残存するのもそのためである。再執筆のきっかけは、一九九六年七月に、エディンバラ大学ロスリン研究所で、雌羊の成体体細胞から哺乳類初のクローン羊ドリーが誕生したことだった。医療に資するために、ひとクローンが大量に生産されるとすれば、クローンと人間の境界は、はたしてどこにあるのか、クローンにも人間らしい情操が育ち得るのかという問題提起のために、モデル的実験施設としてヘイルシャム校は設立された。

だがクローンの人権に新しい光を投げかけようとしたこの運動も、スキャンダルによって水泡に帰してしまう。ある学者が、スコットランドの奥地で、能力を強化したクローンを造り、世界を恐怖に陥れたのだ。読者はいやがうえにも、行き過ぎた科学への警鐘というメッセージを読み取るだろう。ヘイルシャムという学校名から、ランカシャーにある核施設ヒーシャム・パワー・ステーションを思い起こすのは牽強付会であるにしても、ヘイルシャムと、青年期のクローンが暮らすコテッジが、〈うつろな〉という語と同義のすり鉢状の〈くぼ地〉の底にあることや、廃校後の校舎が水底に沈む映像で描かれるのも、核実験のクレーターのイメージとたぶん無関係ではない。またヘイルシャムの子どもたちが、隠れ家、雨宿りの場として使うパビリオンで、スツールやベンチの上に立って高い窓からグラウンドを眺めるシーンが、一九五七年初演のサミュエル・ベケットの『エンド・ゲーム』で、シェルターと呼ばれる灰色の部屋で、クロヴが脚立に上り、高い窓から終末的な外の世界を覗き、「ゼロ、ゼロ、ゼロ」と語るシーンを思い起こさせるのもぐうぜんではないだろう。しかし、こうした外界の事象や状況が、クローンたちの心理に何かをもたらすこともなければ、行動を促すこともない。クローンたちの抱く恐怖や絶望は、外界、すなわち他者からもたらされるものではなく、彼ら自身の内に存在するものなのである。

田尻芳樹は「ベケットとモダニズム文学の幽霊」と題する論考で、「モダニズム文学は、自我が単一の安定したものではなく、絶えず他者の侵入によって揺らいでいるというアイデンティティの危機を基盤にしていたという点で、霊媒を通じて死者たちと交信しようとする心霊主義と深いところで通底していたと言えるだろう」と述べ、ベケット文学の核心をなす幽霊のテーマを、「自我が他者に巣食われて自律的安定を失うという問題」と言い換えた。

このことばは、『充たされざる者』や『わたしたちが孤児だったころ』における、主人公の意識に絶えず侵入する一見他者と見える存在、自我と他者との反転や混在、あるいは分裂し他者の姿を借りて増殖する自我の説明にも当てはまるように見える。しかし、イシグロに真の意味の他者が存在したことはあったのだろうか。イシグロの作品に描かれる幽霊も、すべて自我の屈折した隙間から生み出されたものであった。

それでもう一度読んでみたいと思うのは、イシグロが作家としてデビューする前に書いた習作である。イーストアングリア大学の創作科に在学中に執筆した三篇の作品が『イントロダクション7――新人作家短編集』（一九八一）に収録されているが、若書きの作品であるという理由で、日本では紹介されていない。ブライアン・シャファーは、これら初期作品に『充たされざる者』以降、とくに顕著になった〈精神的外傷の探求〉という主題との根本的な関係が見られると指摘した。そのひとつは、同級生のクライヴ・シンクレアが、教室で読まれたイシグロ最初の作品と語った「Ｊを待ちながら」という短編である。

大学教師を名乗る〈私〉が、四十歳の誕生日に、ミューズ街を見おろすアパートの部屋で手近な武器を傍に置き、不安に駆られながらもＪを心待ちにしている話である。故郷で暮らしていた子ども時代の〈私〉は、畑沿いの道にいた一匹のうさぎを石で打ち潰したＪの行為を、「魅せられたように」眺めていた。四歳年上のＪは、あるとき釣りをしていた私の背後の土手の上に座り、手にしたナイフで小枝を削りながら、四十歳の誕生日に互いに殺し合う約束をしようと持ちかける。Ｊが村を去って音信が途絶えたが、〈私〉はＪの四十歳の誕生日に居所を探し当て、Ｊを殺害した。そして今、四十歳の私はふと肩越しに振り返る。背後にJがいないと安堵し同時に失望の思いがするが、Jは必ず来ると確信している。

ベケットの『ゴドーを待ちながら』（仏版一九五二、英版一九五四）の題名にヒントを得たかに見えるこのサイコロジカルな幽霊談について作家自身は再版を拒んでいるが、作家修行に踏み出したばかりのイシグロが、時間軸の無秩序や構造の断片化、自己解体の手法に関心を抱いていたことを知る上で貴重な作品である。〈私〉とJとは、残虐性、娼婦への異常な関心、性的な抑圧、貧相なアパート、聞こえる足音、ナイフで木や石を削ることへの執着、世界を放浪する夢、四十歳の誕生日の二週間前からつづく不眠、顔の半分だけに差す影が重複することから、同一人物の表裏であることは明らかである。「JはIであり」、Iは「自己意識を象徴する」というアト・ド・フリースの『イメージ・シンボル事典』の助けを借りるまでもなく、〈私〉がすでに抹殺したはずのJとは、たとえそれが二分された自我の、ハイド氏におけるような性的抑圧や残虐性の側の象徴であろうと、たしかに殺したと〈私〉が語っている以上、それは〈私〉の内部から立ち現われる幽霊である。

また「毒」という短編は、エドガ・アラン・ポーの『黒猫』（一八四三）に想を得たと思われる怪奇さとポルノグラフィックな要素が混在した日記体の小説である。性に強い関心を抱く〈私〉が語り手である。母親から疎外され友人もいない私は、猫のナオミにたいする残虐さがつのり、首を紐の先にゆわえて吊るして弄んだ挙句、除草剤を餌に混ぜて毒殺する。猫は激しく嘔吐し苦しんだ挙句に死ぬ。〈私〉はナオミを捨てに行くが、袋から滴った毒交じりの吐しゃ物や気味の悪い液体でジーンズを濡らし、〈私〉の下半身にも毒が浸透したのかと思わせる。やがて母親の恋人の娘キャロルと〈私〉

は肉体的な距離を縮める。キャロルは猫の生まれ変わりのようで、抱き合っていると、ふいに猫の話を耳元で囁き、爪を立てる。ベッドで戯れている時、コーヒーを淹れるように命じられた〈私〉は、ナオミを殺した除草剤をまぜて与える。コーヒーを飲みほしたキャロルは、ようやく〈私〉を受け入れる。そのとき〈私〉は、毒が彼女の体内に注ぎこまれ、ぐるぐると身体をめぐり、さらに強まっていくのを感じる。キャロルはやがて激しく嘔吐し、ナオミと同じ姿で苦しみ始める。

さらにもう一作「奇妙なときおりの悲しみ」を見てみよう。イングランドで暮らすミチコは、むかし長崎で暮らしていたとき、超自然的な体験をした。原爆で死んだ幼友だちヤスコには、父親が縁結びに奔走した婚約者がいたが、いつしかミチコと婚約者が思い合っていることに気づく。ある夜、日が沈み薄れ行く光の中で、ふと見るとヤスコがミチコをじっと見つめている。その顔は身の毛もよだつほど恐ろしい表情にねじ曲がり、両目は狂気をたたえ、張り詰めて震えながらこちらを凝視している。歯はむき出され顎はぶるぶる震えていた。それは一瞬の幻影だったのだが、翌日、原爆の投下でヤスコは死んだ。ミチコは、生まれた娘にヤスコの名をつけるが、臍帯でつながれていた娘のヤスコとじぶんはひとつの存在であったということばから、同名の長崎のヤスコとミチコも一体であり、ミチコの見た恐ろしい化け物（ゴースト）とは、〈私〉自身だったことを示している。ミチコが心底に押さえ込んだ嫉妬の感情が、ゴーストのような自身の表情をヤスコの上に投影したのだ。

こうして初期の習作を読み返したのちに、『わたしを離さないで』を再読してみると、すべてが自分自身の心の奥処に帰する〈恐怖〉とは、いったいどのようなものなのか、まだ依然として答えは得られないまでも、少しだけわかったような気がしてくる。ジェイムズ・ルイスが『夢の事典』（一九九六）に記したように、幽霊の夢は「もはや手に入らないものの本質を象徴する」というのであれば、故郷喪失の傷から萌芽したイシグロの文学に、〈恐怖〉をともなう仮象や残影が色濃く現出するのは故なきことでもなく、『充たされざる者』にも『わたしたちが孤児だったころ』にも、そして『わたしを離さないで』にも、〈肉体の切断〉というモチーフが繰り返される理由も納得できる。だがたぶんそれだけではないはずだ。他者ではなく自己自身に巣食われるイシグロ文学の本質が、〈恐怖〉ということばの奥にはまだ秘されているのではないだろうか。

『喪失の響き』（*The Inheritance of Myth*）

――キラン・デサイの小説

榎本眞理子

移民第二世代の私の友人は、よく腕の奥が痛むと言っていた。子供の時イギリスに移り住んだインド人がよくかかる病気らしい。またアイデンティティクライシスが深刻になるのは移民第三世代だということだった。それでいえば、一四歳までインド、その後イギリスとアメリカで育ったキラン・デサイ（Kiran Desai）は第何世代ということになるのだろうか。

キラン・デサイの第一作『グアヴァ園は大騒ぎ』（*Hullabaloo in the Guava Orchard* 1998、以下ＨＧ）はガルシア・マルケスの小説のように、不思議なイメージと力に満ちている。と同時に、母アニター・デサイ（Anita Desai）の小説の魅力を一層深くしていた「現実に即した倫理性と、詩的イメージとのせめぎあい」（Afzal-Khan 59-61）もデサイは受け継ぎ、発展させている。ＨＧは世界中で高く評価され、サルマン・ラシュディーはアンソロジーに収録した。ＨＧは安らげる場所を求めてグアヴァの木の上に住みついた若者の物語である。グロテスクになりかねない小説世界を見事に成り立たせているのは乾いたユーモアと、極彩色の言葉の洪水と、鮮やかで神秘的なイメージである。デサイは「木の上で暮らす聖者には現実のモデルがいた」と言っている。マルケスの不思議な世界が現実のコロンビアを反映しているのと同様、デサイの描き出す世界は現実のインドを反映している。

HGで発揮されたデサイの力が、二〇〇六年ブッカー賞受賞の第二作『喪失の響き』（以下IL）では見事に成熟している。この小説では喜劇的な要素とパセティックな要素が統合され、独特の魅力的な世界を創り出している。歴史の中に生きる人々の悲劇と喜劇、許しと希望を、心の中のドラマをも含めて描き出すのに、詩的イメージが効果的に用いられている。

「娘の創作方法は自分にそっくり」とアニターは言い、キランは「母の影響は非常に強く、ILは母との共作のようなもの」と語っている。アニターが異文化との衝突を悲劇的にとらえているのに対して、キランには対象との距離感と逞しいユーモアのセンスがあることが二人の違いだろう。アニターの小説でも例えば『デリーの詩人』や『海辺の村』にはどこかユーモラスな感じが漂っているが、それがもっと明白に見られるのがILである。

キリスト教系寄宿学校にいたサイは、両親が交通事故で死んだために、会ったこともない元判事の祖父に引き取られる。ヒマラヤ山脈の北東部、カンチェンジュンガの峰を仰ぎ見るカリンポン（インド北東部にこぶのように突き出て、ネパールとブータンとバングラデシュに囲まれ、紛争の絶えない地域にある町）にその家はある。唯一の召使いの老コックは料理の腕をふるって歓迎の意を表す。犬のマットは「にっこりして頭をかしげ、ぱたぱたとしっぽが椅子に当たる音が」する。「大海原をじっと見つめている、ガラパゴスのトカゲ」のような祖父に、サイは臆することなく「おじいちゃんの犬は映画スターみたいね」と言う。「オードリー・ヘップバーンみたいだろ？」と祖父は照れ隠しに答える。サイはこの家に少しずつなじみ、また近所に住む住人達に愛されて成長していく。「大海原の陰影と深みを持つ峰」と描写されるカンチェンジュンガや、サイと祖父が夕食を取っている間にも忍び込み、お茶の湯気や人の息と混じり合う靄など、自然は様々な形でこの地の人間の生活にとけこんでいる。

小説中に描かれているのは一つには異文化との接触を、ケンブリッジへの留学というかたちで経験した元判事の西洋への憧れと屈辱、同胞への蔑みと優越感という屈折した思い出である。それはコックの息子ビジュが、小説中の現在（一九八六年）、一旗揚げようとニューヨークで悪戦苦闘している話と相まって、西洋の文化に真っ向からぶつかっていったインドの「移民第一世代」の物語を構成している。そしてそれら以上に注目に値するのは、サイの人生への態度である。サイは苦しみつつも、過度に悲劇的になることなく様々な不幸を淡々と受け止めている。

クールティヴロンは「私たちは皆エグザイルなのである。エグザイルとは、結局のところあらゆる人間の抱える条件のメタファーであるに過ぎない。我々は皆子供時代の天国を失っているのであるから」（Courtivron 5）と言う。とすればキラン・デサイの小説に描かれている問題は、実は私たち読者一人一人にとっても切実な問題なのである。

一六歳のサイは口が達者で、何かと憎まれ口をたたく。そのたびにコックは「我が子のように大事に育ててあげた私にこんな口を利くなんて……」とぐちを言い始めるのである。

サイの祖父と祖母の関係は悲惨なものだった。二人の心が最も近づいたのは彼の渡英の直前、まだ一四歳の可憐な妻を自転車の後ろに乗せて、青い空の下、牛の群れの間を全速力で走り抜けて行ったときのことだった。辛く孤独なイギリス留学から帰った彼の目には、妻はもはや無様で不潔な、かつて自分がそうであった惨めな存在に過ぎなかった。

元判事は「妻を愛していたし、勇敢でハンサムで立派な人物」だったと、現実を粉飾することでコックは自分を慰め、サイを慰める。元判事の昔話をすればするほどそれらの話は「真実よりもますます本当らしく」なってくるのだった。

サイと恋仲になった若い数学の家庭教師ガイアンは政治運動に巻き込まれ、サイを捨てる。サイはスラム街にある家をつきとめ、彼に会いにいく。二人の訣別は決定的となる。サイは「これが一族の歴史なのだわ、家族を愛さない人達、相手のことを忘れる恋人」と考える。しかしサイは間違っている。コックは彼女を大切にしているし、祖父は、自分と同じアクセントとマナーを身につけていて憎まずにすんだ孫娘を「運命が自分に与えてくれた唯一の奇蹟」であると思っている。

冷静な作家の目は「第三世界が常に第三世界であることを強いられ、利潤は国家間の経済格差から生み出される」という事実や、「カールした銀髪のかつらをつけた黒い肌の裁判官は、常に同胞に敗北を告げる」という現実も見逃さない。また「結局この世の不公平を軽減する政府も、宗教も存在しない」と、宗教や政治にも容赦ない目を向ける。

「西洋式の消費文化に踊らされた多文化主義にはデサイは懐疑的である。それらは過激派やテロの問題を解決することは出来ない。経済的グローバリズムは貧しい人々を救うことは出来ない。秩序や尊厳、正義の観念を絶えず脅かされる人々を描くことによってデサイが伝えているのは、世界の多くの人々がかつて経験し、今も経験しつつある圧倒的なまでの屈辱感である。それはマジックリアリズムでも、浅薄な旅のガイドブックでも伝えられないことである」(Mishra) という書評は誠に当を得ている。

愛犬マットを盗まれて半狂乱になった元判事は、探して来なければお前を殺すとコックを脅しつける。犬は見つからず、やけになって飲んだくれたコックは「私は悪い男です。たたいて下さい」という。元判事は怒りにまかせてコックをたたき続ける。「今すぐやめなさい!」とサイは叫ぶが、振り下ろす祖父の手は止まらない。雨の降り出す中、外へ飛び出したサイは、しかし哀しみにうちひしがれることはない。哀しみの向こうに他人への共苦の思いが湧いてくる。

恋人は戻らず、マットは奪われたままである。ニューヨークのビジュは苦労の果てに手に入れたあらゆる富を失い、カリンポンの平和は乱され、隣人は追放され、元判事はあわれなコックを散々殴ってしまった。それでもサイはまたエネルギーを取り戻す。そしてカンチェンジュンガの峰が一瞬の啓示を、勇気と慰めを与えてくれるのである。

読み終わった読者の心に蘇るのは、コックの「どっちみちお金がすべてじゃないさ。誰かの世話をする、それから誰かが世話をしてくれるという単純な幸福があるさ」という独り言かもしれない。サイがいみじくも語ったように「愛は欠落の中にこそ」存在するのであるから。

必要なのはエグザイル的状況を冷静に受け止めることと、西洋的なものの見方にとらわれない新しい発想であろう。「東洋の知恵」が人を救う可能性があることは、二〇〇六年にノーベル平和賞を受賞したムハマド・ユヌス氏とグラミン銀行の例からも明らかである。マイクロクレジットは、人の自主性と尊厳を大切にする、信頼に基づいた支援活動であり、その返済率は九割に上るという。このような発想の転換によって救われるのが発展途上国の人々だけではないことは、言うまでもないだろう。

引用文献

Afzal-Khan, Fazia. *Cultural Imperialism and the Indo-English Novel*. Pennsylvania: The Pennsylvania State University Press, 1993.

Courtivron, Isabelle de. *Lives in Translation*. New York: Palgrave Macmillan, 2002.

Mishra, Pankaj. "Wounded by the West". *New York Times*, Feb. 12, 2006.

（初出『英語青年』二〇〇七年一月号）

Ambarvalia「天気」について

伊勢功治

天気

(覆《くつがへ》された宝石)のやうな朝
何人か戸口にて誰かとさゝやく
それは神の生誕の日。

私が初めて詩によって目眩《めまい》のような幻覚を感じ、文学の光の前に立ったのは十代半ばの頃。西脇順三郎[1]の「天気」という三行詩との出逢いであった。

当時私は、宝石箱が返され、ころげ落ちる幾つもの宝石に朝の光が差し込み、宝石の断面を照らし乱反射する朝の一瞬を描いた鮮やかな映像を想像し、深く感銘を受けた。この体験が詩への興味の扉を開かせた最初の契機となった。

一九七〇年代、この詩は多くの教科書に掲載されていたが、現在（二〇一七年）、採択されているのは高校一年の国語の教科書一社のみということらしい。「神」という言葉が時代状況に馴染まないのか。あまりに感覚的で難解ともいえる詩的表現が、いまの中高生に理解されにくいと判断されたのか、理由はわからないが、まことに残念なことである。

「天気」を収めた詩集『Ambarvalia（アムバルワリア）』[2]が出た翌月、いち早く室生犀星（一八八九〜一九六二）が雑誌『椎の木』でこの詩について言及している。

「覆された宝石」のやうな朝といふ感じは、実に美しい生新な朝である。これだけの一行が詩人の生涯をとほして見ても、ざらに見つけられる一行ではない。全く詩人といふものは気に入つた一行を尋ねるために、都會の深山幽谷を跋渉する仙人であるかも知れぬ。近代といふ凡ゆる錯莫たる光景の中に眼をすえて、そこに寳石のやうな朝を朝として感じる。全く詩人といふものの頭のなかには何がチカチカ光つてゐるかわからないくらゐである。（後略）

（室生犀星「宝石と朝」『椎の木』一九三三年十一月）

詩の一行目に関しては、高く評価しているものの、一方で次の行の「何人か戸口に誰かとささやく」という象徴手法は古く、こうした誤摩化しには生気がなく、「それは神の生誕の日」は窮していて突き抜けたところが見當たらない。（中略）作者はもつとリアリズムの一行をこけおどしでなくそつと置いて貰ひたかつたのである。

（室生犀星「宝石と朝」同）

と手厳しかったが、西脇にとっては、「神」という言葉は、当時、興味の対象であった古代ギリシャ的世界観を描くためには欠かせないもので、「「神の生誕」なんかいうことばは、原始文化研究者でなければ知らないこと」（西脇順三郎「ことばの衝撃力」『シンポジウム　詩の歓び』一九七〇、徳間書店）であり、あくまでも、一行目の「（覆された宝石）のやうな朝」の美的表現をこの詩のなかで示したかったのである。

（覆された宝石）のやうな朝

私が、一行目の「（覆された宝石）のやうな朝」のカッコの中、「（覆された宝石）」が英国の詩人ジョン・キーツ（John Keats 一七九五～一八二一）の『*Endymion*（エンディミオン）』（一八一八）からの引用であることを知ったのは、かなりあとのことである。『*Endymion*』からの引用部分は、第三巻の七七七行目、

How lightning – swift the change! a youthful wight
Smiling beneath a coral diadem,
Out – sparkling sudden like an upturn'd gem,

「an upturn'd gem」を訳したものであるが、「like an upturn'd gem」を引用して「(覆された宝石のような）朝」とはしなかった。「ような」を入れず、「(覆された宝石)」とすることで、より「宝石」の印象を強め、「朝」との対比を明確にし、二つが交錯することで生まれる詩的効果を考えたのではないだろうか。

しかし、西脇は、キーツの詩を引用しながら、意外にもこの詩人のことを好きではないと語っている（西脇順三郎「ことばの衝撃力」同）。

キーツの作品は長くて全体を読むに絶えないし、読むと、肺病になるような気がするというのだ。自分のなかに病的なセンチメンタリズムのようなものがあり、読むと熱っぽくなり、何か感覚的なじめじめしたものを受けてしまう。実はキーツは肺病で亡くなっていた。感情をくすぐるようなキーツのセンチメンタリズムは好きではなかったが、ときどき詩のイマジネーションというべき独特の言葉があり、素晴らしい詩人であることも理解していた。嫌いというより、愛憎半ばする感情を抱いていたと言い換えたほうがよいのかも知れない。

キーツには文中に「覆された宝石のような」といった、素晴らしいイメージを持った詩的表現があり、西脇自身が創作したイメージではないことをはっきりと示し、キーツに賛美と敬意を表すために（ ）を付し、引用であることを明らかにした。

一行目は「朝」だけが西脇の創作ともいえるが、「（覆された宝石）」を「朝」と連結したことで西脇の詩になった。西脇がいうところの〈遠いものの連結〉である。読んだ詩で良いものは、自分の詩の中に取り入れることに抵抗はなかったのである。いわば短歌における〈本歌取り〉（共通の教養を持つもの同士、引用は暗黙の了解として成立した）で、盗作であれば「宝石」泥棒となるところであるが、現在では、他者の作品の一部を集め、意識的にコラージュすることは、音楽では「sampling（サンプリング）」という言い方で、制作技法として認知されている。

私は、宝石箱からばらまかれたたくさんの小さな宝石をイメージしていたが、「gem」が単数なので、複数ではなく、ある程度の大きさを持った一個の宝石、しかも幾つもの直線的なカット面を持った多面体として光を反射するものと考えられる。「ばらまかれた」ではなく、「ひっくり返された」といった感じだろうか。

しかし、この三行詩は、簡潔で硬質な語彙を用いながら、言葉と言葉の、行と行との衝突と結びつきの中に新しいイメージを生み、読者に俳句を鑑賞するような想像の広がりを与える。出典を知らなくても、読者それぞれの印象にまかせてこそ、この詩の価値があるように思える。つまり分析するより、感じ取るべき作品なのではないか。

何人か戸口にて誰かとさゝやく

「何人」は「なんびと」とも、その音変化の「なんぴと」とも、「なにびと」とも、また「なんにん」とも読めるが、さすがに「なんにん」は、ない。

「なんびと」「なんぴと」は古典的な読み方なので、「なにびと」。「誰か」も「たれか」は古い読み方なので「だれか」と読むのが西脇の意向ではないだろうか。

「誰か」には、具体的にどのような人間であるか明示されていないところに神秘性が感じられる。「ささやく」といった表現も、夢から醒めたような意識の中での微かに聞える声が神秘的な予感の中に誘い込む。

西脇は、この詩の成立について次のように書いている。

『天気』は或る中世紀の物語のさし絵として或る有名な画家の描いたものから暗示されていたと思う。今日ならルオーが選びそうな画題である。それはあるゴシック建築の内部から窓の外の景色を見たところである。そこにはあるきたならしい街路がみえ、ある家の入口でなにかひそかに話をしている二人の人がいる。その家の中で神か人間がうまれたばかりのような気がしたのであった。（後略）

（西脇順三郎「詩三つ　自作の打ち明け」『現代詩入門』時間社、一九五六）

西脇順三郎研究家の新倉俊一（一九三〇〜）によれば、

この光景は、イギリスの画家、バーン＝ジョーンズがチョーサーの『カンタベリー物語』中の「尼僧の長の話」につけた挿し絵にもとづいている。聖母マリアを信じた子供が、死後に奇跡をもって救われる話。

（新倉俊一「引喩出典解説　Ambarvalia」『西脇順三郎全詩引喩集成』筑摩書房、一九八二）

と、具体的な解説を加えている。

この挿し絵は、思想家で画家でもあったウィリアム・モリス（William Morris　一八三四〜九六）が造本し、生涯の友であったエドワード・バーン＝ジョーンズ（Sir Edward Coley Burne-Jones, 1st Baronet　一八三三〜九八）が装画を手がけた『チョーサー著作集』（ケルムスコット・プレス　一八九六年）か、その普及版のものと考えられる。

この絵（図A）は、「尼僧の長の話」の最初の頁に掲載されており、画面の右側にはマリア像を見上げる主人公の聖歌隊の一員の少年。左側の囁《ささや》き合っている二人は、キリスト教徒に蔑《さげす》まれていると誤解し、少年をなきものにしようと相談している。もしこの絵が西脇が見たものとすると、実際の意味ではなく、絵だけを見た印象から詩の着想を得たということになる。

〈死の予感〉のイメージが、詩人によって〈生の予感〉へと〈覆された〉のである。

図Ａ 「尼僧の長の話」の挿絵（ジェフリー・チョーサー作『カンタベリー物語』より）。バーン=ジョーンズ作で西脇順三郎の詩「天気」着想の元になったと思われる

それは神の生誕の日

三行目は、一行目の最後の「朝」と同様、「日」と、体言止めにすることで、二行目の幻想的な表現をはさみながらリズムを作り、静的でありながら強い印象を残すことに成功している。

また、一行目は室内、二行目は戸外、三行目は脳に生まれるイメージといった場面の展開が対比を成し、この詩を立体的なものにしている。

「それは神の生誕の日」という表現によって、この詩を「天長節（天皇の誕生日）」をうたったものと勘違いする読者もいたようで、天長節はいつも天気がよいとも言われていたため、結び付けられてしまったらしい。

ここで書かれた「神」はキリストなど、一神教の神を表すのではなく、古代ギリシャ的な、人間以外のあらゆるところに新たに生まれる神、何か素晴らしいことが起こった時に生まれる神を示している。英訳すれば、大文字で一つの抽象的な神を示すGodと書かずに、小文字で不定冠詞がつく多神教的な神＝a godとすべきであると、詩人は答えている（「西脇セミナー〈第一回〉」『詩学』一九六七年四月）。

考えてみれば、神には生も死もないように思えるが、「神の生誕」とすることで、光の中から誕生する崇高な存在が示され、この詩の印象を際立たせている。

また、西脇は「生誕」を「せいたん」ではなく、呉音の「しょうたん」と読んでいた（「西脇セミナー〈第一回〉」同）。

この詩を音として捉えた場合、「された」、「宝石」、「朝」、「さゝやく」、「それは」、「生誕」というように、サ行の音が、全体の通低音のように続き、その静かな響きが詩に澄み切った空気感を与えている。

天気

「天気」というタイトルは、この三行の詩の内容から考えて、やや意外な印象を持ったが、この「天気」は単に「天候」を意味するものではなく、「よい天気」という意味であると西脇は語る（「西脇セミナー〈第一回〉」同）。

例えば、挨拶の時に、「今日は、天気ですね」ということが、「よい天気」を表す、といった意味である。「(覆された宝石)のやうな朝」は、まぶしいほど「よい天気」であり、「よい天気」の朝にこそ、「それは神の生誕の日」にふさわしい、ということになる。

Ambarvalia

日本人の作家が「Ambarvalia」というラテン語のタイトルを付けるのは一九三三年当時としても珍しかったことだろう。

「Ambarvalia」とは、古代ローマ人が、イタリア本土の農村で、自然の災害を受けずに、穀物が豊かに穫れるように祈った儀式、つまり「収穫祭」のことであった。語源的には、ラテン語のambi(〜のまわりを)+arvum(畑)という意味で、生贄の動物を連れて、祓い清める畑のまわりを歩くことからきている。

しかしなぜ「Ambarvalia」というタイトルをこの詩集につけたのだろうか。

西脇自身の解説によると、

この詩のタイトルAmbarvalia「アムバルワーリア」はケレースという古代羅馬人の農業の女神を祭る儀式のことであり、このことは羅馬詩人ウエルギリュースの書いた「農業詩」の第一章の中に出ている。私は若い時から土俗学に興味があって古代人の宗教に対して非常に詩的なあこがれをもっていたために近代人にはわからないような名をつけたのであり、これも肉体のエラーの一つであった。タイトルはそうであっても近代人の憂鬱がその材料となっている。(後略)

(西脇順三郎「近代人の憂欝」『Ambarvalia』復刻版別冊、恒文社、一九六六)

日本では例えば、越中八尾のおわら風の盆。気品高く優雅な女踊りと勇壮な男踊り、哀調のある音色を奏でる胡弓の調べが坂が多い町の道筋を流すおわらの起源は、江戸時代元禄期にさかのぼると伝えられている。哀切感に満ちた旋律にのった、無言の踊り手たちの洗練された踊りの印象から、「風の盆」の「風」という言葉には「風流」や「風雅」の印象があるが、実は「風」は「台風」のことで、「風の盆」は、毎年台風シーズンの九月一日から三日にかけて行われている風鎮祭のこと。いわば日本の「Ambarvalia」である。実った稲が台風によって倒されることがないよう、豊作を願って人々が祈りを捧げた(風の盆は、一七〇二年(元禄十五年)三月、加賀藩から下された町建ての文書「町建御墨付」が、米屋少兵衛から町の人々の手に戻ったことを祝って三日三晩踊ったのがその始まりという説もある)。

風の盆の歌詞は、かつては中央から野口雨情(野口英吉、一八八二〜一九四五)、佐藤惣之助(一八九〇〜一九四二)、川路柳紅(川路誠、一八八八〜一九五九)、長谷川伸(長谷川伸二郎、一八八四〜一九六三)、吉井勇(一八八六〜一九六〇)など多くの文人が八尾に訪れて作詞し、また地元の人々を中心に今も作り続けられている。その数は何千とあって、実際に歌われている歌詞はごく一部である。

踊りは夕方から早朝まで続けられ、最後に「浮いたか瓢簞《ひょうたん》　かるそに流るる　行先ァ知らねど　あの身になりたや」で終る。行き先はわからないが、身軽になって、川の流れに身をまかせ、遠くに行きたい、ということである。まるで吟遊詩人の言葉のようだ。

話を「Ambarvalia」に戻す。

西脇の『Ambarvalia』を第一詩集として一般には捉えられていたが、実はその前にロンドンで一九二五年、『SPECTRUM(スペクトラム)』(ケイム・プレス)という英文詩集を出していた。

オックスフォードでの生活を風刺的に扱ったこの詩集は、ロンドンの詩人でのちに小説家として名をなしたジョン・コリアー(John Collier 一九〇三〜八〇)など、若い芸術家仲間には、詩風が古いという印象を持たれ、不評だった。そして帰国後の一九三〇年には、英詩集『Poems Barbarous』(私家版)を制作、イギリスの友人の詩人たちに捧げられた。

なぜ日本語でなく、英文で詩を書いたのか。それについて西脇は次のように回想している。

> 日本語で詩を書くということはああした古めかしい文学語とか雅文体で書かなければならないと信じていた。英語で書けばその困難を避けることが出来た。雅文体で書かなくともいいものであるということを教えてもらった先生は萩原朔太郎であった。ただ言語の問題だけでなく朔太郎の自然主義を全面的に支持した。それまでの日本の詩はセンチメンタルなロマン主義であった。そういうものは中学時代からテレくさく思っていたからであろう。(後略)
>
> (「脳髄の日記」『雑談の夜明け』花曜社、一九七二)

関東大震災後、神田駿河台下の丸善支店の二階に『SPECTRUM』が三十冊ほど積まれていたと詩人・近藤東（一九〇四〜八八）が回想しているが（「詩集「Ambarvalia」に関して」『本の手帖』一九六三年十月号）、当時無名であった詩人の英語詩集を求めるものはほとんどいなかっただろう。以上のことがあり、西脇自身は実際の第一詩集であった『SPECTRUM』に関してはあまり語りたがらなかったようである。

『Ambarvalia』は、発表当時よりはむしろ、戦後になって次第に評価の高まった詩集である。全体が「LE MOND ANCIEN」（古代世界）と「LE MOND MODERNE」（近代世界）の二部に分かれ、前者はヘレニズム的感覚と神話が調和した「ギリシャ的抒情詩」十一篇と、古代ローマの引喩がちりばめられた「拉典《ラテン》哀歌」四篇、巻頭詩と合わせて十六篇の詩からなる。最初に「LE MOND MODERNE」の詩があり、詩集としてまとめる話になり、百田宗治（一八九三〜一九五五）のアドバイスで「LE MOND ANCIEN」に「ギリシャ的抒情詩」を加え、巻頭においた。

「天気」は「ギリシャ的抒情詩」の巻頭に収められているが、実は最後に作られたものだ。「ギリシャ的抒情詩」の〈戸口〉であると同時に、古代の歓喜と近代の憂鬱が交錯した多面体としての詩集『Ambarvalia』の〈生誕〉を象徴する〈宝石〉のような意味を持っているように思われる。

日本の近代詩の詩的思考や手法に革命的ともいえる影響をもたらした『Ambarvalia』は、現在、どのように読まれ、どのように理解されているのだろうか。

註

（1）西脇順三郎（にしわき・じゅんざぶろう、一八九四年一月二十日～一九八二年六月五日）詩人、英文学者。新潟県北魚沼郡小千谷町（現・小千谷市）出身。小千谷銀行主であった父・西脇寛蔵と母・キサの次男として生まれた。西脇家は代々縮問屋を営んでいた。画家を志し、県立小千谷中学校（現・新潟県立小千谷高等学校）を卒業とともに上京して藤島武二や黒田清輝らを訪ねるが、父の急死により画家の道を断つ。一九一七年三月、慶應義塾大学理財科（現・経済学部）卒業。小泉信三に師事し、卒業論文を全文ラテン語で執筆した。ジャパンタイムスに入社するが、人事異動の問題がありすぐに退社。一九二〇年九月、慶應義塾大学予科教員。以降、「三田文学」を通じて批評活動を展開する。一九二二年、オックスフォード大学ニューカレッジに留学。滞英中にジョン・コリアー、ジェラード・ヴァインズら若い詩人、ジャーナリストと交流。当時イギリスで全盛のモダニズム文学、美術に親しむ。一九二五年、英文詩集『SPECTRUM』を現地で自費出版。同年帰国。一九二六年四月、慶應義塾大学文学部教授に就任し、英文学史などを担当。一九二七年、佐藤朔編集の日本初のシュルレアリスム詩誌『馥郁タル火夫ヨ』に序文と作品を発表。同年、『超現実主義詩論』を、翌年、『シュルレアリスム文學論』を刊行。一九二八年九月の春山行夫編集「詩と詩論」創刊に協力し、新詩運動の指導的推進者となる。萩原朔太郎の詩集『月に吠える』の口語体自由詩に影響を受け、一九三三年に詩集『Ambarvalia（アムバルワリア）』を発表する。しかし、以後十余年、詩作を離れて学術研究に没頭。戦時中は東洋的文学思想に回帰。自分の内面に潜むもう一人の人間を「幻影の人」と名付け、第二詩集『旅人かへらず』（一九四七）とこれに続く詩集『近代の寓話』（一九五三）、『第三の神話』（一九五六）の中で追求。西洋的教養と日本的感性を融合させた独自の詩風を築き上げる。一九六〇年代に入って、プルーストやジョイスの手法を駆使した長編詩集『失われた時』をはじめ、『豊饒の女神』(一九六二)、『えてるにたす』(一九六二)などの詩集を発表。

(2)『Ambarvalia』 西脇順三郎の詩集『Ambarvalia』は一九三三年九月十五日、椎の木社から限定三〇〇部刊行された。発行人は百田宗治。オールドローズ色の表紙、タテ二三五×ヨコ一八八ミリの菊判変型本で、厚手のコットン紙に四号活字で印刷された。本文一〇一頁、目次三頁。三一篇の詩が収められている。当初、『Hellenikà(ヘレニカ)』と題されるはずだった。『ヘレニカ』は「古代ギリシャの」を意味し、西暦二世紀頃の帝政期ローマの作家クセノポンが著した歴史書の名でもある。「Ambarvalia」(アムバルワリア)は、ラテン語で、古代ローマの農業神、ケレスを祀る儀式を意味する。「LE MOND ANCIEN」(古代世界)と「LE MOND MODERNE」(近代世界)の二部に分かれ、前者は、「ギリシヤ的抒情詩」と「拉典哀歌」の二章に分かれる。後者は『ベニスの商人』のパロディー「紙芝居 Shylockiade」、イヴァン・ゴルと妻クレールの合同詩集『*POÈMES D'AMOUR*』(一九二五)の訳詩「戀歌」などを収載、それまでに『三田文学』、春山行夫の『詩と詩論』、百田宗治の『椎の木』、『尺牘(せきとく)』、北園克衛の『Madame Blanche』などに発表した作品を集成したものである。「ギリシヤ的抒情詩」の巻頭に詩「天気」を収載。挿図は、別紙で挟み込まれ、「カリマコス」、「Catullus」、「La Table」、「蛇つかひ」のモノクロ四点収載。発行当時、一部のモダニストから熱狂的に迎え入れられ、モダニズム詩の聖典になった(初めての出会いから四十年ほどを経て、ようやくオリジナルの『Ambarvalia』を入手。私にとっての「Ambarvalia(収穫祭)」となった)。

サナダムシと共生すること

――二つの書評的エッセイのために

中村邦生

バルガス＝リョサ（ジョサ）は『若い小説家に宛てた手紙』（木村榮一訳）の中で、パリ時代に会った画家で映画俳優の一青年がサナダムシを腹に飼い、「今の僕は自分のためではなく、僕の体の中にいる寄生虫のために生きている」と言い切ったエピソードに触れ、作家の引き受けるべき仕事の困難をサナダムシとの共生になぞらえている（この喩えは、リョサ自身が述べているところでは、トマス・ウルフに先例があるらしい）。文学の仕事はサナダムシが宿主からひっきりなしに養分を奪うように、作家の生活を糧にし、食い潰して延命し続けるというのだ。「ものを書くというのは美しいが、多大の犠牲を強いるものであり、それを仕事として選びとった人は、生きるために書くのではなく、書くために生きる」のであり、それはサナダムシと宿主との関係に似ているのだ。

作家の仕事に関して、リョサは「すべての小説は作家の記憶に刻みつけられ、創造的な空想を作動させることになったある種の出来事や人物、状況に基づいて、幻想と技巧を用いて築き上げられた構築物なのです」とあっけないほど至当なことを述べるのであるが、しかし記憶の胚胎する自伝的な要素こそ、それ自体きわめて複雑で多様な言語的な試みから組成されるものであり、「ある意味ではすべての小説をその表面と裏面（すなわち、真の現実）とをつなぎ合わせる隠れた結び目」になっているとなれば、いささか異体の転用になるかもしれないが、作家にとってやっかいな、しかし共生が定められているサナダムシは、自己の生の〈記憶〉なのだと言っておきたい気がする。作家の仕事とは、サナダムシ＝記憶を養うことなのだ。

そうしたサナダムシの魅力的な共生の証左となる最高傑作となれば、プルーストの『失われた時を求めて』を挙げれば十分なのであろうが、リョサによる「記憶に残っている過ぎ去った時のさまざまなイメージを蓄え、仕分け、埋め、掘り起こし、結び合わせ、分離し、磨きをかけ、歪めるという骨の折れる作業を行っていますが、そこから生まれてきた作品は人間精神が見せる神秘的で繊細微妙な魔法の記念碑であると言ってもいいでしょう」と述べる、まさしくモニュメンタルな麗辞に道をあけるべきなので、ここではあえて私の嘆賞する二作を呼び起すことにとどめたい。いずれも生成する記憶が、イメージの変幻を招き寄せている。1は『週刊読書人』、2は『小説への誘い』（大修館書店）の拙稿に基づいている。

1　ウラジーミル・ナボコフ『記憶よ、語れ——自伝再訪』若島正訳（作品社）

ナボコフの全小説のうち、もっとも好きな作品はどれか、と問われたならば、私は『記憶よ、語れ』をまず挙げるであろう（三作ならば、『青白い炎』、『プニン』が加わる）。しかし、本作は小説ではなく、自伝なのではないか？　もっともな問いであるが、しばしば指摘されるように、むしろ小説として読む得ることに、この作品の尽きせぬ魅力があるといってよい。ちなみに、七章は、「初恋」あるいは「コレット」という表題で、しばしば名短編小説アンソロジーに採録され、日本語訳の試みも複数ある。なお、この完訳決定版は、旧版の原著にもとづく邦訳『ナボコフ自伝』（晶文社）とは、別個の作品と考えたほうがよいほどの増補と改訂がある。

いかにもナボコフ的なノスタルジックな回想的情熱が、濃密な細部のイメージを引き寄せる。この作家は「胸襟を開いた話、ドストエフスキイ流の告白は、好みではない」のであり、当然とはいえ、本作は赤裸々な告白とは無縁であり、しばしば多くの自伝がページを割く個人史における事件の具体的な詳述や強調もほとんどない。二十世紀初めの記録から、幸福な幼年時代を過ごした後、革命の動乱に追われて、亡命生活者となり、一九四〇年に新生活を求めてアメリカに出発するまでのほぼ前半生が語られているが、年代記的な叙述よりも、記憶そのものを忠実に現前化しようという意志が強く働いている。すなわち「個人的な回想を体系的に相互関連させたアッサンブラージュ」なのだ。

読者のジャンルに対する暗黙の期待からすれば、文学者が書いた自伝は、作家・作品を理解する資料という還元的な読みを前提に、いわば副読本として必読の文献になるというアイロニーを持つものだが、『記憶よ、語れ』はまったくそうした次元の作品ではない。

ここでの記憶は具体的な情景との逢着を求めれば求めるほど、イメージの帯磁現象を呼び、新たな想像的な奥行きを生み、それらの重なり合う幻影的情景にも変貌していく。記憶は思わぬ孵化をとげ、いつしか鮮やかな想像的地平を切り開く。まさにその豊饒さにおいて、傑出した作品なのだ。あえて言えば、この自伝は擬似自叙伝であることにこそ、最高の魅力があり、何よりも〈記憶よ、騙れ〉の書なのだ。

それを経験したいと思う読者は、とりあえず一章と七章から味読すると判るはずだ。小説というものは、「細部を愛撫」し、背筋に感ずる慄きで体感しなければいけないというナボコフの読書法に沿うならば、冒頭で早くも時間恐怖症の若者のエピソードに惹きつけられる。生まれる前に父親が撮影した映画を目にしたとき、空っぽの乳母車は、時間が逆に回って、自分の死んだ後の棺桶に見えたと言う。さらに、この章の終わりには、白い夏服を着たナボコフの父親が、領地の農民たちからロシア式の歓呼の胴上げを受ける場面が描かれる。その横になった姿勢が永遠の眠りについた人に見えるのだ。

乳母車＝棺桶、喜びの胴上げ＝葬儀という重層的映像が感得できるのだが、こうした転身するイメージへの想念が誘い出されることも、ナボコフの作品を読む愉楽のひとつにちがいない。

本書にはいかにもナボコフ的なたくらみが一瞥できる最終章の疑似書評とそれを丁寧に分析したリーフレット〈中田晶子〉が添えられていることも、新訳の読解の価値を高めている。本文は「ナボコフが隠したものを探しましょう」という惹句に誘われ、解読ゲームに小説の楽しみを見いだす読者にむけて、周到に用意された日本語版といえよう。一方で、そうした書き手が独裁的に君臨するゲームの黙約から身をそらして、むしろ作者が必ずしも自覚的でない無意識の細部の輝きにこそ読解の愉楽を求める読者のためにも、読みの入り口はたくさん用意されているはずだ。

2　日野啓三『台風の眼』（講談社文芸文庫）

日野啓三は、現代文明への深い思索と緊密な文体で知られた作家であるが、晩年の十年は腎臓癌の発症に始まる各部位への癌の転移に加え、脳出血など何度となく入退院を繰り返した。そうした中でも旺盛な創作活動をつづけ、抗癌剤治療による意識の混濁の経験ですらイメージ豊かな文体で生を凝視する多くの作品を残したが、幼児から半世紀におよぶ自伝的な記憶の情景を創造的に再編成した『台風の眼』は、その傑出した一作だ。

まれに自分が生まれたときの情景を記憶しているという人がいる。たとえば、三島由紀夫（『仮面の告白』）、あるいは生まれる以前の暗闇まで記憶を辿ろうとする作家もいる（ナボコフ『記憶よ、語れ』）。日野啓三もまた「私は自分の受胎のときを覚えている」と書く。ただし、「母親の卵細胞と父親の精細胞が出会ったときのことではない」。

では、何か？　私が『台風の眼』を読むたびに心惹かれるのは、その「私と世界が共に誕生した」春の盛りのある一日の出来事を伝えるエピソードだ。幼い日々の記憶のなかから取り出されたその話は、冴えた大気を肌に感ずるような思いを呼び起こす。

東京赤坂のある宏大な邸宅、晴れて穏やかな昼、山吹の花が満開で、甘味を帯びた匂いがあたりに漂っている。そこでは何十羽という孔雀が放し飼いになり、雄たちが金粉をまき散らすように華麗な羽を広げる。時間の意識はない。そのとき何をしていたのかの記憶もその日より前の記憶も一切ない。要するに「私も世界も存在していなかったのだ」。

「天地の始まりのような」正午のサイレンがふいに鳴る。瞬間、時間の観念が生まれる。それどころか、家や家族に対する気持もそのとき生ずる。

新鮮な驚きとともに空を見上げ、雲を眺める。光は天頂のあたりは白っぽいが、四方に下がってくるにつれて青みが増す。空色のゴム風船の内側のような感覚。すると急に気がつく。「地球が丸いとはこのことなのだ」と。

この実感とともに、「〈わかったぞ〉というよろこびが、強く深く鮮やかに、私の全身に滲みとおった」のだ。「そのようにして、私たちは不意に世界のただ中に現れる」し、あるいは「世界がいきなり私たちのまわりに出現する」のである。私の誕生＝世界の誕生の瞬間が、澄みきった昂揚とも言うべき感情のなかで描かれる。

この小説は、読み手の意識に深く刻印される鮮烈な生の記憶の光景が緻密な描写と内省的な考察で展開されていく。たとえば、中学生になった「私」が京城の町で、ミミズクを空気銃で撃つシーン、ベトナム戦争時の新聞社の特派員として目撃したゲリラの青年の公開処刑のシーン。銃殺隊の兵士たちは、故意に狙いを外す。すると隊長が近づき、銃口を若者のこめかみに押し当てる……。

臼井吉見『安曇野』を回顧する

遠山義孝

臼井吉見の『安曇野』は、明治三十年代を幕開けに、大正、昭和にかけての日本と日本人を克明に描写した歴史小説であり、彼の代表作である。一九六四年入稿一九七四年上梓と、約十年にわたって書き継がれた、原稿用紙にして五千六百枚にも及ぶ大作であり、彼自身の構想になる時代区分にしたがって五部作（全五巻）となって筑摩書房から出版された。『安曇野』は昭和三十九年（一九六四）の「中央公論」七月号から掲載が始まった。第一部は翌四十年に脱稿したが、第二部を書き上げるまでに、その後五年かかる。というのは、第一部のゲラを見るころから臼井は視力の異常を来し、脳血栓で倒れてしまい、肝臓も病んで闘病生活を余儀なくされたからである。第二部は、一九七〇年一月号の「展望」誌上に移って、一回の休載もなく、最終章は七三年十二月号に掲載された。つまり第五部の完結を見たのは昭和四十八年（一九七三）の秋、実に足かけ十年の歳月が費やされた。この十年間

（ほぼ昭和四十年代に重なる）は、日本の高度経済成長期にもあたり、東京オリンピックに始まり、オイルショックに終わる激動の時代でもあった。

小説の内容もさることながら、私の興味を引いた一つは小説の進行とともに全国的に広がった「安曇野」という地名の独り歩きである。私は松本市の出身であるが、私のこどもの頃には、「安曇野」という言い方はなかった。当時は松本盆地の一画をしめる「安曇平」というのが一般的な呼称で、松本平、安曇平などと呼びならされていた。それが今やこの呼称はすっかり定着した。アルプスの麓の観光地としても有名になり、それどころか穂高町、豊科町などの町村合併で安曇野を冠した「安曇野市」まで誕生している。これは「安曇野」の作者の功績と言ってもよかろう。臼井吉見の生地堀金村も今は安曇野市である。

膨大な数の人物、多様なテーマが織りなす『安曇野』ではあるが、主たる登場人物は社会主義者の木下尚江、実業家の相馬愛蔵・相馬良（星良）夫妻、彫刻家の荻原守衛（碌山）、教育者の井口喜源治の五人、それに終盤で登場する作者本人の計六人である。彼らとの関わりで『安曇野』の近代日本のドラマには、誰が主人公ともなく、数え切れないほどの人物が登場しては消えてゆく。木下（松本）と良（仙台）を除く四人の故郷である穂高（安曇野）と相馬夫妻が東京本郷で起業した中村屋の物語に作者の戦中戦後の回顧録を併せて、広く明治から昭和中期にかけての日本を描いた群像劇ともいえる。ただし、『安曇野』は小説であって、伝記でもなければ歴史研究でもない。この点、臼井は第一部の「作者敬白」で次のように述べている。

あれこれと思案したが、主要人物をはじめ、多くは実名のままとした。仮名にしたところで、読者はそれぞれ実名におきかえて読むにちがいなく、そんな余計な煩わしさをはらいのけてはどんなものかと考えたのである。実名の人物が多く登場するからといって、すべてが実在の人物と早合点されてはこまる。同時に、木下尚江にも、井口喜源治にも、荻原守衛にも、作者自身のなにかを分かち与えているはずである。僕は小説家の特権を放棄した覚えはない。

『安曇野』第一部は、信州穂高村の相馬家の「洋館」でのクリスマスから始まる。相馬夫妻のもとに集まってくるのは荻原守衛、井口喜源治、木下尚江らで全員がキリスト教信者の「穂高禁酒会」のメンバーであった。明治初期の松本を中心とする筑摩県にあって、穂高地区を中心とする安曇野はもともと大地主もなければ貧農もなく、自作農本位の土地柄で独立志向の趣きがあった。村民が教育にも熱心で、厳しい状況の下ではあったが、村立学校と並ぶ形で、井口喜源治がキリスト教的自由主義の私学「研成義塾」を設立することができたのである。荻原守衛もここの生徒であった。このクリスマスの集いは相馬愛蔵が信州の片田舎の穂高へ良を妻として連れてもどってから二年目のことである。良は、村人から「なんしろ、油絵とオルガンを持って嫁にきたんだからナ」と珍しがられ、〝新しい女〟、のちの相馬黒光の片鱗をうかがわせていた。守衛はあまり年齢の違わぬ良に親しみを覚えていた。彼らのなかで最年長は木下尚江であった。彼は松本中学（現・松本深志高校）時代、愛蔵、喜源治らの上級生で、傑出した存在として全校の注目を集めていた。尚江に対する愛蔵の尊敬は、その時からであった。東京専門学校を選んだのも、そこへ進んだ尚江の後を追おうとする気持からであった。

物語は木下尚江を中心に動き出し、第一部では相馬夫妻が、帝大正門前にパン屋を出すところまでが描かれる。

読み進むうちに、私には懐かしい地名や情景が次々に浮かんできた。作者の臼井も松本中学の出身で同級生には古田晃、松本克平、一級上に唐木順三らがいた。臼井は松本中から松本高等学校、東京帝国大学国文科を卒業、伊那や松本などで教職に就くが、松本中以来の親友古田晃が興した筑摩書房を助けるために上京する。戦後、思想・文芸誌「展望」を創刊し、自らも文芸評論、社会時評の筆を執るのであるが、我々が高校生活を送った昭和三十年代の初めには、実に精力的に活躍していた。私自身も松本中学（深志）の出身で、先輩に対する尊敬の念とともに同窓生としての親しみを感じていた。我々後輩たちは、国語の時間の後などに「今度よしみサ（サは親しみを表す松本方言）の書いたの読んだかや」「あれはいいずら」と言い合ったものである。

さて、木下尚江であるが、松本の北深志天白町の生れである。生家は今に残る天白神社の少し南側に位置し、神社のすぐ北では沢柳政太郎が生まれている。私の通った旭町小学校は、その天白のすぐ近く約百メートルほどのところにあったため、校長が、この地域からは偉い人が二人出ているといって、作家の木下と成城学園の沢柳の名を挙げるのが常であった。尚江が民権運動家の演説を聞いたという宝永寺の本堂も懐かしい。宝永寺の墓地はわれわれ子供たちの恰好の遊び場でもあったのである。「火の柱」や「良人の告白」の作者でもある木下尚江が、晩年妻操子に先立たれた後、寂しさと悲しみの中でふるさとの歌をいくつか残している。「カタナ差シ母ニ負ハレテ岡ノ宮ノ槻ノ木カゲニ祭見シカナ。」岡の宮神社のケヤキの巨木と五月二十三日のお祭りは子供の頃の思い出として今も私の心に残る。「フルサトノ玄向寺ノ銀杏葉モコノ朝空ニ今カ散ルラシ。」これも懐かしい。東山のいちばん低い山のとっつきにあるのが玄向寺であった。尚江の歌稿には、「鉢伏のわきに見ゆるが塩尻峠、峠下れば諏訪の湖」「今日は晴れたよ鑓ヶ嶽が見える常念穂高のあの奥に」「安曇への往来の道の新橋に橋のたもとの飴屋に休む」のような地元の者にはすぐに思い浮かぶ地理的情景の描写もある。相馬君夫妻へと書き残されたものには、「相馬愛蔵君鋤を投じて算盤をとる曰くこれ我が宗教伝道の方」、「用意周到頓才泉のごとし今は新宿の中村屋」、それに「黒光女史もと詩性の女自ら求めて田園の婦となる」などがあり、相馬夫妻の人となりを見事にとらえている。

『安曇野』第二部では、揺れ動く明治四十年代の姿が鋭く描写される。信州安曇野に結ばれた相馬夫妻、木下尚江、荻原守衛ほか、平民社、パンの会などの多彩な登場人物が出たり入ったりして、一種の群像劇を演じる。話は荻原守衛の落選した彫刻「坑夫」から始まる。荻原守衛（のちの号は碌山）は、安曇野の穂高の生れで、明治三十二年画家を志して上京し、小山正太郎の不同舎で学んだ。一九〇一年洗礼を受け、同年アメリカへ渡り、ニューヨークで学んだ。さらに〇三年にフランスへ留学し、同地でロダンの作品、特に「考える人」に感動して画業をやめ彫刻に転じた。パリ時代には高村光太郎と知り合い、彼はのちのち守衛の心の支えとなった。

安曇野の西に聳える常念岳、その右方向に鎮座する有明山はその地に住む者にとっては、心の山であった。特に常念のピラミッドのように均斉のとれた山容は私にとっても忘れがたい。私の通った旭町中学校は松本市街の北はずれの高台にあり、晴れの日は教室の窓から常念岳の全容が見えるのが自慢であった。この小説には何度となく常念（常念岳）が登場する。パリにいてもしばしば守衛の心に思い浮かぶのは、故郷の村の自然風景「れんげと白壁と常念岳」であった。

秋から冬への移りは早かった。レキサンブルグの林に半輪の月がかかって、明日にも雪が来そうな季節になった。常念岳は、まっ白になって安曇野は長い冬を迎える準備で忙しいことだろうと思った。有明山まで雪のくるのも、すぐにちがいない。穂高禁酒会の誰彼と炬燵をかこむ団欒が偲ばれた。井口喜源治と研成義塾を思い浮かべた。それらを消し去ると、東京本郷の大学正門前中村パン屋のことを次々に思い描いてみた。あれこれ想像しているうちに、しまいに大きく立ち現れるのが、小柄の良のきりっとした色白の顔だった。

相馬良に対する守衛の恋心は、三十一歳の若さで急死するまで消えることはなかった。思えば良との最初の出会いは、守衛が家の裏の田んぼ道で水彩画を描いていたときであった。村人にもあまりなじめないで寂しさをかこっていた彼女が三歳しか年の違わない若い守衛にしぜんひきつけられたのであろう。

「それ、常念でしょ?……その右はなんていう……」

良は、絵をのぞきながら尋ねた。

「三角のてっぺんだけのぞけているのが東天井さ。つづいて大天井、有明山の左肩のうしろが燕《つばくろ》だ。その北に尾根を引きずってるやつが餓鬼岳、次が蓮華、尾根がゆったり高まって爺ヶ岳、それから鹿島槍、五竜、ちょっぴり雲がかかったのが白馬鑓、つづいて杓子、次の低い峰が白馬《しろうま》……」

仙台のまわりの低い山々しか見なれていない良には、天高くつながる山脈などは、穂高村にくるまでは想像もつかなかった。矢原生れの農村青年守衛の心中には良に対する思慕の念がこの最初の語り合いで生まれたようである。なんといっても、良は油絵をもって嫁にきた女である。

それから、八年が経ってフランス留学から帰国後、穂高の実家にもどったときのことである。守衛との再会を祝っての酒席がもうけられた。父の勘六が、徳利を握った手を守衛にふってみせるものの、彼は禁酒会員だからといって酒を飲もうとしない。そのとき口をもぐもぐさせていた祖母が声をかけるのである。

「守衛、今夜は特別だよ、かたいこと言わなんで、いただくがいい、これ、守衛」

「禁酒会はなにも酒をのまないだけが目的じゃないんだが……」

「そうだ、そうだ。かたいことばか言ったって品行がわるくちゃね。相馬の愛蔵さみたいにさ。酒のんだって、品行のいいほうがいいずら」祖母がこんなことを言い出したので、守衛はとたんにどきりとした。

守衛には見当もつかないことで、彼は異常な胸騒ぎを覚えるのである。話は途中で打ち切りとなり、祖母はしきりにはしゃいで、「聞いておそろし、見て美しや」の安曇節を唄いだし、皆にせかされて守衛が立って踊ることとなる。かつてこの辺の農家は人馬一緒の暮らしであったが、長い外国生活から帰ってみるともはやその面影はない。


一しきり踊って、腰をおろした守衛は、ひとりごとのように言った。

「こんなときゃ、厩《まや》で馬がヒヒーンてなくなり、板壁を蹴るなり、秣《まぐさ》を催促するんだがナ。馬のいなくなった家《うち》はさみしいなア」


すかさず祖母が応じた。

「いいさ、守衛、われ、えらい画かきだか、彫刻家だかになって、馬の恩まで返しゃいいさ……。われや、方々の国を見てきたそうだが、景色のいいとこはどこだったかい」

「そうだナ、どこもよかったが、オランダなんか、わるくなかった。……いや、景色がいいことになると、日本だ。そうだ、この安曇野だよ。ここの五月、さっきの唄じゃないが、有明の原っぱにわらびが出て鬼つつじの咲くころ、安曇野がれんげの花で埋まるころ、雪の消え残った常念や鍋冠山《なべつかぶり》が、すぐうしろにひかえてさ、こんな美しいところはどこにもないよ」

「なーんだ、そうなると、ここは世界一ってことになるじゃないか。たまげたナ。ほんとかい」

父勘六が驚きの声をあげた。

「ほんとうだよ、世界一だよ」

故郷は遠きにありて思うもの、守衛のこの発言は純粋なる郷土愛の発露といってもいいだろう。そしてそれは決して大げさではない。私も守衛のように長年の外国生活を終えて故郷に帰ったとき、常念を見てこれに似た気分を味わったものである。スイスのアルプスに比べると、飛騨山脈には岩だけではなく、緑があってどことなく人間味がある。

守衛は、この後、文展、太平洋画会に生命観あふれる清新な作品（「文覚」、「女」）を発表、高村光太郎とともに近代彫刻の道を開いた。本郷から新宿角筈に移った中村屋の隣にあった写真館をアトリエに改造することを引き受け、落成を見た日に中村屋で吐血、二日後三十一歳の若さで急死した。守衛の死には、自殺という説も流れた。守衛は愛蔵の妻にもてあそばれたというのである。彼の生前から、例のパン夫人は危険な毒気を持っている妖怪の女という気がしてならないと語る友人も何人かいたくらいである。作者は想像力を働かせてこれらの人物像にも光をあてている。歴史的事実と虚構のバランスは、古今東西、常に議論されてきた大問題であるが、病死という事実をおさえつつも、自殺ではないかという物語の展開が小説に幅をもたらしている。第二部には、苦悶と相克のうちに鮮烈な生涯を閉じた天才彫刻家、荻原碌山の死までが描かれている。主たる登場人物の一人がここで舞台を去る。

『安曇野』第三部の時代的背景は大正時代である。「民は国の本」を掲げ、足尾銅山鉱毒事件を闘い抜いた田中正造の死から第三部は始まり、関東大震災の直後、大杉栄、伊藤野枝が処刑されるところで終わる。その間、世界的にはロシア革命、第一次世界大戦があり、新宿中村屋はロシア、インドからの亡命者を迎え入れる。インドの亡命志士ラス・ビハリ・ボース、ロシアの盲目詩人でエスペランティストとしても知られるヴァスィリー・エロシェンコ、玄洋社の総帥・頭山満を含め多士済々な人々が登場する。とにかく、歴史上の有名人物が、次々に中村屋を中心に交錯する。本格インドカレー、ボルシチなどは、中村屋が受け入れたボースやエロシェンコから教えられたものである。相馬夫妻にとっては〝パン〟が単なる食品、商売道具ではなく、彼らと社会を結ぶ大切なものだった。その上、店員に対する福利厚生とその先見性も描かれている。中村屋という一企業の歴史を描きながら、近代日本、なかでもその文化が創造されていく過程が浮かび上がっていく。トロイアの遺跡発掘で有名な考古学者シュリーマンが、幕末の日本を訪れたとき（一八六五年）には、パンはまだなかった。旅行記にそう書かれている。それから四十年後のことである。

さらに第三部で登場するのが、信州のシラカバ教員群像である。かつて信州は教育県と呼ばれたものであるが、そのいわれともなる事件が各地で数々起きていた。彼らに共通するのは信州の教育を変えたいという思いであった。臼井自身、信州で教員をしていたこともあり、そのためか小説の中でもかなり広範にわたって教育問題をとりあげている。当時長野県の教育界をゆるがした戸倉事件も丁寧に書き込まれており、小説としての面白さと同時に歴史資料としても教えられることが多い。戸倉事件の発端となったのは、埴科《はにしな》郡戸倉小学校で校長が出張し、教頭が欠勤した留守中、たまたま来た屑屋に学校備付の古教科書を売り払い、その金で児童図書を買い入れたことからであった。聞きつけた村役場は公共物を無断で処理した不当を強く抗議した。これは自由主義教育の弾圧をもくろんだ県当局の意図に通じるものでもあった。武者小路実篤、志賀直哉らが創刊した『白樺』に心酔したシラカバ教員たちは、画一的な教科書を軽視したり、ときには無視するなどと非難されることもあった。彼らのふるまいは日本を西洋に売り渡す耶蘇のたくらみであり、社会主義だということにもなった。シラカバ教員が何よりもきらいなのは国家主義であり、軍隊主義であった。総じて信州教育の主流は、東西南北会の系統につながる伝統的東洋的な色彩が強く、シラカバ教員は、あくまで異端の存在であることをまぬかれなかった。そのうちの一人、赤羽王郎は戸倉事件で信州教育界を追われ、千葉我孫子の柳宗悦を頼ってバーナード・リーチの窯を手伝っていたが、彼を慕う若い教師たちは王郎を信州につなぎとめ、間接的でも子供たちとの関係を維持する方策はないかと、連日集まりを持っていた。雑誌を発刊しようではないか。話は信州教育の夜明けを目指す方向に集約されていった。武者小路、志賀らの『白樺』に倣ったのである。誌名の「地上」は、王郎によれば、「地上に天国を作る」意味でつけたという。創刊号は大正八年九月十五日発行、表紙の装丁はバーナード・リーチ、開くと口絵にミレーの絵があり、田中嘉忠、中谷勲、菅沼知至、小松宗邦、一志茂樹、萩原右郎、矢島麟太郎、有賀喜左衛門、窪田繁美、小林多津衛、橋本幸雄、赤羽王郎の文芸作品が載っている。全員白樺派の教師たちである。信州のシラカバ教員の精鋭中谷勲はそんな中で二十五歳で世を去った。

この第三部に限らず、個性豊かな登場人物、とくに社会と時代を見据えて生きた木下尚江、荻原碌山、石川三四郎、清沢洌らに、政治、経済、芸術、外交、ジャーナリズムすべての面で、今でも学ぶべきことが多い。

『安曇野』第四部は、昭和の初期から敗戦にいたるまでを時代背景としている。昭和に入り、慢性不況の一方で戦時体制に移行する時代相を描くなかで、相馬夫妻と親交を結んできた木下尚江夫妻に続いて、研成義塾の井口喜源治が逝く。主要人物五人のうちすでに亡き荻原守衛に続き、木下尚江、井口喜源治の二人が舞台を去る。西園寺元老も天寿を全うした。堺枯川、福田英子も他界した。頭山満は九十歳の生涯を終え、中村屋の娘婿ラス・ビハリ・ボースも、日本の敗北を予測しつつ、そのあとを追った。相馬夫妻の孫の舜一は病死だったが、徹は戦火の犠牲になった。インド独立運動に奔走したビハリ・ボースの後継者チャンドラ・ボースは敗戦直後、台湾で事故死した。

満州事変、日中戦争、二・二六事件、真珠湾奇襲、太平洋戦争と続き、本土への空襲、沖縄戦、広島・長崎への原爆投下、そしてポツダム宣言受諾から無条件降伏へと続く世相の中で相馬家にも様々な変化が現れる。新宿中村屋の経営は長男の安生にゆだねられ、彼は妻和子、それに息子の舜一と十二社に別居、弟の文雄（三男）はブラジルで客死、次男の虎雄は家出して共産党に走った。良は世間で相馬黒光として縦横にふるまっていた。一筋縄ではいかない家庭に対して、家族一同の不満を代表して、良にぶつかっていくのが虎雄の役割であった。

犠牲ということになると、さしずめ愛蔵はその象徴ともいえる存在であった。彼は家庭内にあっては、事なかれ主義、無抵抗主義に徹していた。最初からそうではなかったらしいが、長い口論、葛藤、軋轢のあげく、たどりついた決意のようであった。夫とし、親とし、一家の責任者として、当然発言しなくてはならないときに、決して発言しなかった。それらの権限と義務の一切を放棄し去ったとしか思われなかった。そうでない限り、家庭の破壊はまぬかれないことを知りすぎるほど知っていた。

愛蔵ほど哀れな夫、無力な親はなかった。中村屋の経営に率先して、近代的合理的な精神と方法を採り入れ、日本の小売店の先頭に立つ誇りに生きている愛蔵と、家庭の愛蔵とが同じ人間であることを誰が信ずることができよう。嫁の和子としても事情は重々わかる気がするが、それにしても、あまりに不甲斐なさすぎてわけがわからなかった。

家庭の愛蔵は、人が変わったように、弱い夫、無力な父になってしまうのは、良の性格は別としても、次々に女の問題がからんでくるからであった。そして、愛蔵の女関係が暴露される度に、中村屋の権利が良の手に移っていくいきさつは、和子にはうとましかった。

昭和になって中村屋の本宅は平河町に移り、さらに袖ヶ埼へと移った。家事手伝いの静江に虎雄が好意を寄せるのがきっかけで、母と息子の間に一大騒動が起こる。虎雄が静江の親思い、妹思いに感心しては、羨ましがったのは平河町当時からであった。「僕だって、平凡で、あったかいおふくろがほしいよ」と語ったこともあった。警察の留置場から、袖ヶ埼の新邸の二階の決められた部屋へ帰ってきても、虎雄は絶えず何かにおびえているようなところがあって、落ち着きがなかった。部屋の担当を言いつかっている静江にはそれが痛わしかった。そんな折、彼女は求愛され、一冊のノートを渡される。

ノオトの表紙には、LIEBESAUFZEICHNUNG VON KORAD UND EIZUE と書かれていたが、静江には読めなかった。仙台でドイツ語の勉強をしていたことは知っていたので、多分ドイツ語だろうと思った。

「眼を開けば風景が見える。閉づればあなたの顔が見える。――これはフランスの詩人ポール・フォールの一齣です。僕は眼を開くと、独房の鉄格子が見え、閉じると、静江さんの顔が見えました。……」

たしかにこれらの文字はドイツ語ではあるが、静江でなくともほとんど誰も読めないであろう。フラクトゥーアと呼ばれる旧ドイツ文字（ヒゲ文字）で書かれており、今では使われていないからである。日本語の訳もそえられていないので、読者にはまさに雲をつかむような話で、一種の模様かなにかのように映る。現今のアルファベットに直せば、LIEBESAUFZEICHNUNG VON TORAO UND SIZUE となる。つまり「虎雄と静江の愛の覚書き」である。ノートは感想を書いて明日の朝の掃除のときに机の中へ返しておくこと、それを繰り返そうというのであった。いわば愛の交換日記ともいうべきノートであった。それを母親の良が覗き見たのか、それともだれかから聞いたのか、虎雄の知るところとなった。物がどんどん投げつけられ、良の悲鳴が聞こえる。その場面を見てみよう。

「虎雄！　気でも狂ったのですか？　お母さんにむかって、お前だの、殺すのって。気をおちつけて、話を聞きなさい！」

良がつとめておだやかに話しかけると、

「いったい誰が狂わしたんだ？　お母さんにむかってだって？　よくもそんな白々しい口がきけたもんだ。お前のどこに、お母さん面《づら》やおふくろ面のできる資格があるというのか！……身分のちがいだって？　女中ふぜいだって？　女学校を出てないって？　それが何だ！　睦姉《むつ》さんにしたって、身分なんかどうだろうと、ふさわしい伴侶を見つけてやるべきだったじゃないか！　いっぱしりっぱな口をきいてるくせに。何事も人の上を行かなくちゃ承知できないインテリ面をしてるくせに。……いったい、あのノオトを盗み読みした奴は誰だ？　お前はそれほど卑劣じゃないだろう。あれを盗み読みして、お前に告げ口した奴は、どこのどいつだ？　名前をいえ！　そいつも殺してやるから……」

虎雄は良をにらみつけたまま、和子と睦子の手をはげしくふりはらった。

後に関東軍の軍医になった相馬虎雄と、沖縄にあった彼の甥にあたる防須正秀少尉の生死は不明である。

教員赤化事件、信州出身の作家平林たい子、「戦旗」、三木清の「唯物史観と現代の意識」などが並行して現れる。教育の目的は何か？　この問いを発したら、それは人をつくることだと答えるだろう。カント思想からすれば、教育の方針は本質としてコスモポリタニズムでなければならないのに、現在世に行われる世界観からすれば、ぜひともその教育方針はショウビニズムでなくてはならないのだ。島田三郎が、「そうそう、松本から出て来た青年時代からの一貫した説だったね。日本の大敵は軍隊と帝国大学、てのが木下君の持論だった」と振り返る。「川合訓導事件」はそのような雰囲気のもとで起こった信州教育界の一事件である。シラカバ教員たちは、教科書による道徳教育は不可能という判断をもっていた。川合訓導が、鴎外の小説を修身科補助教材にし、教科書を無視したことが視学委員の問題になった。

視学委員は、次いで伊那の飯田小学校を視察して、ここでも一とさわぎおこした。この学校にはシラカバ教員の田中嘉忠がいて、気分教育の本拠とにらまれていた。長野附属の訓導だったとき、松代の中村亮平宅での、新しき村から到来した鏡餅の披露会は三里の道をてくで駆けつけた熱情漢だ。次席で教務係でもあった関係で、経過報告に兼ねて地方新聞に挑戦的な所感を発表した。一節にこうあった。——わが飯田小学校の職員、いはれなき評と、憎悪と、反感とに遭ふ、曰く白樺派、または地上派と、形もなきものにかく名づけ、赤化よりも恐るべしと。やがては、地震や浅間山の爆発、雪の降るのも、さては嗜眠性脳炎もことごとく気分教育の結果と見ゆることならむ。われら果して、しかく危険なるや。鋭気と至純の歩みをなす者をしも徒らに嫌悪し、排斥す。教育のことたる、時勢に顧るところあるべし。而して根本に培ふの要愈々切ならざるべからず。宿す精霊何をか語る。野の花にも人生の醜陋を恨まざるか、行く雲にも世の姿をきはめざるか、あるまじき心して世に見ゆるは恥づべからずや。……

飯田町から再び松本へ戻った視学委員は、市外島内小学校へ赴いた。ここの校長には、クリスチャンとして知られる手塚縫蔵がいた。朝ごとに登校するとすぐ宿直室へはいり、静かに祈祷をしてから職員朝礼に出るのが恒例になっていた。かねて修身科に国定教科書は無用なばかりか、有害ですらあるという説の持主であった。徳目主義の教科書は修身教育をそこなうものであり、児童の心に道徳的感覚を育てることが修身教育の根本でなくてはならないという意見であった。

『安曇野』第五部（最終巻）は、日本の敗戦から始まり、相馬愛蔵（昭和二十九年没）、黒光（昭和三十年没）がちょうど本の半ばで亡くなり（その一六）、そのあと作者臼井自身の戦後から現在（昭和四十八年）までの回想になっている。その一七は、「中村屋相馬夫妻の臨終まで書き終えた作者の僕は、梅雨つづきの切れまの曇り日の六月二十五日（一九七三年）、多摩墓地を訪ねて、ラス・ビハリ・ボースの奥津城に詣でた。案内人は故人の長女、樋口哲子さんであった」で始まる。敗戦の日、臼井は本土決戦部隊の伐木隊の小隊長として、千葉の九十九里浜近くの山村にいた。彼は太平洋戦争の敗戦に至る近代日本の国家とは何だったのか、デモクラシーはなぜ育たなかったかを問うていく。そこで教育の問題が過去の思い出として再び登場する。シラカバ教員の一志茂樹は、教室から乃木大将の額をはずさせたり、修身の時間には、「ゴッホの生涯」や「イワンの馬鹿」を教材に使っていたではないか。仏文原書のレ・ミゼラブルの口絵やロダンの彫刻写真を手がかりに、ユーゴーの教材を作らせもしたような教師であった。

同じく附属訓導の田中嘉忠は、訓導たちが俸給を出し合って特設した実験学級を経営していた。蜜柑の研究では、児童と紀州まで出かけて行って、開花、結実、害虫駆除などの実際について調べるというふうで、教室はいつもからっぽで、児童たちはたいてい野外で遊んでいるか、花畑をいじるか、虫をつかまえるか、絵をかくかしていた。シラカバ教員のなかでも、とびきり清純至誠の熱血漢で、キリスト教の信仰に生きて、進んでからだの不自由な女性と結婚した。

勉強の場は野外、教室は休み場所という今はなつかしき教育があったのである。全人教育方法としての体験学習いわゆる労作教育である。史料によれば、新教育のため、大正六年に長野師範附属小学校に特別学級が設けられ、最初の担任には教職経験二年の二十四歳の田中嘉忠が招かれた。「どんな試みをしてもさしつかえない」という父母の同意付きの児童だけを受け入れ、従来の教科書にも教科法にも全くとらわれない斬新な教育が試みられた。「ラーニング・バイ・ドゥーイング」を信条とし、勉強の場を野外に求め、教室にはただゴザを敷いて野外から帰った時の休み場所、あるいは雨の日の遊技場（作業場）にとどめる――といったぐあい、こういう自由な環境から、さまざまな子どもの個性が導き出される。玉川学園の小原国芳を始め多くの教育者が見学に訪れた記録が残っている。田中嘉忠はここで三年を送ったが、特別学級そのものは昭和十二年まで続いたとある。第五部でも、新しい多彩な人物が次々と登場し、途中で消えてしまった者も再び現れる。この大河小説には膨大な数の人物が登場するので、一見とらえどころのない感もするが、各人それぞれに作者の思いがつまっているので胸に響くものがある。とりわけ、自己中心の国家主義をコペルニクス的に転換しなければならないという発言が重みをもつ。戦果ということばを解釈しながら平和論に進む。今次大戦の厖大な犠牲をあがなって獲得した戦果があるとすれば、それは日本国憲法にほかならない。わけてもその第九条はまさしくそれにちがいない。これらは今現在の日本にこそ必要不可欠な考えである。第五部の最終場面で作者臼井が最後に訪ねたのが田中嘉忠であった。

午後になって、碌山美術館長の横沢正彦が見えた。松本附属校時代から三十年来の友人である。彼の案内で、池田町内鎌《ないがま》部落に、かつてのシラカバ教員の生き残りのひとり、田中嘉忠翁を訪ねることになった。穂高町のはずれを流れる高瀬川の橋を渡ると、すぐそこが、内鎌だった。折悪しく健康を損じて臥床中だったが、起きてくれたので、三十分だけお目にかかった。昔ながらの長い顎ひげにも、大分黒いのがまじっていて、病中とは思えぬ活気があった。信仰と情熱を注ぎつくして、ひとすじに歩きつづけた翁の語ることは、教育に身を投じた者の喜びであった。児童をかこんで、先輩と同僚ならびに後輩、父兄と住民が、いっしょになって、自分を成長させることのできた感謝に代えるものはないとのことであった。回想は師範生の時代にさかのぼり、翁が上級生で寄宿舎の舎長だったとき、新入生として、同室に入ってきたのが、小林多津衛や中谷勲らだったとのことである。これらの人たちの青春に話が及んだとき、それがいまそこにあるかのごとき、翁の眼のいろであり、声音であった。それもそのはずで、夭折した中谷勲はともかく、小林多津衛の半生も、一貫して青春時代からの一すじ道であることは変りはない。「平和実現の具体化へ」と副題された「善意の世界に」の話にもなったが、この小さな本くらい、この人の人生をまるごとかたりかけるものはほかにあるまい。

『安曇野』になんどか顔を出すシラカバ教員田中嘉忠は、実は私の母の叔父であり私の大叔父でもある。長い顎ひげが特徴でいつも姿勢をピンとしていた。我々は「ヒゲのおじさん」と呼んで親しんでいた。私がカントの平和哲学で博士号を取得したことを誰よりも喜んでくれ、『信州白樺』の第四号で拙訳、ヴァイツゼッカー『核時代の生存条件――世界平和への構想――』（講談社）を紹介してくれた。ドイツでの八年間の留学生活を終え、ドイツ人の妻と四歳の娘を連れて帰国したとき、信州の池田町会染内鎌から羽田空港まで出迎えてくれた。昭和四十七年二月二十八日のことである。この日は赤軍の浅間山荘事件の最終日で、狭い空港内は騒然としていた。巨大な鉄球がうちこまれ、機動隊員が突入する瞬間だったのである。誰もがテレビの実況中継を見上げており、我々がとまどっていたところ、ヒゲのおじさんが我々を見つけてくれた。家内にはこのシーンが今でも目に焼きついているという。松本での披露宴でも、基督教徒でまた穂高禁酒会とのつながりもあってか酒はいっさい口にしないのであるが、陽気にふるまい、我々に歓迎の祝辞を述べてくれた。

田中嘉忠翁のもとを辞去すると、穂高へ引返して、碌山美術館を訪ねた。

横沢館長に伴われて出向いた美術館は、正面玄関に、からまる蔦が、すでに半ば黄葉して、散りかかるなかで、薄ら日をあびて、ひっそりと静まりかえっていた。この美術館には、平常は男女二人の係しかいない。受付嬢と雑役に当たる初老の人である。雑役の人は、横山拓衛といって、横沢館長が、穂高小学校の教壇に立っていたころの生徒だった。……碌山美術館の名物男である。

館内の彫刻や油絵を眺めたり、庭のベンチで休んでいるうちに、常念岳の夕焼も消えて、あたりは、俄かに暮色がたちこめてきた。見学者もいつのまにかいなくなった。

そのとき、戸張孤雁や中原悌二郎らの作品を陳列してある附属館から、オルガンの音がもれてきた。不思議な思いに駆られて、のぞいてみると、隅に置かれた、倭小学校から廃物の寄贈を受けた古オルガンの前に、腰を据えた横山さんの演奏であった。彼が手さぐりで、いつのまにか、オルガンが弾けるようになったことは、館長の話に出たことがあったのを僕は思い出していた。横山さんの弾いているのは、「信濃の国」だった。僕がのぞいているのに気がつかない彼は、弾きながら、大きな声で歌い出した。

信濃の国は十州に
境つらなる国にして
聳ゆる山はいや高く
流るる川はいや遠し。
松本、伊那、佐久、善光寺
四つの平は肥沃の地
海こそなけれ物沢に
……

横山さんは、くりかえし、くりかえし、歌っても、歌っても、飽きないふうであった。

（大団円）

『安曇野』を読みながら、心に浮かぶのは故郷の情景とそれにまつわる思い出であった。長野県民ならだれでも知っている「信濃の国」で大団円を迎えるのはうれしいことである。

「科学文明」と「争い」をめぐって

——書評とエッセイによる再考

山崎 勉

長年に亙り大学で英語・英文学を教えるかたわら、学内外の新聞等に主として若い世代向けの新刊紹介を行ってきた。総数およそ五十篇ほどになろうかと思うが、以下の五篇はその中から、本書の読書アンケートQ2への答えを兼ねて選び出してみたものである。原則として手直しをせず、発表時点での形のまま載せてある（但し、1の②と2の②については、削除、補訂をした部分がある）。

五篇の趣意は、1が「科学文明」、2が「争い」であり、いずれも今日的な問題への省察を示そうとしたものである。それにしても、これらの諸篇を再び前にすると、七十年を越す戦後の長い年月が、我々を含め世界中の人々にとって、はたして何であったのか、その基層にある危機の温床は何か、改めて思い致すことになるのではないだろうか。

1　科学文明

①野坂昭如編著『科学文明に未来はあるか』(岩波新書)

小説家野坂昭如氏が科学技術の目的と現状、さらにそれと人類の未来とのかかわりをテーマに、六人の科学者と対談し、それに若干の解説と感想を加えてまとめたのが本書である。

科学技術の現状になにがしかの憂慮を抱かない人間は皆無といっていいだろう。にもかかわらず、それを真剣な問いにまで深めず、日々、科学技術の恩恵にあずかりつつ、目先のことに忙殺されているというのが、われわれの大半の姿だろう。

野坂氏も、単に科学文明を一方的に呪詛したり告発したりするのではなく、「科学というものが悪い形で使われてしまう方に僕も加担している」と自認したうえで、「特別な知識を持たない素人の市民の代表」として、最新の科学技術の話題を自分自身の日常の生きざまにできるだけ引きつけて対談しようとしている。従って核兵器、原子力、コンピュータ、ロボット、遺伝子組換えから医療、食糧、廃棄物等にかかわる科学技術の正しい知識と、それらが抱える問題点が、比較的わかりやすい言葉で提供されていて、それがこの本の大きなメリットとなっている。

評者のような科学にうとい者にとっては教えられるところが多く、俗説や思い込みや認識不足をだいぶ払拭することができた。例えば、各種核兵器の目的と性能、それらを開発してきた歴史的、軍事的背景などを整然と説明されることによって、兵器の精密化、強力化がかえって「抑止力」を弱め、市民への影響力の少い中性子爆弾の開発へと道をひらき、そのため限定核戦争の危険が一層強まった事情が納得できたし、あるいは遺伝子の正体を解明したときから生物学が技術になり、その最先端の遺伝子工学が「精神作用まで脳という物質系の機能の現れ」と見るという〈悪夢〉の前で、旧来のヒューマニズムの観念がいかに無力かひしひしとわかった。さらにはまた、世界の石油消費が現状のまま続けば、七十年で残存埋蔵量が底をついてしまう、だからエネルギー資源の乏しい日本は特に原発が必要だという一見妥当な意見も、「必要なエネルギーを軽水炉で供給するとなると、ウランの方が石油よりも先になくなってしまう」という事実にほおかむりしたご都合主義で、しかもそれに伴うさまざまな危険を軽視しようとする姿勢が露骨に見えるということを知れば、新しいエネルギー・システムを構想し、そのもとで自然生態系にできるだけ沿った禁欲的な生き方を、真剣に考えなければならない時期にきていることが、容易に理解できよう。

いずれにせよ、論者たちも一様に認めるように現状を打開し、個人個人の意識の変革をもたらすような新しい価値観、ないし哲学が切に望まれる所以である。

②カート・ヴォネガットの諸作品

六、七〇年代のアメリカ文学界は〈ニュー・ライターズ〉のめざましい活躍によって、百花撩乱の盛況を呈しているが、中でも一きわ目を惹くのがカート・ヴォネガットだ。幸い、その代表作がほとんど翻訳で読めるようになった。

すなわち、生産手段が完全に自動化され、人間の運命がパンチ・カードによって決定される管理社会を描いた『プレイヤー・ピアノ』。有史以来の地球の文明は宇宙人間の交信手段だったことが最後に判明する『タイタンの妖女』。科学以外については白痴の天才科学者と、彼の発明品による世界の破滅を描いた『猫のゆりかご』。戦争中、無意識に犯した無用な殺人行為を償うため、弱者に全ての愛情と財産を注ぐ富豪を描いた『ローズウォーターさん、あなたに神のお恵みを』。作者自身の悲惨な戦争体験と戦後の日常生活を幻想的に重ね合わせて、一大悪夢に仕立てた『スローターハウス5』。それに、ナチの戦犯としてイスラエルで死刑を待つアメリカ人作家の悲劇を扱った『母なる夜』である。

ヴォネガットの主題は、戦争とテクノロジーに象徴される現代科学文明である。「人生について知るべきことは、すべて……『カラマーゾフの兄弟』の中にある……だけどもう、それだけじゃ足りないんだ」(『スローターハウス5』)。大学では生化学や機械工学を学び、戦争で機械による大量殺戮を目のあたりにし、「サイエンス・フィクションそのもの」であるG・E社に勤めたことのあるヴォネガットは、まさにその足りない部分にだけひたすら目を向ける。

ヴォネガットが現代に絶望しているのは確かだ。だが、生来の弱者に対する優しい心根の故に、彼は一るの望みを抱きながら、飽くことなく警世の書を世に問い続ける。「大のおとなならとうに片づいたとみなしている青くさい問題」にまじめに取り組み「よりよい方向への変化の斡旋者」たらんと真剣に考えているモラリストなのだ。彼にとって必然的な、そして自家薬篭中のものでもあるSF的発想による、超時空的、逆説的な「現実」世界を、彼はシニカルな笑いと、優しい微笑と、上質なユーモアと、軽い冗談に包んで提供する、口当りをよくするために。人気の秘密はまさにそこにある。

『デッドアイ・ディック』は、そのヴォネガットの最近作だが、やはりここでも彼は「足りない部分」に執拗にこだわっている。

小説の舞台はオハイオ州ミッドランド・シティ。この町（の全住民）は中性子爆弾の事故による爆発で最後に全滅するのだが、作者の意図は、その悲惨な情況を描くことそれ自体にあるのではなく、むしろこの惨劇が象徴する現代科学（およびそれを操作する人間とその組織）のさまざまな暴力のもとで息たえだえに喘ぎながら精一杯人間的に生きようとする人びとの魂の歪みに光を当てることにある。

例えば、語り手である主人公は、十二歳のときライフル銃であやまって妊婦を射殺し、二重殺人を犯す。その精神的外傷（トラウマ）で文字どおり「去勢」された彼は、長じても性体験を持たず、できることなら「透明人間」になって「なにもほしがらず、どんなことにも熱中せず、できるだけよけいな動機を持たずに」、「二度とだれかを傷つけること」のないよう、つつましくひっそりと生きていきたいと願う。一方、息子の罪を一身に背負った父は、社会のこれも暴力的な制裁にひたすら耐えながら、抗弁一つせずに死んでいく。

そして、この父と子の物語を中心に、幾多の暴力が、幾多の死が、渦を巻きながら流れていく——中性子爆弾の圧倒的な暴力と死に向かって。

このようにはなはだ暗澹たる作品が、にもかかわらず読者に苦渋感を与えないのは、ヴォネガット特有の語り口による。「残酷で悲惨でおかしいエピソードを、それ自体暗喩のように使いつつ、つないでいく仕方」（大江健三郎）は「簡潔で、おどけていて、リズミカル」（「ネーション誌」）な文体によって見事に支えられているといってよい。苦い薬はオブラートに包んで、というのがヴォネガットの変わらぬ信条なのだ。

▽『プレイヤー・ピアノ』『タイタンの妖女』『ローズウォーターさん、あなたに神のお恵みを』浅倉久志訳（早川書房）

▽『猫のゆりかご』『スローターハウス5』伊藤典夫訳（同）

▽『母なる夜』池沢夏樹訳（白水社）

▽『デッドアイ・ディック』浅倉久志訳（早川書房）

③A・シュルマン著、村上光彦訳『人類学者と少女』（岩波書店）

ナチスの迫害を逃れ、二年間屋根裏部屋に隠れていたオランダの少女アンネ・フランクが、遂にゲシュタポに逮捕されアウシュヴィッツへ送りこまれたのは十五歳の時だった。今わたしは同じ十五歳の今度はポーランドの少女の悲惨な身の上話を記録した書物を手にしている――『人類学者と少女』である。

少女の名はレア・アヴネール。父母と三人の弟を殺された彼女は、偽名を使ってドイツ軍の工場で奴隷労働をしているうち、偶然出会った顔見知りの若者に身元を暴かれる。だが彼女は「鞭打ちの名人」であるゲシュタポの将校の拷問にも、処刑の狂言にも屈せず、父の遺言――生きるためにはどんなことだってするんだよ――をひたすら守って、出生の秘密を白状しない。業をにやした将校は、人類学の「大物」教授に彼女を引き渡す。ユダヤ人か否かを〈科学的〉に判定するためである。教授は彼女の頭から足先までの身体のあらゆる細部と、さらに毛髪、血液、歩き方、笑い方等にいたるまで、精密な検査を行なう。しかし彼女は、教授の心をかすめた気まぐれな憐れみによって、子宮の解剖だけはまぬがれ、最後は《境界線上のケース》として、死を待つだけの病院に移される。そして地下組織の手で救出され、やがて連合軍によって解放される——

この本の迫真的な部分は教授の身体測定を記録した箇所である。それを通して、ナチズムが揚言する生物学、人類学を基盤とした彼らのイデオロギーの〈科学性〉のカラクリが浮かびあがってくるのだが、その点でこの本は、ナチズムの残虐性を事実に即して暴露した、例えば『夜と霧』や『ナチズムとユダヤ人』、あるいはその非人間性を哲学的、社会学的に究明したピカートやアレントなどの著作と一線を画している。「からだのいちいちの細部が魂の内面的な特質を反映している」として「北方民族」以外はすべて動物なみと断定する彼らの人類学は噴飯ものである。だがその仮説を一たん信じ込んでしまったあとの教授の検査方法はおそろしく〈科学的〉で、寸分の狂いも見落としも許さぬ実証主義に貫かれている。この本の恐怖は、主人公の少女に敬語まで使う〈紳士〉的な教授の盲目的な〈科学〉信仰にひそむ非人間性にある。〈真実〉を見出すために〈科学〉に粉骨砕身する教授の狂気と比べれば、一思いに殺してもらった方が楽だようそぶく将校の〈思いやり〉の方がまだしも人間的であろう。アウシュヴィッツやヒロシマを経験したはずの人間は、にもかかわらず大量殺戮につながる〈科学〉の研究に精力を費している。いかなる価値や大義の枠組の中でも、自己目的的におのれの欲望を追求することができる科学の潜在的な魔性をこの本はあらためて思い知らせてくれる。

最後に、この少女は現在、世界的な歌手として活躍中で、日本にも三度公演に来たことがあることを付け加えておこう。

2　争い

①岸田秀編著『争う』（平凡社）

ロバート・アードレイは「殺しこそ人間性である」と定義しているが、事実、人間は有史以来、片時も争いを放棄したためしなく、愛想をつかしたシャルル・リシェは「ホモ・スツルツス」（愚かな人間）と吐きすてた。まさしく「業」と言うべくその業の諸相をさまざまな角度から論じたのがこの本である。岸田秀、いいだもも、黒沼ユリ子、小関三平、日高敏隆の五人による討論と、各自の論文一編ずつという構成になっている。

面白いのは討論部分。いずれ劣らぬ論客たち、歯車を合わせようとしてなかなか合わないところがかえって面白い。「悪の自然誌から悪の社会誌へ」なる討論では、動物と人間の攻撃性の相違から、人間に特有の社会的憎しみや国家の諸悪まで、縦横に論じられているが、初めは動物学者、日高氏の独壇場で、他の論客たちはお伺いをたてる体、それが次第に「社会誌」に移行するにつれ、がぜん我が田に水を引こうと〈争い〉に熱が入る。「ないデンティティ・ゲリラ」を自称する社会学者小関氏が、ヤングのシラケにポジティヴな評価を与えると、いいだ氏は早速、「シラケているとお題目には強いだろうというふうに考えるのは、やや俗説」と反論し、たちまち若者をめぐってカンカンガクガク。いいだ氏は人も知る博覧強記、下世話にも滅法つよく、当意即妙の合の手で討論をスムーズに運ぼうと年長ぶりを発揮しているが、それでも争いは「徹頭徹尾（生産労働に基づく）社会的関係の問題」だとする姿勢をくずさず、一方岸田氏は例のごとく「すべて幻想である」と喝破し、「人間の行動の特徴は無償性」と見て独立独歩、責任編集者の地位をかなぐり捨てて岸田精神分析学の斉合性を貫きとおすといった具合。

だが、討論の刺激的かつしゃれた雰囲気は、黒沼女史の登場（第二部「ウエフットラから世界を視る」）によって見事に吹き飛ばされる。ラテン・アメリカの被抑圧民族の問題に体を張ってきた女史は、第三世界の視点から先進工業国家の攻撃行動の諸例を論者たちに突きつけ、最後にいいだ氏をして「インテリは大体においてだめ」と言わしめるところまで追い込んでいる。この討論、岸田氏などは初手から寡黙で押しとおし、そのそこはかとないシラケぶりが行間に伝わってきて、迫力があった。

ともあれ、「闘争心は人間の原罪」というA・トインビーの言を読者は確認する仕儀になるはずで、それもひとえに発達した新皮質の前頭連合野のせいなのだが、だとするならロボトミーで厄払いするか、ジャイナ教に改宗するしか逃げ道はなさそうだ。だが凡人の悲しさ、それだけの勇気がないなら、せめてラドクリフ＝ブラウン流の〈冗談関係〉で「争い」を昇華する心構えをまず持つべきだろう。そのさきは、また別の問題である。

②ドリス・レッシングと「争う」人間について

ドリス・レッシングが二〇〇七年ノーベル文学賞を受賞することになった。

一九一九年生まれの彼女は今年八十八歳になるはずで、その間にたぶん三十もの長編小説、十数冊の短編小説集、評論、詩、ノンフィクションなどをものし、しかも自伝的、写実的、心理主義的、実験的、SF的と書法もさまざまに書き続けてきた。紹介するにしても一筋縄では到底いかない作家なのである。

ペルシャ(イラン)で生まれ、アフリカの南ローデシア(ジンバブエ)で育った彼女は、さまざまな職業や政治活動を経験したあと、二度の離婚を経て一九四九年に無一文の状態で第一作『草は歌っている』を携えて渡英。それが評判になり、以後、多彩な創作活動を続けている。

一九五六年に彼女はローデシアを再訪したが、人種問題などにかんする彼女の見解が当局の忌諱に触れ、「入国拒否」という名誉ある烙印を押され、それが十年弱も続いた。また反核運動やアフガニスタンの救援運動にも参加した。代表的な作品は、この『草は歌っている』と自伝的色彩の濃い連作『暴力の子供たち』(五巻)、女性が小説を書くことの意味と方法を執拗に追求したメタフィクション『黄金のノート』、現代文明への警鐘を意図したSF的作品『アルゴ座のカノープス星』(五巻)などが挙げられよう。

作風や題材はさまざまだが、社会的関心を軸に、個人の、それも主として女性の、アイデンティティーを問い続けてきた作家といえるだろう。

その意味で第一作の『草は歌っている』は、彼女のエッセンスを凝縮した作品といっていいかもしれない。これは資本主義と人種差別による植民地支配が、他人の犠牲において己を肥やすという本質的な悪のゆえに、必然的に滅亡しなければならない過程を、白人のターナー一家の破滅を通じて描いた力作である。白人と黒人、主人と召し使い、夫と妻、男と女、親と子、旧入植者と新入植者等々、対の人間関係を骨子とし、それらがいずれもコミュニケーションを欠いた闘争の関係として提示されている。しかもそれらを包み込んで人間対自然の闘いが背景にある。

ターナー一家は他の白人たちに比較して一層邪悪なために滅びたのではない。むしろ彼らは人間的不正（搾取）を基本構造とする自己の文明にすなおについていけなかった落伍者であり、それゆえにもっとも早く狙われ、もっとも早く亡ぼされてしまったのだ。最終章において、メアリ・ターナーが迫りくる死を予感し、死後みるみるうちに荒廃するであろう自分の住家を想い描くあの凄じいイメージは、侵略をこととする西欧資本主義文明のイメージとして読むべきだろう。

この作品のある評者は、メアリを殺害する下男のモーゼスは、必要な変更を加えれば、魔術師を射殺するマリオと重なると述べた（トマス・マンは自作のこの『マリオと魔術師』をファシズムの心理学と呼んだが、この作品がファシズムの最後を予言していることは疑いのないところである）。ついでに、チェホフの『眠い』をわたしは想い出す。モーゼスも、マリオも、あの主家の幼児を絞め殺した子守りも、彼らのアイデンティティを、つまり自己の尊厳を確保するために、彼らに残されたたった一つの手段――すなわち抑圧者を殺すという手段に訴える。人間の自由の歴史はかかる不幸なできごとに満ちみちている。

彼女はかつて、「目を開ければそこに戦争があり、憎み合う人間がいる――そういう時代にあって人間とは何なのかを問おうとした」と自作『暴力の子供たち』について語っている。

「闘争心は人間の原罪」とかつてA・トインビーは言った。人間は有史以来、片時も争いを放棄したためしはなく、愛想をつかしたフランスの生理学者シャルル・リシェは「ホモ・スツルツス（愚かな人間)」と吐き捨てたそうだ。しかし、レッシングは吐き捨てるかわりにそのさまを徹底的に描き切ろうとしたのである。まるで「書く」ことが絶望からの脱出であるかのように。

日本市民革命派詩人の出発――『木島始詩集復刻版』

神品芳夫

一九五三年に未来社から刊行された木島始の第一詩集の復刻版が、このたびコールサック社から出版された。その詩集を読み、戦後の若い頃に遭遇した詩集に再会した感動を語りたいところだったが、じつはこの詩集の存在そのものを今度初めて知って刮目したのである。この詩集のなかには、戦争末期から敗戦後の混乱期に日本社会で起こったさまざまな破滅の様相を活写しながら、その間に日本人が何を思い、何を願ったかを、詩人の若く純粋な心に照らして痛切に表現している。

詩集は七部に分けられていて、第一部は「詩・わが年代記」という題名をもち、博物館に譬えれば、正面のホールの展示である。冒頭の詩「起点 ――一九四五年――」はいきなり衝撃の事態から始まる。

ねじまがった

真鋳のボタンと
帽子の
校章だけが
これだ
これが彼の
屍骸だと
生きのこった
ぼくらに
わからせた
……

これだけの言葉で、何が起きているのか、だれにも分かる。原爆が投下された日、焦土と化した街に転がる屍、ぼろぼろの制服のボタンと帽子の徽章から、どの学校の生徒だと分かれば、辛い収容の作業に取りかかる。詩は極度に短い行の突き上げが鋭い。

木島の一九四五年は、岡山の旧制第六高等学校の二年生。勤労動員で広島市外の工場で働いていたが、八月六日以降は運ばれてくる被爆者の介護に当たった。二次被爆の危険をあとで知らされて脅えた。学校の寮も空襲を受けて全焼した。

そしてついに「あの日」がくる。とつぜん本当の歴史の姿が明るみに出たと認識し、詩はあの名句をもってしめくくられる。

目隠しされていたことさえ
わからなかったほど
いまいましい過去はない

戦争の真実をなにも知らされないまま「一億一心」の名のもとで破滅の谷へ引きずり込まれていたことを、終戦後初めて知ったという「銃後」の怒りが爆発する。

それにつづく各詩では、戦後の食糧難の世相、学園への復帰、立ち直れない友人、そして血のメーデー事件。過激派を「絶望的な反撃にでる〈中略〉無垢なひとびと」と捉える。

第二部「動物・鉱物・植物」では、屠場の牛、嵐のなかの麦畑の詩につづき疾駆する電気機関車がうたわれる。詩人の視線は、電車が運ぶ満員の乗客に向けられる。詩「通勤人群」がつづき、「飼犬の習性」を身につけた人々の押し合いへし合いのラッシュアワーが暗示される。買い物の奥の手を知る「主婦たち」の姿も描かれる。戦後混乱期の都市を動かす群衆のエネルギーが行間にあふれている。

第三部「谺」に入ると、舞台ががらっと変わって、透明な山水の風景。そのなかを甘美な曲想のアダージョが流れる。愛の調べだ。しかし世相はいぜんとして緊迫しており、日常の苦闘に耐えながらはぐくむ愛から、張りつめたラブソングが歌い出される。

海よりも深くおまえの眠りのなかに、
この、星の落ちてゆく夜、
眼を休めえぬ私を、
恋人よ、沈めておくれ、
あますところなくひろびろと、
しかし、夜明けてする私たちの苦悩の重さを選りわけて。

第四部「星芒よ、瞬け（長詩）」は放送用朗読劇のような作品。戦争末期、十一歳で集団疎開していたときの苦しい思い出を少年少女がこもごも語る。登場するのはヨシオ、ミツコ、キミコの三人。両親から離れ、食料は極度に欠乏し、病人が続出したなどの状況をヨシオが語る。ミツコは、仲良しのキミコが脱走し、こっそり東京に帰った後消息を絶った話をする。そして不在のキミコに呼びかける。それに死者のキミコが答えて、運命の日のことを告白する。「夢遊病者」のように旅して、やっと東京に着いたら、大空襲が始まり、母親の胸にたどり着く前に火に巻かれたという。最後に死者キミコは級友たちのために平和を祈願してやまない。

第五部「直射」第六部「断章」では、労働者の運動に心を寄せる詩や、宮本百合子、ポール・エリュアールに捧げる追悼詩などをまとめたあと、第七部『蚤の跳梁』がくる。戦争にまつわる長篇叙事詩であるが、これまでの詩と違って、戦争を利用して悪だくみをする者たちのことを取り上げている。

主人公はエリート軍医で、満州の地で細菌戦の研究と実験を行い、敗戦後は素知らぬ顔でいち早く内地へ引き上げ、今度はアメリカ軍に取り入ろうとする。戦争が起これば世の裏側にはびこる極悪の部分をあばく作品である。

『木島始詩集』は、三好豊一郎、鮎川信夫、田村隆一、峠三吉らの作品と並ぶ、戦中戦後の体験から迸り出た、時代を強烈な光で映し出す詩集であるが、野間宏の懇篤な跋文にもかかわらず、戦後世代に広く読み継がれることがなかった。当時禁句に触れる部分が多少あったからかもしれない。その後木島は詩誌『列島』の活動に関わり、アメリカ黒人系の文学や音楽を研究し、『日本共和国初代大統領への手紙』を発表し、たくさんの闘う詩とわらべうたを作り、内外の詩人たちと四行連詩を交わした。その豊かな業績は詩人としての地歩を確かにしたばかりではない。木島は詩人としての活動を通じて、たった一人で日本の市民革命を闘いぬいて、最後までぶれなかった。本詩集はそのすべての原点であったと見ることができる。

木島始が終始私たち「文学空間」の熱心な同人であったことを思うと、今も胸がときめくのを覚える。

木島始／佐相憲一編『木島始詩集・復刻版』コールサック社、二〇一五年七月刊。

Ⅲ　書物、その出会いの光景

Books in my baggage

松永美穂

自分の仕事は、本を持ち歩くことと結びついている。移動するときに、本が鞄のなかに入っていないと不安になる。たとえば勤め先の大学に行くとき。往復二時間を、地下鉄のなかで過ごす。最初に専任講師になったときは横浜の大学だったので、さらに長い往復四時間を車中で過ごした。幸い、ラッシュアワーとは逆の方向だったので、結構長い時間を座って過ごし、本を読むことができた。横浜の大学に一〇年間勤めて辞めるとき、自分が車中で過ごした時間の合計を計算してみた。週に三回往復したとして一二時間。それを三〇週間くり返したとして三六〇時間。ほかにも大学の行事や入試などで行くことがあるから、一年間に四〇〇時間は車中にいたと思う。それが九年（一年間はドイツに留学させていただいたので）で、三六〇〇時間！　一日二四時間を三〇倍して一か月七二〇時間と考えると、自分は正味五か月を電車のなかで過ごしたことになる。

勤め始めたころ、車中ではひたすら本を読んでいた。本を読まない通勤時間なんて考えられなかった。お世話になった西本晃二先生（イタリア文学）への年賀状に、「すごくたくさんの本が読めます」と自慢げに書いたら、「電車のなかでは寝るように」というアドバイスのお返事が来た。え、寝る？このわたしが？　と思ったが、横浜への通勤の一〇年目には疲れて寝てしまうことが多くなった。あんなに本が読めたのは、若さと、教員になりたての緊張感のせいだったのか。

飛行機に乗るときも、複数の本が手許になければ不安になってしまう。わたしは一九九〇年以降、二七年連続で毎年ドイツに行っている。現代文学を研究対象にしているので、ぜったいにドイツの本屋さんをのぞきに行く必要があるのだと、インターネットで本が買えるようになってからもずっと主張し続けていて、家族ももう「あ、そう。はいはい」という感じで誰も引き留めない。わたしがいない方が、家のなかがきれいに片付くという説もある。配偶者は料理もでき、わたしの不在は何らネガティブな影響を及ぼさない。家族が自立しているおかげで、いつでも安心して死ねそうである。

旅行は、出発前が一番楽しい、のかもしれない。出発の二日前くらいからスーツケースをリビングに出して、少しずつ荷物を詰め始める。あちらの気候はどうか、どんな本を持っていこうか？　あとは、スーツケースに入れる本と、手荷物となるリュックに入れる本のことを考える。リュックには少なくとも二冊はほしい。仕事がらみの本を入れることもあるが、これまで読みたくてもなかなか時間がとれなかった本を入れることが多い。やっとじっくり本が読める、というのも旅に出る楽しみの一つ。スーツケースの方には、旅先でもしも時間があれば翻訳しようと思う本や、書評の対象にしようかどうか迷っている本、飛行機のなかで読むにはちょっと面倒な、かさばる本などを入れる。ついつい欲張ってたくさん入れてしまうのはいつものことだ。

二〇一一年三月、ウィーン大学でワークショップがあったときも、現地での自分の発表に使う本、書評関連の本、気になっていた本など、一三日間の行程に対して一四冊の本がスーツケースに入っていた。ワークショップのあとは、わたしのところに留学しているデンマーク人の学生がコペンハーゲンで挙げる結婚式に招待されていたので、ウィーンからノルウェーに飛び、オスロやトロムゾで少し時間をつぶしてからデンマークに移動して結婚式に出席する予定だった。ノルウェーでは一人で行動するので、読書の時間がたっぷりとれると思っていた。

ワークショップが終わった翌日、東日本大震災が起きた。ウィーン大学のゲストハウスに知り合いのオーストリア人作家が来て、第一報を伝えてくれた。ゲストハウスにはテレビがなく、インターネットもつなげなくて当初は詳しい情報がなかったが、翌日ノルウェーに移動する際、ウィーン空港でたくさんの新聞を買い、気仙沼の火災の写真をはじめ、東北がどれほど大変な津波に襲われたか、衝撃と共に実感させられる多くの光景を目にすることになった。オスロの空港に着いて自動販売機のところでもたもたしていたら、職員の人が「昨日あなたの国で大変なことがあったので、運賃は払わなくていい」と言って、市内に向かう急行電車にタダで乗せてくれた。被災した国の一員として自分が突然そのような厚遇（?）を受ける身になったことに驚きを感じ、非常に戸惑ったことを覚えている。

ノルウェーでのわたしは、読書に向かうことができず、連日ホテルの部屋でテレビにかじりつき、CNNのニュースを流しっぱなしにしていた。東京の自宅の被害は食器が割れた程度だったので急いで帰ってこなくてもいいと家族に言われ、その後、コペンハーゲンで沖縄から来た友人と合流した。

二人部屋だったのでテレビは控えめにし、時差ボケの彼女が寝ているあいだ、わたしはバスタブにクッションを敷いてエルフリーデ・イェリネクの『死者の子どもたち』を読んだ。津波で破壊された東北の町々、原発事故で避難を余儀なくされている人々、さまざまな映像が頭をよぎるなか、『死者の子どもたち』はまるでこのときのためにスーツケースに入れていたかのように、内容もテーマも日本の大震災とつながっていると、わたしには感じられたのだった。

旅先で読んだ一冊の思い出を語り出せばきりがない。マルレーン・ハウスホーファーの『壁』をドイツ語で読んだのは、オーストリア国内を移動する電車のなかだった。中年女性が山のなかでサバイバルするこの小説の虜となったわたしは、ぜひ自分で日本語に訳したいと思い、企画書を作ったが、出版社を見つける前に同学社から諏訪功さんの訳が出た。そのとき、先を越されて悔しいというよりも、「ああ、自分と同じくこの本が大好きな方がいらっしゃったんだ」と嬉しい気持ちになった。二〇一六年の六月、「EUフィルムデイズ」という催しで、マルティナ・ゲデック主演で映画化された『壁』を見たとき、また初読時の車窓の風景が頭に浮かんできた。わたしはウィーンからクラーゲンフルトに向かっていたはずだ。ページからふと目を上げると岩肌を剥き出しにした山が見え、わたしは小説の舞台である山小屋の風景をまざまざと思い浮かべて、深く息を吐いたのだった。

つい最近、旅行することが多い友人と話していて、「Kindleが意外と便利」という話になった。書籍をたくさん持ち運ぶ手間が省け、急に必要になった書籍を購入することができるメリットもあるという。これまでずっと電子書籍に抵抗があったが、その話を聞いて、ついにKindleを買ってしまった。まだ開封されていないKindleが、机の上に置いてある。これからはこの装置と旅をするのだろうか。

緊張しながら、いまはまだ開封を先延ばしにしている。

読書の闇と火

近藤耕人

小学校時代、私は小説のようなものを読んだ記憶がない。父親のガラス扉付き本箱には『半七捕物帳』と『漱石全集』があった。友だちから山中峯太郎と南洋一郎の冒険小説を借りて読んだくらいだ。『怪傑ゾロ』、シートンの『動物記』、ファーブルの『昆虫記』は読んだ。中学時代に病気で一年留年して以来、小説を読み始めた、というより没入した。姉から借りた『即興詩人』が最初か、入院中に知り合いのおばさんが貸してくれた『モンテクリスト伯』が最初か。学校の図書館に入り浸るようになった。旧制高校の尋常科だったから蔵書は一杯あった。美人の司書もいた。なんど請求票を出しても欠本のプーシキンの『オネーギン』を読み逸れたという具合だった。

中・高校時代の読書は小説の主人公になりきるという熱中ぶりだった。とりわけ貧しい孤独な青年が主人公だと、シャルル・ルイ・フィリップの『小さな町』のように、夜、ひとり声を出して読み、わが魂を慰めた。日本人の若い主人公より、西洋の若者のことばに共感し、涙を流した。周りの友だちよりずっと孤独な、遠い主人公たち。なぜかは考えなかったが、もっと個人で生きていたのだろう。主人公と私の間に距離がなく、そういう風に読める小説を好んだ。

高校時代の最後に、クラスで一番の小説読みで、外国文学の先導者だった堀内茂男が、「これはいいよ」と教えてくれたのがアンドレ・マルローの『人間の条件』だった。最初のページを開くと、カンボジアだったか、フランス人の若い革命家が薄暗いベッドに独り寝ている姿が高窓から眺められ、そこに鋭角に四角い光線が当たった光景の描写は、それまで読んでことのない、映画のワンショットで、強烈なコントラストが目に貼り付いた。数奇のストーリーでも、深い人情でも情緒でもなく、初めて無言の映像に打たれて、新しい表現の世界に引き入れられた。ドストエフスキーにもフローベールにもない、乾いた光が浮かび上がらせる不動のカットだった。小説を、自分もなかに入り、作中人物と合体して筋を追い、疑似体験するのとは違って、小説を絵や写真のように見、自分はその外にいて、その表現面を他者として観るのだ。

大学生になると、読む前に作家や作品の評価を知ってから読むようになり、だれとも知らぬ作家の小説の一ページ目を開き、たちまちその文に引き込まれるという偶然の出会いと感動はなくなった。小説と私の間に距離ができ、批評したり、感想文を書く必要もできた。語学のテクストとして、綿密に単語と構文を調べて読む義務もできた。ひとり寝床で、枕の先で本に寄り添って読むものではなくなった。満員電車のつり革にぶら下がって一ページずつ、『異邦人』と『嘔吐』を原書で一年かけて読んだりした。小説は親友や恋人の代わりをするものではなくなった。胸に抱いてページをめくるのではなく、机の上に開いて、辞書を引いたり、ノートにメモをつけたりして読む、テクストという物になった。作家が密かに私の手元に届ける手紙でも日記でもなくなったのである。

プルーストの『失われた時を求めて』の日本語訳が出始めて、一巻ごとに買って読む友人がそばにいたが、冒頭の、ベッドで眠りにつくまでの長い時間、母親が階下から上がってきて、お休みの接吻をしてくれるのを待つ幼児のせつない間は、バルザックの冒頭の家具調度の長い説明とは違った読書の辛抱が要った。一杯の紅茶に浸したプチット・マドレーヌが舌の上で溶ける味が過去の世界を想起させる、記憶の玉手箱のような、現代神話の織り糸をたぐり寄せる語りは魅力ではあるが、失われた時間の復元は、読者にも経験のある童話の一齣である。喚び起こされたブルジョワの緩やかな生活と社交は、日本の各地から集まった不協和な他者の集団の大学生になると、もはやロマンチックな夢想に耽ることはできなくなった。それでもなんとか先の成り行きを知ろうと心を弾ませてついていくストーリーはないのである。何事も起こらない日常を、長い望遠鏡で拡大して観察するが、手で触り、身体がぶつかる事件がないのだ。病身でホモセクシュアルの作者には異質な相手や物との葛藤がない。記憶の彼方に遠ざかりはするが、崩れることのない建築と、その壁に並ぶ主《あるじ》とその友人達の肖像である。それは幻灯機のように流れるが、いったん失われた時間が再び見出されると、いつまでも回転することになる。人間と自然、生と死は大きな円環を輪廻するのがほんとうで、幸せなのか、少なくとも一度は死に、悔恨と諦念を噛み締めながら、無のなかに消えて煙となり、それがどんなかたちに見えるかは、後に続く人のみが知るのであるが、それを一方向で記憶・想起するのではなく、自由自在に逆転・反復させる機械や装置が作られると、その芸の不思議さと、それが新しい現実になる日常をいつまでも筆一本しかもたぬ作家の手に余るようになる。しかしわずかな時間の運筆と、一本の腕が操作する原稿用紙かパソコンの画面しか道具がないからこそ、文学は絵よりも音楽よりも広大無辺の自由をもっているともいえる。

それにしても『失われた時を求めて』が多くの一流の哲学者たちの思考の源泉になっているのは、怠惰で持続力がなく、憧れはするが作家になる能力がないと繰り返し述懐しながらも、主人公の感性がとらえる微妙な響きと反省のことばに誘われて、繊細に感取する自然と人間の交感の数々を、後の大いなる哲学的思索のヒントが含まれていながらそれを深めることを諦めて、そのまま路傍や居間や汽車の車窓や海辺の遊歩道に残してきたことどもが、神の啓示とか詩的霊感というのではなく、日々の平凡な経験ながら、そこに感覚と思考の秘密が胡桃の実のように隠れて放置されているからである。それを拾わない人、拾っても複雑な皺の形や、その見えない奥の芯まで辿ろうとしない人がふつうだが、それを剝き、味わってみることで真実はあきらかになっていく。マルセルはそれをしなかったが、彼は本を読むのではなく、彼の周りの豊かな自然と人間と芸術が静かに、ドラマも嵐もなく日々を過ごしているのを、絵の前に佇み、音楽の響きに頭を垂れ、感覚の震えを書き留めた。病身ながら、あるいは病身だからこそ、プルーストは自分の身体を感性で生きた。同性愛者であったことが、知覚はあってもその対象との間に距離をおかせることになり、そこに時間と記憶の意識の層が滞留し、また世界の物と人の身体と自分との間に隔たりがおかれたともいえるだろう。文学は絵や音楽とは違った感覚の隔たりを保つ言語の世界で、その象徴の言葉、肉のない記号の周りに、感覚の世界のものをつねにめぐらせ、そこにことばの「わたし」を委ねたから、後の哲学者たちがプルーストが究めずに終わった思考の畑を耕し、根のついた感じる観念を育て、肉のある観念の葉を茂らせることができたのである。その小説は読む物語ではなく、身を委ね、身についた思考を生ませる言葉の建築物というよりも森である。

英文学を専門にするならやはりジェイムズ・ジョイスの『ユリシーズ』を目標にしなければならないと定めたが、大学時代の英語力では歯が立たず、日本語訳を読んでも筋を追うこともできなかった。言葉を蓄積した棚というか、辺りにぶちまけた街路というか、その程度にしか理解できなかった。その印象は後になって、言葉の森に劣らず、それとは違うモダニズム、さらにはポストモダニズムの実験場になるのだが。『若い芸術家の肖像』の方は、主人公スティーヴン・ディーダラスが中等学校の寄宿舎で朝目を覚ましたときの、運動場の人声、カーテンロッドを滑らすカーテンリングの音、洗面台に撥ねる水の音の物質的な運動感覚に、それこそ遠い過去の物語の世界に身を委せていた少年時代の夢想から目を覚まされ、映画を観ているように、いま、ここの音響と眼前の光景の運動感に感覚を開かせられる興奮を覚えた。これは『人間の条件』の一ページの目を見張る光学的視覚像に通じるものがあった。その後、アウエルバッハの『ミメーシス』で、『ユリシーズ』の冒頭のダブリン湾を見渡す砲塔の屋上から、はるか古代のオデュッセウスが渡った葡萄色のエーゲ海と、最近のスティーヴン・ディーダラスの母親が死の床で吐いた緑色の胆汁の溜まった白い陶器の鉢のイメージを三つ重ねて眺める象徴性の分析に感動したが、それは文学が巧妙複雑に合成された色彩と遠近法の絵画に変貌するのを観る感嘆で、「いま、ここ」の文学の芸術性に目覚めた時であった。

そうしているうちに、その後劇作家になった先の堀内茂男が、サミュエル・ベケットの『ゴドーを待ちながら』の英訳が載っている『シアター・アーツ』の雑誌を貸してくれた。「こんなもんが載ってるよ」ということばにつられて、短い単語のつぶやきが連なっているような戯曲を読んで、目の前の言語の壁が破れてその向こうが真っ暗になったような、芝居小屋が壊れてただの客間の寸劇になったような、それまで私の目の前にいつも並んでいた言葉の列がとつぜんなくなって、胸のうちでぶつぶつつぶやくことばが私の喉の奥から聞こえ、耳の鼓膜を撫で、障子を開けて入ってきた。ベケットの小説『モロイ』を読むと、小説が言葉の向こうの遠い未知の世界であったり、机の上に置かれた言語の絵画であったりではなく、プルーストのように遠大な書くことの、作家になるための準備と挫折でもなく、いま書くことの戸惑い、不安、否定、そして検証そのものであった。それが告白や悲鳴や叫び、訴えではなく、口ごもりながらの経である。

　ことばが私の胸の中で貝のようにつぶやいている。「わたし」は生きているのか死んでいるのか、いるのかいないのか、生まれているのか生まれる前なのか、母親の子宮のなかのたわごとか、生まれ落ちたことばの世界の空無のなかでのひとり言か。自分の吐いたことばを張り合わせた巣、それは壷か独房か、それとも草原の石室か。それとも泥のなかか。ひょっとするとことばがそこを通って生まれたり生まれなかったりする喉のなかかもしれない。それこそ神なき世界で発せられる言葉の源泉はデカルトのように「われ」の頭なのか、主体がホメーロスの叙事詩の英雄オデュッセウスから主体の希薄な市民へ、さらに主体なきメディアのことばへと、言葉が主人公《ヒーロー》から離れて、名もない記号と声へ薄められ、文学も文化、社会の中心から外され、軽視されるようになる。ベケットはそれを自分の身体の内部で熟知し、心身で葛藤を経験し、ついに胸のうちのつぶやきをドラマ化して、舞台の上で観客に投げつけた。

伝記も面白い。小説の真実とは違って、事実らしいところが気を引く。イギリスの画家フランシス・ベーコンの伝記、デヴィッド・シルヴェスターの『フランシス・ベーコン——恐るべき美』(*Francis Bacon: A Terrible Beauty*, Steidl, 2009)の、第二次大戦中の、ドイツ空軍爆撃に対する灯火管制下のロンドンの有様はぞくぞくする。暗闇の公衆便所はゲイの溜まり場、地下鉄のシートがソファー代わりになるのはまずとして、暗い歩道は大きなベッドと化し、数秒立ち止まると闇の中から白い手が伸びて腿をつかまれる。見えない世界の話だから一層スリルがある。白い手、白い脚、さらにきわどいものが見えるかも知れない。画家の伝記は絵もあるから一層興味深い。どうやってこの絵のイメージが頭に浮かび、カンヴァスに描かれたのか。カンヴァスやページをめくってもなにも見えないが、ことばは見えないものをさも見えるように、ありもしないかも知れないことをさもあるように書いてくれるから、カンヴァスの表面の、ちっとも変化しない画像を見るよりは、見えないことばの世界ははるかに多くのものを見せて、想像させてくれる。それが闇の中の話であれば一層相応しい。もともと文学は闇の中にあるので、それが文学の本質であり、それを明るみに出してくれると錯覚させる魔術=芸術こそ、言語の技であり、遊びである。反対のページにあるベーコンの絵をみるだけでも奇想を掻き立てられるが、その裏側=左のページの夜の風景の記述と並べ、重ねて見ると、これが人間の世界だと思う。ただし、裏側のゲイの世界は見えてこない。それはがらくたと破れ散った脳味噌の部屋で描く童顔のベーコンと、彼の手が描いた野獣のような画像から想い描く闇の中の姿態である。

私は難しい本を読む喜びももっている。ただし、そのなかにせめてベケットほどでも、なにかのイメージが仄見える、夢のような、幻想のようなものが、たとえ哲学の論文であっても欲しい。そのかすかな手掛かりは、暗い脳のなかに白い手が伸びてくるようなスリルであり、観念の中のかすかな現実の感覚の断片で、それでも難渋な文を読む励みと、暗闇の道を照らすランプの光になる。

いまマウロ・カルボーネという、画像《エクラン》を論じる哲学者の『映像の肉』という本を、仏和辞典を片手どころか両手に持ち、さらに拡大鏡をかざして読み進めている。ゴーガンがタヒチ島で描いた有色の女の肌はそれ自体が神であると、ギリシアの多神論と重ねて論じる。それに比して、ヨーロッパの画家が描いたキリストや聖母の白い肌は神ではなく、神を隠した人間の肌であるという。つまり象徴として、記号として描かれたものであって、神そのものはそこにはいないという。イタリア人でリヨン大学教授のカルボーネは、メルロ＝ポンティの『眼と言葉』や、晩年のコレージュ・ド・フランスの講義ノートを綿密に読みながら、思考の言葉と感じられるものとが、もともとは一つであったのに二元に分離させられた両者が織りなす肉を通して再度統合し、新しい存在論の哲学を確立しようとしている。メルロ＝ポンティもたびたびコレージュ・ド・フランスの講義で引用している『ポイマンドロス』(1)の一節は、三位一体の奇蹟よりも、ぞっとする悪魔的な現象のなかに、新しい存在論の萌芽を見るもので、ダンテの『神曲』の地獄篇よりも恐ろしくも精巧な、科学現象にも通じる物質の変容に人間の存在を挿入する。

するとこの闇は水性のもののように変化し、いわく言い難い仕様で揺られ、火から出るように蒸気を吐き、音のようなもの、名状し難い呻き声を出した。それから叫びが発せられた。不明瞭な、火の声にもなぞらえられるが、光から出る訴え……聖なることばが〈自然〉を蔽い、まじり気のない火が水性のものから高く崇高な領域へ向かって投げられる。

(Mauro Carbone, *La chair des images: Merleau=Ponty entre peinture et cinema*, Pari: Vrin, 2011, 141-2.)

これはロートレアモンの『マルドロールの歌』や、ユイスマンの『さかしま』も超えており、ベケットが『私じゃない』(*Not I*, 1973) で赤い唇と白い歯だけ見せて、女に過去を語らせた芝居も、本当はこういう変容を狙っていたのではないか。これはまさに絵画も映画も超えている。なぜなら、そこにヴァレリーが最高の芸術と評した変幻自在の「火」の声が発せられているからだ。闇から火が生じ、叫ぶ。これが自然の中の人間で、哲学も芸術もそれを追い、なかでも詩は自然の闇と人間の火を結びながら、そのなかから生まれる声であるからだ。

註

(1) ヘルメス・トリスメギストス(古代アレクサンドリアのほぼ実在しない伝説の錬金術師)のものとされる神秘学の著名な本。

ユダヤとの出会い

稲田武彦

これまでおもにアメリカのユダヤ系文学（小説）を自分なりに読んできたが、その基盤となるユダヤの生活には、彼らの離散（ディアスポラ）の歴史で醸成された特異な様相が窺え、ここではそれに関し、筆者にとり啓発性の高いと思えた書籍を通して、ユダヤおよびその文学との係わりを顧みることにする。

ただ、ユダヤとの最初の出会いは本ではなく、旧制中学の下級生の時のことだった。当時既に太平洋戦争は始まったばかりで、輝かしい戦果を告げる軍部の発表に国民の戦意も高揚し、教育の場も軍国主義に色濃く染められていた。そんな中のある日、講堂に集められたわれわれの前に、いろいろな組織に潜むユダヤの陰謀なるものに注意を喚起する講演というより、それを暴き立てる調子の演説めいた言説が披露された。今となっては演説者は上級生だったか定かでなく、あるいはもう少し年かさの学外者であった気もする。ともかく初めて聞くことだらけで、漠然とした不安に包まれたなか、どことなく秘密くさい〝フリーメーソン〟なる正体不明の洋語が、ユダヤと結び付いてしばらく尾をひいた。

その後戦況の悪化で個人的には疎開による転居、その先での勤労動員や食糧難などの慌しさのうちに、ユダヤのことはすっかり念頭から消失した。戦後ユダヤへの関心が出て、古本屋で目につき買ってみた日支事変中刊行の『ユダヤ問題と日本』（一九三九）などは、偽書とされる『シオンのプロトコール（議定書）』を認める反ユダヤ主義に則った、今からみればネガ的なものだが、〝敵を知るため〟との視点のせいかどこか覚めたところもあり、読み方によってはユダヤの有りようを考えるのに資する面もないではないと思えた。以前こちらが聞かされたのも、フリーメーソン（往来の自由な石工の組合がのちに思想的秘密結社化したもの）などに浸潤したとされるユダヤの援蒋（介石）抗日戦略のことのようだが、〝八紘一宇の皇道精神〟を認めるならの条件つきながら、ユダヤの受け入れを表明しナチスとの違いを強調してみせている。

ところでこの戦後のユダヤへの関心のきっかけは、やはりユダヤ問題の〝最終解決〟とされたナチスによるホロコーストであり、写真や映像のほか記録では、古典的ともいうべきヴィクトル・E・フランクルの『夜と霧』（一九四七）を皮切りに、昨二〇一六年に亡くなったエリ・ヴィーゼルの『夜』（一九五八）など苛酷な体験記は様々な形で今も刊行され、自殺したプリーモ・レーヴィの著述のようにこの問題をめぐる議論にも事欠かない。

これに次いで耳目を集めたのが、イスラエル建国（一九四八年）とそれに伴う数次にわたる中東戦争で、国際政治にもかかわるアラブとの軋轢はそれとして、その後筆者などにはイスラエルと他のディアスポラ、特に最大のアメリカのそれとの関係が、文学がらみでフィリップ・ロスの作品『背信の日々』(一九八六)や『シャイロック作戦』(一九九三)等」にも反映されているのに興味を引かされることになる。

疎開先の学校でよそ者扱いされたこともあって、迫害の歴史を背負うユダヤの文学を読み始めたのは、一九六〇年代のアメリカでの当該文学の隆盛に触発されてのことで、故邦高忠二兄などと共に、苦難の主人公たちを題材に奇抜な想像力を交えたバーナード・マラマッドの短編を試訳したり、『犠牲者』(一九四七)の被害者が加害者に転じたりするややこしい話を辿りながら、発刊まもない『20世紀文学』にソール・ベローのことを書いたりしていたが、そのような文学の背景にあるユダヤの事情を知りたくなっていたところに出くわしたのが、イザヤ・ベンダサン(Isaiah BenDasan)という一見ユダヤ人らしい著者名(後に発行者山本七平自身の筆名と分かる)での『日本人とユダヤ人』(一九七〇)だった。その比較文化論では、われわれが自覚していない「日本教」(人間の実存をもとにした一つの世界で、人間、人間性、人間味を中心とする理外の理、法外の法に則る一種の宗教的規定)を提示されると共に、ユダヤ一般についてのかなり啓発的な知見に触れることになった。

なかで少々ショックだったのは、アウシュヴィッツに関して、ユダヤという伝染病にかかった家畜の〝ヒト〟は当然殺され、焼かれ、狩猟人の獲物のように骨、髪の毛、脂肪その他利用可能なものがそれぞれの用に供されたのも、西欧の牧畜民的思考からきているとの見方だった。農耕民の国の日本で、かつて差別視された穢多・非人どころではない扱いとある。そういえば、彼らを運んだのも家畜用貨車だった。

ときに天災にみまわれ、四季の民で時間に追われるところもあるが、おおむね環境に恵まれているわれわれに比べて、二千年にわたる厳しい経験から割り出した彼らの結論で、自己の生存、安全も自らの手で高いコストをかけて保持せねばならぬユダヤとあり、果たしてユダヤ文学もどこまで分かるか心もとない気にさせられた。

同化ユダヤ人のテオドール・ヘルツルの体験に基づくとされる内なるゲットー（他の市民と交われば自らの精神を内部のゲットーに押し込めざるを得なくなる）の、スペインのマラノや日本の隠れキリシタンにみる心にもない生き方もあげられているが、今日イスラエルも存在することだし、世代交替のかなり進んだアメリカなどでは、自分本位の自由なジュデイズムがはかられていると説く論者もいて、これとは無縁になっていくのではと思われた。

『旧約聖書』などにみる黙示文学は、彼らが抽象的言葉に満足できぬからだというが、これは偶像崇拝の禁止への埋め合わせに、絵になるような具体的記述をとったまでで、不満足どころか、現代のアメリカのユダヤ系文学作品にみられる抽象的ないし思弁的表現には、一筋縄ではいかないものがあるのとどう関連するのか気になった。

その他、イスラエルのできるまで他国の貨幣しかもたなかったユダヤのドライな金銭の扱いを、汚いとする受け取り方を正す実情の弁述、ユダヤの神と人間の「養子縁組」契約による親子関係を日本のキリスト教徒は血縁視すること、数式的西欧の思考とソロバン（語呂盤）型日本の思考の対比、社会の存立・運営面で完璧な日本語も正面きった会話主体の文学作品なしとする見解、「朝廷・幕府併存」の日本の独創的政治体制（二権分立）、藩と領民の相互信頼から難局を乗り切った恩田木工《もく》の『日暮硯』の話など、足元を照らしてくれるような言辞に興味をかき立てられた。もう一つユダヤ教からみた初期キリスト教の扱いにかなりこだわりがみられ、それをユダヤ教キリスト派と位置づけること再三で、『新約』もキリスト教文書でなく、新約時代のユダヤ教文書としているのと、処女降誕説をとるルカ伝の特異さの指摘が印象的だった。

それからほどなく今度は、おそらく邦訳につけられたと思える「二重人格者の集団」なるサブタイトルに引かれて読んだジェイムズ・ヤフェの『アメリカのユダヤ人』（James Yaffe：*The American Jews*, 1968）の西尾忠久訳（日本経済新聞社、一九七二）は、アメリカにおけるユダヤ人の生き方全般にわたり、著者の豊富な体験、伝聞に各種の数的データも交えて、その入り組んだ心理やアンビヴァレントな態度などを詳細に解明し、ときにユダヤ系文学の理解にも資する言及までなされていて多々参考になった。

ここには、アメリカのユダヤ人の内部の深い矛盾に起因する様々な様相が取り上げられているが、まず、移民当初からみられた新世界アメリカでの対応で、立身出世の大志と自らの民族と伝統への固執からくる葛藤、これは実用か学問かの問題でもあり［この期の代表作エイブラハム・カーンの『デイヴィッド・レヴィンスキーの出世』（一九一七）の主人公に顕著］、その後形を変えても彼らの人格に分裂をもたらしているとする。トーラやタルムードなど彼らの馴染んでいる聖典を通しての神聖な価値を信ずる精神主義ないし理念主義の一方で、ユダヤ教の今世に重点を置くことからくる物質主義（禁欲を排し生きるための実利の重視）もみられるという併存状態。これによる何事も過度になることへの抑制や、その他楽観主義と悲観主義の混在も指摘されている。

異教徒世界からの脱出の正当化も、恐怖が動機となっている自分自身からの逃避で、歪んだ選民意識により錯雑な屈折を生み、臆病視されることへの恐れで優越感に好戦性も交じると細かく分析しているが、これなどP・ロスが『ポートノイの不満』（一九六九）で痛烈に批判するところだ。かと思うと、異教徒間結婚（intermarriage）や改宗によるゴイ（ユダヤからみた異教徒）への接近がみられ、そこまでいかなくとも、ユダヤ教とキリスト教の倫理的要旨を統合する倫理文化協会や、キリストの神性を認めぬユニテリアン派に入ったり、改姓・名、容貌の成形（とくに鼻）をめぐる指摘もされ、これも小説にはよく出てくる。

エレミヤ、イザヤによるユダヤの無神ぶりへの痛罵以来、ユダヤ人以上にユダヤを批判する反ユダヤ主義者はいない。これは自省癖の強さからで、自己嫌悪の気のない人まで自己批判に加わる。ときにユダヤ人も普通人だとの理性的評価もするが、特別という感情がなかなか抑えられず、ともかく自己期待が強すぎて、伝統がユダヤをたやすく満足させぬ人間にするのだと著者はいう。しかし、これ自体どこか自虐的なにおいがせぬでもない。

民族主義的志向に抵抗のある過激派だが、ジュデイズムを拒否してもユダヤらしさが無意識のうちに思考感情に入り込み、ユダヤ社会を去らず共同体のリーダーとなってアメリカ化につとめる。労働者も社会主義を信じたからでなく、リーダーが反ファシズムであったため支持したのであり、第二次大戦後ファシズムの敗北、反ユダヤ主義の衰退でそれまでの雰囲気は四散し、ユダヤはブルジョア中産階級となる。それでも過激派がイデオロギー的理由でユダヤを放棄するのは容易でなく、人類に属しているつもりが、その人類とは仲間のユダヤ以外のなにものでもないというが、これには『金なきユダヤ人』(一九三〇)のマイケル・ゴールドの目にも通ずるところがあるように思えた。

また、ユダヤは権力に挑戦するのが好きだが、心中に自動制御装置があって弾力的社会に住むよう命ずるので、偏執狂的人間による世界はユダヤのためにならずの本能から、人民主義のリーダーへの不信が抜けず、過激派にしても共産主義には反対の立場をとるとしている。

シオニストの悲願だったイスラエルに対しても、今やシオンとなったアメリカのシオニストないしユダヤは複雑な反応を示すと、以下具体的に例をあげている。二重忠誠の懸念があるもヒトラー・ショックや中東戦争(とりわけ一九六七年の第三次の六日戦争)でイスラエルへの同一化、財政支援は強まるが、そこへの移住は正統派系を除きほとんどみられず、シオニストであると共にアメリカ人でもありたいと、たとえイスラエルに住んでもアメリカの市民権を捨てる者なかなかいなくて、心の底に亀裂を抱えているらしい。いずれ行くべきだがアメリカにいる必要なくなったらとか、アメリカにいるのは堕落ではなく犠牲的行為だと自らを納得させたり、もはやイスラエルに不必要なアメリカのシオニストには罪悪感が残っていて、ときに絶望的な反アメリカ主義となってアメリカとその一部である自らへの容赦のない非難を口にする。また、勇敢なイスラエルの存在が、ユダヤでなければよかったという恥ずかしい願望に不安を抱かせる。それでイスラエルを攻撃する者にたいしては、こちらの内なる抗弁の自己欺瞞を攻められているので彼らを憎むのだ。アメリカのシオニストのディレンマは、現実となったすべての夢のように、堕落しながら現実と化したものを見守る孤独と共に生きていかねばならない。そのような悩ましいディアスポラのアメリカのユダヤを、今やユダヤならぬイスラエル人は蔑視しているのだ。

その他、アメリカのユダヤの多義性の現れとして、平信徒の宗教とヤフェのいうリベラリズム（公的な場合の非利己的対応と私的での利己的対応）、家庭生活（その功罪）、女性の扱い（軽視の反面の尊重）、子育て（愛情と過保護による心理的圧迫）、対黒人感情（同じ被圧迫者としての同情と暴力主義への反感）などへの言及がなされている。

ユダヤ系文学に関連しては、アメリカのユダヤが神の存在を信ずる割合は、他のアメリカ人より低いとのデータがあるものの、神学論争では神の無存在を知識人でさえ完全には信じていないことを暗示しているとし、そのもう一つの事例として、今日のユダヤの大学生のあいだで最も人気のある作家に、ベロー、マラマッド、ロスなど非宗教的懐疑論者でなく、シュテトル（東欧などにあったユダヤ人の集落）の超自然的で神秘的な物語のアイザック・シンガーをあげている。シンガー自身は、彼らが彼の作品を好むのは年長者の物質主義、合理主義、非神秘哲学にたいする反動の現れと信じているが、ヤフェは若い人が自覚しているか否かにかかわらず、神というものをなんらかの方法で探求しているようにみえるとして、ユダヤはキリスト教徒より信仰への多義性が強く、それを捨てたいと思っても不可能に近く、手ぶらになれないからだと断じている。

もう一つの指摘は、ユダヤの知識人はなによりも自分の重要性に関心があって、常に深遠な話題をもっている必要がある。優越性を立証するためにも鋭い知性を武器とせねばならず、ユーモアのセンスは認めても、題材と同様、手法もシリアスでなくてはとの強迫観念が、ユダヤの知識人の散文スタイルに悲惨な影を落としているとし、仰々しさ、長い言葉、からまった文章、重々しい調子が特徴といい、ベローの『その日をつかめ』（一九五六）の一節を引いたりしているが、これは既述のように、例えばロスやハーバート・ゴールドの作品にもみられるところで、かなり納得のいく説明だった。

また、ユダヤ系作家はこのように抽象に走りやすく、彼らが小説家より批評家として優れているのはこのためだとし、根本的にはシリアスでない、生まれながらの他の作家たち（トルストイ、ドストエフスキー、ディケンズ、サッカレー等）と違い、知性味重視から人生にたいする接し方が自然さに欠け、常に圧迫感を伴い、経験に参加するよりどうでもそれを分析するのがユダヤ文学の一つの主題となっていると啓発的指摘をし、この十年間に心の底から感動にひたることのできぬ、くそ真面目な知識人を主人公にした小説として、ベローの『ハーツォグ』（一九六四）、ブルース・J・フリードマンの『スターン』（一九六二）、ロスの『レッティング・ゴウ』（一九六二）などを槍玉にあげ、これらが受けたのは、この国にはユダヤ人自身の既往症を読むことにしか興味のないユダヤの知識人が多いからだろうと皮肉っている。

さらに、ユダヤの知識人や作家とその共同体との確執がとりあげられ、異教徒の感情への注意深さから、なるべく人目につかぬよう心がける共同体にしてみれば、反ユダヤを誘発させぬためユダヤの恥部や弱みをさらけ出すことはもとより、反ユダヤへのユダヤ側の報復にさえ批判が生じ、出版への干渉例もあげられており、ロスにたいする密告者呼ばわりなども驚くにあたらぬことなのだろう。

知識人側は共同体外の世界をもち、ユダヤたることは二義的になり、これに共同体側は自己嫌悪など攻撃してやまない。しかし、作家たちの真の動機は自衛本能で、自分の真の姿とほど遠い状態への強制を恐れてのことだ。ユダヤ人たることを先行させた人間になることへの嫌悪で、孤独主義の遺産から完全に逃れられないにせよ、書くためにはこの内部闘争を経て書くしかないというが、ここで意外なのは、彼らの疎外感は外部世界からのではなく、拒否しているユダヤの社会からのものとしている点だった。

最後に、ジュデイズムの存続については悲観、楽観両論あるものの、存続すべきとする主張をいくつか紹介し、万人のための重要な倫理的価値基準を保持しているからとの「倫理的弁明」、人生に輝きを与える感情を備えているからとの「感情的、審美的弁明」、ユダヤ教のため殉じた死者への裏切りになるとの罪を楯にとる「告発的弁明」、モーセ五書が命じているゆえの「信仰を通じての弁明」などあげ、いずれも不可として自滅的でない「形式的弁明」なるものを提唱している。元来普遍的価値基準として通用しないユダヤ的なものなどなく、よってユダヤ的なものを信じられぬ場合でも、普遍的なものはなんらかの形をとる必要があり、ユダヤ教もその一つの媒介だ。これは説得力あるが形式にこだわると観念がだめになるという悪循環が起こる。これが今日のアメリカのユダヤ教にもいえることで、ユダヤの知識層がジュデイズムや共同体を疎んじるのもこのためだとしている。

ユダヤを堕落させるゴイから離れていようと、ユダヤ教存続を正当化する共同体に代わるべき手段として、著者は異教徒間結婚の検討を提案している。従来いわれてきた自己嫌悪、社会的出世のための打算、ノイローゼからの理由などは、とくにユダヤを恥じない三代目には妥当せず（確かにかってこの問題を扱った小説にはみられたが今の若い世代にはみられないようだ）、彼らの子供もユダヤの諸機関からの影響を受けなくともジュデイズムの理想は伝えられているとする。近来はキリスト教、ユダヤ教のどちらにも偏らぬ複合の世界になりつつあり、ユダヤらしさの拡大をはかる必要があるのはわきまえながら、他の理念から栄養を吸収することで二重人格を一つにしていくことに、確信はもてないが少なくとも次世代への期待はできると結んでいる。この通婚は従来ユダヤ問題解消策の一つとされてきたが、遠い将来はともかく当面その成立の率は高まっているにせよ、相手がユダヤ教に改宗するケースや、新しいジュデイズムの動きもあるようだし、超正統派もなお伝統を墨守しており、その中で文学の面でも自己探求のアイデンティティないし帰属にかかわる問題として、依然残るのではと思われる。

なお、ここでは扱い切れない労大作として、アメリカのユダヤ系で主流をなす東欧からの移民とその子孫については、自身もその一員であるアーヴィング・ハウのいくたの資料を駆使したパノラミックな社会・文化史の『われらが父たちの世界』（Irving Howe : *World of Our Fathers*, 1976）があるのはいうまでもない。

読書の思い出

向島正喜

私が読書に興味を抱き始めたのは伝記『水戸光圀』を読んでからであった。これは、小学五年生の時、知り合いのおばさんに連れられて静岡県の水窪に行った時に買ってもらったものだ。うらぶれた書店の暗い書棚に並んでいた中から選んだ一冊だった。思い返してみると、月形龍之介主演映画、『水戸黄門』を父に連れられて映画館で観たことが、あの伝記を購入した動機だったと思う。この映画の原作者が直木三十五だということを後年知ったのだが、おばさんの田舎家の小さな部屋で、蒲団に入って裸電球の下でむさぼるように読んだことを憶えている。「水戸黄門」が史実と異なることを知っても、テレビでシリーズ化されたものは、一つのエンターテインメントとして面白かった。祖母はテレビシリーズが大好きだったが、祖母の「水戸黄門」へのイメージを壊すことを懸念して、伝記のことは話さなかった。ちなみに、この田舎での思い出は、『文学空間』の「山里の夏」という短編に書かせてもらった。その後、講談社の『少年少女世界伝記全集』を買ってもらい、野口英世、伊能忠敬、エジソン、キュリー夫人、その他内外の偉人伝を読んだが、いずれも面白くてすっかり夢中になって読みふけった。偉人たちの人生を本の中で体験できることが嬉しかった。

私の家の書棚には文藝春秋社の『現代日本文学館』や中央公論社の『日本の歴史』の全集が並んでいた。父親は普通のサラリーマンだったが、知識欲と収集癖があったのか、そういったものを定期購読していた。私が中学生になった頃、プレハブの勉強部屋を作ってもらった。そこで、それらの本がごっそり私の部屋の書棚に並べられることになった。こうなるとどうしても中身を見たくなるものである。いくつかの本を外箱から取り出してパラパラとめくっていると、気になるタイトルがあった。谷崎潤一郎の『痴人の愛』である。中学生になったばかりの私には難し過ぎて感想はほとんど記憶に残っていないが、その後しばらくして読んだ『細雪』の四姉妹の物語の感想は記憶している。また、三島由紀夫の『仮面の告白』はタイトルと挿絵に惹かれた。思春期の男子には刺激的なタイトルだった。きっかけはそんなことだったが、そうしているうちに、小説の面白さがなんとなくわかってきた。『吾輩は猫である』の猫という言葉に誘われて漱石の作品を読み始めた。苦沙弥先生の長い物語に時々挫折しそうになりかけたが、何とか最後まで読み進んだ。その後は、『坊っちゃん』を読んで、正義感のようなものに共感し、『夢十夜』の物語に戦きながら少しずつ読むようになった。特に、『現代日本文学館』の各作家についての解説は、もともと伝記好きだった私の興味を引き付けた。

また、これも父親が定期購読していた時代小説にも興味を抱くようになった。河出書房の『カラー版国民の文学』の司馬遼太郎の『燃えよ剣』や井上靖の『風林火山』は特に面白かった。高校の日本史の授業で山本勘助が実在の人物かどうか質問すると、先生は丁寧に説明し褒めてくれた。読書をしていてよかったと思った。その先生はしばらくしてお亡くなりになったので、そのことはとても印象に残っている。また、漢文の時間に、現代語に訳す授業があり、私の訳を褒めてもらった時は嬉しかった。野本寛一先生は、民俗学の著書が認められて後に近畿大学の教授になり、現在は文化功労者になられている。国語科準備室に訪ねて行くと、生徒の私に優しく楽しいお話しをして下さったことが良き思い出として残っている。

何がきっかけだったのかよくわからないが、中学生の頃童話を書いていた。たぶんこれまで読んできた本に刺激を受けたからだったのだろう。架空の国の少年の冒険物語だが、野菜の名前をヒントにした覚えがある。今その原稿はどこかに行ってしまったが、自分でも何か書いてみたいという思いがこの頃からあった。

高校受験の面接の時、最近読んだ本で印象に残ったものは何かという質問があった。現在の面接では読書傾向を訊いてはいけないようだが、その時私は島崎藤村の『破戒』について言及した。面接官は「ほお、なぜ、それを読んだのですか」と興味深そうに訊くので、「丑松の生き方に共感したというか……」などと適当なことを言った覚えがある。同和教育については、その頃たいした知識もなかったのだが、今思うとちょうど読み終わったばかりの作品が頭に浮かんだのだろう。

高校生活で印象に残っている作品は、『赤頭巾ちゃん気をつけて』や『さよなら怪傑黒頭巾』などの庄司薫の薫ちゃんシリーズだった。当時出版されていた彼の作品は全て単行本で買って読んだ。クラスメイトの女子に彼のファンがいて、確か『さよなら怪傑黒頭巾』の中に書かれていたと思うのだが、あるセクシャルな場面があって、「女の子もそうなるのかしら……」などと、ドキッとすることを言うので、冷静な顔をして適当に答えておいた記憶がある。他にも本屋に並んでいる装丁とタイトルの興味深いものを選んで買っていた。インターネットもない時代だったから、本の情報は田舎の本屋に平積みされた最新作の芥川賞や直木賞受賞と書かれたものが中心になっていた。二十歳の頃、柴田翔の『されどわれらが日々』の単行本を買って読んだ。政治のことなど何も分かっていなかったのに、芥川賞作品だというので飛びついたのだが、それに続いて『贈る言葉』や『われら戦友たち』も読んだ。夏休みに帰省した時、野坂昭如の『死の器』といった、タイトルに「死」が付いたものを買って読んでいると、母親がとても気にして、「なんで、そんなものを読むの」と言うので、「別に大した意味はないよ」と言っておいた。田舎の本屋の入り口に置いてあったものが何となく気になって購入したのだった。

高校の数学の先生が読書会を開いてくれたことがあった。十人程の生徒が図書館に集まって定期的に感想を発表した。夏目漱石の『こころ』では先生とKの関係を中心に討論し、武田泰淳の『ひかりごけ』では、人間のあり方を考えさせられた。国語の先生ではなく、数学の先生が指導して下さったことが、気楽に話し合うことができた要因だったような気がする。その後、高校の雑誌に私の文章が掲載されることになった。確か、読書と人生について偉そうなことを書いた覚えがある。実家のどこかから出てきたら、また読んでみたい。

ある日の夕食後、胸と腹に蕁麻疹ができたので、その日の担当医に診てもらうことになった。医師の話では私の体はかなり老化しているというので、私の人生はもう終わりなのかと、すっかり気が滅入ってしまった。精神的に参っていたので読み始めたのかどうか分からないが、ちょうどその頃清水幾太郎の『人生論』を読んでいたこともあったのか、余計に死のことを考えるようになった。精神的に落ち込んでいるときの若者にとって、そういった本は身の毒なのかもしれない。自律神経失調症になってしまったのか、不整脈になり眠るのが怖くて天井を眺めていることが多かった。母に打ち明けると、父の会社の医務室の医師に診てもらうことになった。優しく微笑みを浮かべた若い男の医師から、老化などしていないし、いたって健康だと言われて、その直後からすっかり回復した。やはり「心配は身の毒」、「病は気から」という言葉は真実だと気付いた。「笑う医者は治す」という言葉を後で知ったが、その通りだと思った。それにしてもどうしてあの医師はあんなことを言ったのか、後年思い出して『文学空間』に「体温」という短編を書かせてもらった。

高校と大学においては、ヘッセ、ゲーテ、ツルゲーネフ、ドストエフスキー、ディケンズ、ブロンテ姉妹その他の有名な外国人作家の小説を翻訳で読んでいた。『初恋』が映画化されたので観に行ったが、ドミニク・サンダの美しさに圧倒された。彼女は私が想像していた女性のイメージに近いと思った。

フランソワーズ・サガンの作品は、作家名と『悲しみよこんにちは』というタイトルに惹かれて読み出した。大学生の時、友人たちと『アポリア』という同人誌を作って「ある安息」という短編を書いたことがあったが、知人たちからは翻訳調の文章だと言われた。翻訳の読み過ぎだったのかもしれない。その同人誌は、創刊号で終わってしまったが、楽しい思い出として記憶に残っている。この短編は帰京する電車の中での出来事を描いたものだが、後年、小島信夫先生の『汽車の中』を読んで、共感を覚えたと同時に、描写力のすばらしさに瞠目した。

大学生になったばかりの頃の特に印象に残っている作品は、高野悦子の『二十歳の原点』である。その当時、関西の大学の女子学生の日記に影響を受けて、人生について真剣に考える若者が少なからずいたのではないだろうか。私の友人の女子学生はすっかりその本に心酔していて、二人でその本や人生観について喫茶店で語り合った。「私何のために生きているのか、分からなくなる時があるの。生きていることがつまらないというか。あなたはどう？」と彼女が陰鬱な表情で訊くので、「目の前にある楽しいことを思い描いてごらんよ」と、その時私が言える精一杯の返答をしたことを憶えている。大人になりかけの何も分かっていない青年が、人生について語り合うなどというのは、今考えるとちょっと滑稽にも思えるが、その時は真剣だった。後年、池波正太郎のエッセイを読んだ時、人生と楽しみついて書かれていることに共感した。『男の作法』というエッセイは、粋に生きることの楽しさと共に人生に充足感を与えてくれる本だと思った。そういったことは、ある程度の年齢を重ねないと理解できないことなのかも知れないが、私が教えた学生の中には時々池波正太郎的生き方に共感しそうな若者もいる。そんなときは少し嬉しくなる。

大学のゼミに入ると、ジョージ・オーウェルの作品を読むようになった。その後今日まで、彼の作品は幾度か読み直してきた。特に、オーウェルの晩年の作品、『動物農場』や『一九八四年』は、色あせることなく今でも名作として残っている。

修士論文では、オーウェルの「贖罪意識」を中心に書いたが、彼の著作ばかりではなく、それに関連する著作を体系的に読むことを学んだ。一作品を読むと、それに関連する作品がいくつも出てきて、さらに詳しく知りたくなる。『一九八四年』を読めば、ザミャーチンの『われら』も読まなければならない。さらにハックスリーの『すばらしい新世界』とその読書範囲は広がって行く。英文科の学生としては、原文で読まなければならないので、翻訳と照らし合わせながら読んだ。原書を右側、翻訳を左側において読んでいくと、英語と日本語の勉強になった。加藤周一の『読書術』にも原書の読み方の一例が書かれている。今でも岩波現代文庫から出版されていて、時代が過ぎても色あせない名著だと思う。

院生時代に学部の紀要に、「『1984年』から『1985年』へ」という論文を書いたことがある。オーウェルの『一九八四年』とアントニー・バージェスの『1985年』の比較研究だったが、それらに関連する著作をたくさん読む必要が生じた。バージェスの『時計仕掛けのオレンジ』、イスラムに関する文献等を読み、オーウェルの著作を再読する必要があった。大学の教員になってからも、オーウェルの研究は続け、幾つかの論文を書いてきたが、その都度読書範囲は広がっていった。『一九八四年』が発表されてから三十二年が過ぎようとしているが、この年の前後に、『一九八四年』に関連する各種の作品が発表された。近未来を描いたこの小説は、他の小説や評論に限らず、音楽の世界にも多大な影響を与えた。例えば、先に取り上げたアントニー・バージェスの『1985年』、ジェルジ・ダロスの『1985年』、また、元ビートルズのメンバーで、ウィングスのポール・マッカートニーは、『バンド・オン・ザ・ラン』に収録された「1985年」(一九七三)をリリースした。またデヴィッド・ボウイも『ダイヤモンドの犬』(一九七四)の中で「1984年」や「ビッグ・ブラザー」という曲を書いた。日本では一九八三年の雑誌VOICEにおいて「危機の跫音」と題した

『一九八四年』に関連した評論が出たし、近年では、村上春樹の『1Q84』がベストセラーとなった。このように、オーウェルの『一九八四年』は、長年にわたって人間の文化活動に少なからぬ影響を与え続けていることから、再読する必要があると思っている。

私は、昔から英米のポップスについて興味を抱いていることもあり、それに関連するものもよく読んできた。研究室にはザ・ビートルズ、ザ・ローリング・ストーンズ、ボブ・ディラン、エルトン・ジョン、エリック・クラプトン、その他英米のアーティストに関する沢山の本が並んでいて、時々取り出しては読んでいる。様々なアーティストたちの評伝は、彼らが生きた時代を知るにはうってつけのものである。ビートルズに関して言えば、数え切れないほどの本が出版されているが、ハンター・デイヴィスの『ビートルズ』が一番いいと思っている。何度か改訂されてきたが、ビートルズ研究には必読の書であると思う。気になる翻訳書は、必ず原書も買うことにしている。その関係から、いくつかの教育委員会から依頼されて、英米のポップスに関連する講座を担当してきた。歌詞、アーティスト、英米の文化等の解説や、歌唱法などをやった。その都度、様々な本が役に立ったことは言うまでもない。

私は中学生の頃から、音楽に興味をもっていて、ギターの弾き語りしている。大学の公開講座で実施するのは珍しいかも知れないが、自作のコンサートを何度か開かせてもらった。国文学の教授に作詞をする人がいるので、彼の詞に曲をつけたものや私が全て作ったものなどを学生や一般の人たちに聴いてもらった。そして、作品のCDも自作した。「20世紀文学研究会」で木島始先生とお会いするたびに、先生の詩に曲をつけさせて欲しいと言おうとして、ついに言い出せなかった。木島先生は、著書が出版される度に贈って下さり、本当に嬉しかった。

教育委員会関係者にラフカディオ・ハーンを読み始めたことを話したところ、今度はその講座をやって欲しいと言われ、『ラフカディオ・ハーン全集』や様々な研究書や原書を読み、十回の講座を開いた。さすがに、一人の作家について十回も話すのには苦労したが、それぞれにテーマを決めて何とかやり終えることができた。「20世紀文学研究会」の例会でも、「ラフカディオ・ハーンと焼津」について発表させてもらったが、小島信夫先生もいらしていて、緊張したことを憶えている。

その頃、片道一時間の電車通勤が読書には好都合だった。往復で二時間の読書ができたので、かなりの本を読むことができた。しかし、都合の良いことばかりが続く訳ではない。ある日、左眼に違和感があったので眼科に行き、眼底検査をしてもらった。結果は、網膜に何カ所か穴が開いているというものだった。早速、レーザー治療をしてもらい事なきを得たが、それ以来電車での読書は極力避けるようになった。ちょうどその頃父親も左眼を手術することになり、ハーンも左眼が悪かったことから、何か因縁めいたものを感じた。

研究のために読む本ばかりではつまらないから、楽しみ中心の本も読みたくなるものである。気分転換と言っては失礼かも知れないが、池波正太郎の『剣客商売』や『鬼平犯科帳』等のシリーズは、読書の楽しみを得られる絶好の読み物である。彼の小説は、一度読み始めると中毒になるというか、次から次へ読みたくなってくる。今では池波正太郎のほとんどすべての作品が本棚に並んでいる。

私はこれまで『文学空間』に短編を幾つか書かせてもらったが、それぞれに様々な作家に影響を受けたことを自覚している。例えば、志賀直哉の『城の崎にて』の哀れなネズミを描いた場面、梶井基次郎の『城のある町にて』のツクツクボウシの描写、宮本輝の『泥の河』や道尾秀介の『月と蟹』における蟹の描写は、強い印象として私の実体験と共に短編の中に反映されている。

私は高校卒業までは文学を研究することになるとは夢にも思っていなかった。もっと他に憧れの職業があったのだが、いつの間にか今の仕事に就くことになった。それまでに読んできた本、大学受験と恩師の山崎勉先生、「20世紀文学研究会」の諸先生方との出会いが私を文学の道へ導いてくれたのだと思っている。だから、今回「読書の思い出」を書いてみて、私が文学に関わる仕事に就いたことは必然であったと思うのである。

小島さん、済みませんでした

三浦清宏

読書、または本について何か書くことはないかと言われると、後ろめたい気持ちになる。本についての愛情のこもった読書論などを読むたびに、おれなど到底こういうものは書けないと、うらやましく、また情けなくなるのだ。この頃は年のせいか、居直って、どうせ人間の書くものなどはその人間の枠から出られないものなのだから、本を崇めたり恐れ入ったりすることはない。本に書かれたことを信じたらろくなことはない。結局、最後は自分自身の考えが問題なんだ、などとうそぶくこともある。こういう考えを仏教の方では何とかの「外道」というらしいが。

今回も執筆の依頼書を読んでいて、やれやれ、困ったな、と思ったが、「読書アンケート」の項目の中に「貸したまま、未だ返してもらっていない悔しい本はありますか、あるいは返し忘れている本は」というのがあって、ああ、これだ、これだ、これなら書けそうだ、と思った。本についての話でなく、本にまつわる話である。

頭に浮かんだのは、亡くなった小島信夫さんのことだ。

小島信夫さんは私の小説の師匠と言っていい人である。知らない人も多いと思うが、『別れる理由』というやたらに長い、読んでいるうちにわけが分からなくなる小説を書いて世間の評判になり、その後「なんとかの理由」という言い方が流行ったと言えば、思い出す方もいるかもしれない。そのわからなさ加減も含めて、今でも一部の文学者たちにはカリスマ的な人気がある。

私も彼を「師匠」と言うからには、そのわからなさに惹かれたのだろうと思われるだろうが、全然そういうことは無かった。私にはよくわかることしか言わなかった。例えば「自分を書け」とか、「人間のおもしろいところを書け」とか。まあ、こういう言い方もわかりにくいと言えば言えるし、実際その通りに「自分」のことや「おもしろい」ことを書いても、なかなか小説にならなかったことは確かである。それにしても、彼の小説よりも言うことの方がずっと分かり易かったことは間違いない。このことはこれから書こうとすることと関係があるかもしれない。

小島さんは非常な読書家だった。いわゆる「本の虫」というタイプではなかったが、旺盛な好奇心と読書欲に任せて何でも読んだ。「何でも」といっても好みのものだが、その「好み」の範囲が広かった。また人が「面白い」というと直ぐに興味を持った。私は原田常治の『古代日本正史』を話題にしたことがあるが、貸して欲しいと言われるので貸したところ直ぐに読んで、「面白いねえ」と言った。この本は「とんでも本」と言われるもので、古代史の専門家の中では異端本と思われている。私はこれによって、古代の出雲、大和、日向の各王朝間の関係がすっきりわかった気がしたので面白かったのだが、小島さんはさすがに専門外のことには触れなかった。「どんなことにも興味を持つ」一例として挙げて置く。

もう一つ、よく記憶に残っているのは、ヘレーン・ハンフの『チャリング・クロス街八十四番地』を彼に薦めたことだ。私は江藤淳がどこかでそれに就いて書いているのを読んで、面白そうだと思って原書を買ってきて読んだ。これは、古書を愛するアメリカ人女性が、ロンドンのチャリング・クロス街にある古書店に古書を注文して買い続ける話である。ちょうど前の大戦が終わった直後の話で、英国ではまだ食料の配給制度が続き、食べるものに事欠くので、注文主のヘレーンが書店員に何度も生卵を送ってやったりする。そういうエピソードを通して本を愛する者たち同士の心の繋がりが伝わって来る。まさに、本書にふさわしい内容の本だと言える。

小島さんはいっぺんにこの本の虜になった。そう断言できるのは、彼はその後いろいろなところにこの本について書いたからである。どんなことを書いたか、はっきり覚えてはいないが、いかにも小島さんらしく本をいたわり、本に書かれていたことを指で撫でるような愛情で書いていた。そして、まるで自分がこの本を発見したかのように、私が紹介したことも、その元は江藤淳氏がどこかで書いていたということも、無視したのか忘れたかして書いていた。おまけに当の江藤氏と会ったときに、自分がどこかで見つけたような調子で話をしたということを、私は何かで読んだ。

それほど小島さんはその本に夢中になった。その面白さに我を忘れた小島さんは、私のことも江藤淳氏のことも忘れたのである。確かに、その面白さは小島信夫自身が発見したもので、江藤氏や私から得たものではない。

その上彼はその本を私に返すことも忘れた。

今回の話の主題はこれである。

小島さんは本を借りても返さなかった、或いは、返すのを忘れた。

私はこのことをある短編の中で実名で書いた。そこで、一悶着起こった。

私がそのことを書く気になったのは、大学の同僚の一人が、小島さんに本を貸しても返してくれないとこぼすのを聞いたからである。ああ、ほかにも被害者がいるんだ、という安心感から、それならおれだけの問題では無さそうだから書いてもいいだろうと思ったのである。

その短編は『文学空間』に載せたので、出版後の合評会で取り上げられた。その席に小島さんがいた。小島さんは最長老であり、その意見はまとめのような役割をしていたので、誰もが傾聴した。

「ぼくのことが書いてあるが……」

と、いつもの穏やかな調子で始めたが、いつもの人を半分からかうユーモラスな調子にはならなかった。

「ぼくがいつも言っていることを三浦君はまだ理解していない。ぼくはぼくなりの深い理由があって言ったり、したり、しているんだ。それがよくわかっていないからこんなことを書く」

私の作品について話しているのだが、どうしても「本を返さない」ということに話が落ちて行く。

私は、おや、と思った。気軽に書いたつもりなので、小島さんなら、

「そうか、うっかりしていた。忙しいものだから、つい、忘れてしまうんだ」ぐらいで済ましてくれると思っていたのだ。それが、私の作品評と結びついて、作家として考えが足りないのでこんなこと

でお茶を濁す、と厳しい話になった。

小島さんの発言はなかなか終わらなかった。むしろだんだん激しくなり、咳き込むような調子で喋るようになり、顔までが真っ赤になった。会場はちょっと異様な雰囲気になって来た。

「謝んなさいよ」

と、斜め向こうからぼくに言ったのは、当時会員の一人で、後に彼の連れ合いが芥川賞をもらったKさん。しきりに手振り目配せして、早く謝れ、と言う。

(彼が「謝れ」と言ったのはこの時ではなかったかもしれない。小島さんが衆人環視の中で私を面罵したのはもう一回あったからで、その時も同じ「本を返さない」ということだったと思うが、なにしろ三十年以上も前のことで記憶がごっちゃになっている。いずれにせよ「謝れ」と言われたことに間違いはない。私がこの文を書こうと思い立ったのは、それを思い出したからだ)。

しかし私は謝らなかった。その場を収めるためには謝ればよかったのだろうが、謝ろうという気は全然起こらなかった。自分が悪いことをしたという気はまったく無いし、むしろ目の前で何かおかしなことが起こっているという感じで、小島さんが唾を飛ばしながら顔を真っ赤にしているのを眺めていた。なんとなく懐かしいものを眺めているような気さえしていたのだ。

その場の雰囲気を変えたのは詩人の木島始さんだった。

「小島さん、ぼくは別に三浦さんの肩を持つわけではありませんが、あなたの言っていることはおかしいですよ……」

と言い始めた。

「あなたはお書きになる小説の中で、実名で人物を登場させていろいろ言わせてるじゃないですか。ぼくの名前も出しておられますね。たいへん迷惑しています。ぼくだけじゃありません、ほかの人達もそう言っているのを聞いたことがありますよ。三浦さんがその真似をしたからといって、怒ることはないじゃありませんか」

　小島さんは一瞬、言葉に詰まった。それとこれとでは話が違うと言ったように思えるが、しどろもどろで言葉にならなかった。いきなり闇夜に匕首が閃いたという感じだったろう。

　その後で驚くことが起こった。小島さんが立ったまま泣き出したのだ。

「ぼくは悪い人間です」（これははっきり覚えている）と言いながら、眼鏡を外して何度も眼を拭った。この場をどうしたらいいのか、ご本人も収拾が付かない様子だった。

　今度は周り中が驚いた。

「まあ、まあ、小島さん……」

　誰かが傍まで行って、肩を抱いて席に座らせたように思うが、はっきりは覚えていない。女性の会員だったかもしれない。幹事が気を利かせて閉会を宣言した。私の作品が最後だったので、やっと終わったという感じで、みんなほっとした様子で話し始める。その後、何事も無かったかのように次の忘年会の会場に移っていった。

　序でだから言うと、忘年会のレストランでは私が飛び入りでシャンソンを歌い、小島さんも笑顔で聴いていた。そのシャンソン「パリ祭」は、私が小島さんの家に寄宿していた時に、お客が来た時などに、小島さんに言われて歌っていたものだ。

「どうして謝らなかったろう」

その後、あの時のことを思い出す度に私は思った。確かに、借りた本を返さないということを、名指しで活字にして公表するのは軽率な行為だと言われても仕方がない。しかも相手の小島さんは私にとっては師匠格の人物で、社会的にもよく知られた作家である。師匠の顔に泥、とまで言わないまでも、たとえ薄墨であっても、塗るような行為は厳に慎むべきだろう。

小島さんなら許してくれるだろう、それどころか一緒に楽しんでくれるだろう、という期待感がどこかにあったように思う。甘えである。しかし、甘えがあったとしても、大勢の人の前であれだけ手厳しく言われたら、その甘えも木っ端微塵となり、申し訳ないと思う筈なのに、むしろそう言われるのを楽しみながら小島さんの顔を懐かしいものでも見るように眺めるだけで、一言の詫びも言わず、後で当の小島さんの前でシャンソンを歌っているというのは、どういう心理状態なのだろう。

後藤明生という作家がいた。この人は私より何年も前から小島さんと親しくしていて、私にとっては兄弟子と言ってもいい立場にあった人だが、ある時私と小島さんの話をしていて、こんなことを言った。

「あの人は軍隊で言えば伍長だよな。きびしいよな」

私はピンと来なかったので、適当なことを言ってお茶を濁したが、小島さんがきびしいと思ったことは一度もない。奥さんが亡くなったばかりの彼の家に寄宿していた時は、彼が買い物をしてきて御飯を作り、絨毯の上で七輪に火を起こし、肉を焼いて食べさせてくれた。その後は酒を飲みながら延々と文学の話となり、アメリカの大学を出たばかりで日本の文学事情など何も知らない私は、適当に相づちを打って、ときどき居眠りした。それでも彼は怒らなかった。「三浦君はよく居眠りする」と、面白そうに人に話していた。

もう一つ似たようなことを挙げると、やはり寄宿していた頃だが、小説を書けと言われるので、それらしきものを書いて渡したことがある。私の目の前で読みながら、小島さんは笑い声を洩らした。私が、

「面白いでしょう」

と言うと、原稿から眼を上げて私を見て、

「ああ、面白い。そういうきみが面白い」

と言った。

小説が何かわからなかった頃の話である。

後藤明生の場合は、彼の作品が芥川賞候補になりながら、なかなか賞がもらえず、先に私が貰ったものだから、小島さんに不満をぶつけた。二人の間が一時険悪になり、小島さんも厳しいことを言ったようだ。彼の書くものは「薹《とう》が立っている」という小島さんの評だったが、後藤さんには小島さんがなんとかしてくれるのではないかという甘えがあったのだろう。それにしても、そんなことで不満をぶつけるというのは、いかにも後藤さんらしく、「伍長」殿の叱責は甘受しなければならないところだったろう。

同じ弟子同士でも小島さんに対する受け取り方が違うということを言うつもりだったが、それでは私の小島さんに対するこの特別の「甘え」または「親しみ」はどこから来ているのだろう。

その疑問が「腑に落ちた」と思ったことがあった。

読者には縁のないことかもしれないが、私は四十年ほど前から「心霊研究」という、霊についてのことをいろいろ調べる勉強をしていて、小島さんに「心霊研究をやりますから、しばらく小説は書きません」と言って、叱られたこともある。勉強の過程で知り合った霊能者が盛岡にいて、少し前までは毎年のように会いに行っていた。その人がお弟子さんを使って降霊をするのだが、なかなかおもしろい結果が出る。

(降霊会について説明したり、どうしてそれを信用するのかという話になると、長々と書かなければならず、この文章の主意から外れるので、ここでは結果だけをお話しして読者の判断に任せることにする)。

小島さんが亡くなってから私は二度ほど降霊会で小島さんを呼んでもらった。その最初の時の話である。平成十九年四月四日、亡くなってから半年ほど後のことだ。記録があるので、それに従ってお話する。

小島さんはまだ眠っておられた。亡くなってから眠ったままでいる人は非常に多い。起こすと、

「ああ、眠ってしまったな」

と、気持ちよさそうに眼を覚ました。

「霊界の居心地はどうですか」

「眠ったから、まだわからない」

これは当然だろう。

「ここにいるのはあなたの愛弟子です」

さにわ（霊能者の先生）であるOさんが言うと、小島さんに変わった弟子の霊能者がにこにこして私を見る。そこで私が進み出て、

「生前はずいぶんお世話になりました」

と両手を突いて頭を下げる。

その次ぎである、驚いたのは。

「昔、父親だったからな」

あっ、と思った。

そうだったのか。

私は一瞬、言葉が出なかった。だが、そうしてはおられない。目の前にいる霊が本当にこちらの望む相手なのかどうかを確かめなければならない。それが降霊会のルールである。降霊会というのは結構忙しいのである。

「お亡くなる時にぼくが書いた本（『海洞——アフンルパロの物語』）をお棺の中の枕元に入れて一緒に茶毘に付していただきましたが、お読みになりましたか」

「ああ」

「どうでしたか。これからどうしたらいいですか」

「君は（あの本によって）母親の供養をした。母方の方が因縁が深い。長野（母方の先祖の出身地）を

大事にすることだ。それから父方の先祖も。書くことは供養になる。先祖には浮かばれていない者が大勢いる。君の役目はそれらの人々を救うことだ」

小島さんに変わった霊能者は、終始、小島さんを思わせる笑顔で話した。

『海洞――アフンルパロの物語』は小島さんが亡くなる直前に発売された上下二段組六百ページの大冊である。眠っている間によく読んだものだと思うが、内容についてはその通りである。「母親の供養」ということは私もそう考えていたし、内容を一口に言ってみろ、と言われれば、それがいちばん近い言い方ではないかと思う。もっとも、「書くことは供養になる」というようなことは、生前の小島さんからは聞いたことのない言葉である。

次ぎに、霊能者の先生が「今後も三浦をよろしくご指導ください」と言うと、小島さんはまた驚くようなことを言った。

「クールな男でね、この人は。おそろしいほどクールだった……」

これも生前聞いたことの無かった言葉だが、後で私の家内に話したところ、その通りだと言った。

「小島さんはやっぱりよく知っていたのね」と。

小島さんが泣いた後、忘年会でシャンソンを歌ったことを考えると、その通りかも知れない。小島さんは笑顔だったが、腹の中では、なんとクールな男だろうと思っていたのだろう。しかし、一方、そのクールさを買ってくれてもいたのである。と言うのは、奥さんが亡くなって直ぐに私が彼の家に寄宿するようになったのは、

「家族（小島さんと長男、長女）が落ち込んでいるから、君のように周りがどう思おうと平気でいる

人間に来てもらえば、気が紛れる」と、私に言ったからである。「クール」という言葉こそ使わなかったが、付き合い始めた最初の頃からそう思っていたに違いない。それはともかく、最も衝撃的だったのは、「父親だったからな」の一言だった。それですべてがわかった気がしたのだ。

小島さんが泣く姿を見て、どこか懐かしい気がして、謝りもせずに眺めていたこと。まあ、よかった、よかった、機嫌が直ってよかった、とこっちも嬉しくなってシャンソンを歌ったこと。後藤明生に「あの人は伍長だね」と言われて不思議に思ったこと、それらは全部「父親だった」という言葉に含まれてしまう。尤もそれが事実であったかどうかは別問題だが、事実であろうとなかろうと「父親だった」と考えれば、いままでの不思議さが全部溶解して、素直に心に入るのである。

それで思い出したことがあった。

やはり寄宿していた頃の話だが、応接間の絨毯の上に向き合って坐っていたときのことだ。何を話していたのかは忘れたが、話が途切れて少し沈黙があった。すると私の胸に話の続きの言葉が浮かんだ。次の瞬間、小島さんが全く同じ言葉を言い始めた。

こんなことは親しい者同士が話し合っているときにはよく起こることかもしれない。しかし、その時は、私には小島さんの心の中が垣間見えた気がしたのである。

もう一つ。

子供たち二人を抱え、その上私まで背負い込んで孤軍奮闘していた小島さんは、再婚の相手を探し始めた。そこで私も力になろうと、たまたま友人の姉で独身の人がいたので、当たりを付けに行ったところ、一度会ってもいいという返事をもらった。

その頃小島さんは郷里の岐阜の方へ帰っていて、戻ってくるまでに数日あった。岐阜には弟さんのほかに、小島さんの文学仲間や小島さんを慕う何人もの人達がいて、年に何回か旧交を温めて来るのである。

晩に小島さんの留守の応接間に坐って彼のことを考えていると、ひょっとすると再婚相手を探しに岐阜に帰ったのかもしれない、という考えが浮かんだ。

これはいかん、もし、話がついてしまったら、こっちの話が無駄になる。

そう思った私は、何か急用があったら連絡してくれと言われた電話番号に電話をかけた。

出て来たのは小島さんの友人で、小島さんは今、自分の家で一人の女性と話をしているところだと言う。やっぱりそうか、と思いながら、小島さんを呼んでもらった。出て来た小島さんに、こっちにも話がありますから、今決めないでください、と頼むと、小島さんは、そうか、わかった、と言って電話を切った。

数日経って帰って来た小島さんは、

「いや、驚いたよ。よくわかったな」

と心から楽しそうに笑った。

この話を例の盛岡の先生に話したところ、

「三浦さん、それは波長が合うからですよ」

と言った。心には波長があるので、波長の合う相手は言うことも分かるし、何を考えているのかも分かるのだと言う。

親子だから波長が合ったのだと思いたいところだが、現実にはそうではない。むしろ逆の場合が多いのではないか。

私の実の父親がそうだった。私は彼を嫌っていた。私と父親とは違うと言い、学生の頃など、父に好意を持たない知人の家に行くと、そう公言して憚らなかった。

父は満鉄（南満州鉄道会社）の給仕をしながら苦学し、奨学金とＹＭＣＡの援助を受けて東北大学の電気科を、銀時計をもらって卒業した刻苦勉励型の男だったが、よほど貧乏が身に応えたとみえて、精神までが貧乏神の手で歪んで刻まれてしまったらしく、金銭感覚はもちろん、対人関係までが歪んでいた。

例えば、終戦後関西で中学校の先生をしていたことがあったが、神戸にいた生徒の家で、昼にお寿司のご馳走になったことがあった。すると、数日後に私を連れて行って、またご馳走になった。その後も何か口実を見つけてはそれを繰り返すのである。向こうがイヤな顔をするようになっても平気だった。

もっとも、戦前、東京の洗足で電器屋を営んでいた頃はそれほど厚かましくはなかった。資産家の娘であった私の母親がわがままいっぱいに暮らしていたのを黙って見ながら、家業に精を出し、商店主たちの間ではただ一人の帝大卒としていろいろ口を出していた。さすがに、喋ると立派なことを言っていたようだ。一人っ子の私を可愛がって、商店主たちの宴会があると、終わる頃に私を呼んでバナナをくれたことも何度かあった。

戦争で焼け出され、敗戦になって預金凍結、新円交換などにより一切の財産を失ってからは、人間が変わった。ケチで厚かましく、口先だけ立派な男になった。私は腹の中で「偽善者」と呼んで、できるだけ距離を置こうとしたが、母が亡くなった後、私の学資を作るために進駐軍で働いてくれた義理の母のために、親子の繋がりだけは保っていた。

状況が再び変わったのが、脳梗塞で倒れてからである。後遺症で口もろくに廻らず、よだれを垂らし、失禁し、たわごとをいうようになってからは、義理の母親に頼り切って、何かというと鼻汁混じりの涙を流していた。

「ホトケさまになった」

と義理の母は言っていた。

私にとっては反面教師の最たるものであった。

「父親とはだいたいそんなものだよ」

と読者は言うかも知れない。

そうかもしれない。最近は親殺し、子殺しなどもずいぶんテレビや新聞を騒がせるようになった。しかし一方では、父親を尊敬し、父親の後を継ごうとする子供たちもいることも確かだ。私は嘗て、頑固者の父を持った親戚の息子に、

「おやじのやってることなんか踏み越えて行かなきゃだめだよ」

と言ったところ、

「ぼくは父を尊敬しています」

と言われ、へえ、そんな息子も世の中にはいるのかと、びっくりしたことがある。

本当の父親とは何なのか。

この世で自分を生んでくれた男親のことか。それとも、どこにいるのかも分からない、自分と波長の合う人間のことか。われわれが普通「父親」と呼んでいる人間は、折角生んでくれて自分自身の遺伝子をたくさん送り込んでくれたにもかかわらず、どうしてぼくら子供たちと波長が合わないことが多いのか。世の中の仕組みは一体どうなっているのか。親子の関係というのはこの世一代限りのものではなく、何世代も前から、いろいろ結びつきを変えながら続いているものなのか。

人間の生まれというのは非常に神秘的で、単に遺伝子の相続ということだけでなく、どうして意識が生まれるのかということなど、まだまだ分からないことが多いらしい。この頃は前世を記憶している子供たちの研究（事例収集）などがかなり行われているようだが、そういう子供の一人が、どうやって生まれて来たのかという問いに対して、「親切そうな人がいたので、その人のところがいいと思って生まれてきた」と言ったとか。これなどは波長が合った例だろう。また、意識が細胞分裂によって成長するのではないことを示しているとも言える。

まあ、研究が進めばだんだんといろいろなことが分かってくるのだろうが、今のところ私に言えることは、父親は一人だけではないということだ。この広い世の中には「心の父親」とでも呼べる人がどこかにいるということは心しておいた方がいい。

父親について言えるなら、母親についても同じことが言えるだろうし、兄弟姉妹親戚全部についても言えるに違いない。「四海同胞」とまでは言えないまでも、ぼくらはもっと広く温かい眼で世間を見渡すのがいいようだ。

この辺でもう一度本の話に戻ろう。

これを書いている間にふと気が付いたことがあって、本棚を調べて見た。すると、あった、あった。人から借りておいて返さない本が何冊も出て来たのだ。

古いところでは、アメリカの大学の英文科にいた頃、親切な老教授が貸してくれた川端康成の『雪国』の英訳本。また当時ルームメートだった友人の『T・S・エリオット詩集』。日本では、高校の同窓生から借りて、彼の死後私の手元に残った聖フランチェスコについての日本語と英語の三冊の本。彼はその聖人を慕ってネパールでキリスト教団の医者をしていた。やはり亡くなった友人の本をそのままにしてあるのが、ゴールドという人の書いた催眠術についての歴史。英文の分厚い本だ。この友人は20世紀文学会の会員で、授業中に催眠術をやってみせた。まだある、中国文学研究者から借りた三冊の北島（ペイ・タオ）の詩集。霊能者から借りたカタカムナ文化についての数冊の本。そのほか……。

まあ、このぐらいにしておこう。探せばもっと出て来るに違いない。どれも貴重な本だ。中にはもう手に入らないものもある。

こうなると、借りた本を返さないと言って、小島さんだけを責めるわけにはゆかなくなる。おそらく誰もがやっていることだろう。ただ人によって本に対する愛着心が違うだけだ。それに、本という知的財産は万人のものだという暗黙の了解が、本のやり取りを寛大なものにしているのではないか。

ぼくなど、小島さんに対しては借りてもらうのが嬉しいくらいだった。彼が本に対して人並み外れた関心を示し、私のつまらぬ意見にも相槌を打ってくれたからだ。どうぞ、どうぞ、と言って貸してから、後で、しまった、また返してくれないのではないか、と思っても、もう遅かった。

本が返ってこないのは貸す方にも問題がある。貸す方も喜んでいるようでは、返す、返さないは、初めから問題視すべきことではないかもしれない。

小島さん、済みませんでした。

本をめぐる記憶のプロムナード——54名への読書アンケート

石田恭介
伊勢功治
稲田武彦
榎本眞理子
岡崎武志
押川典昭
小野民樹
柿谷浩一
春日武彦
加藤 武
加藤典洋
亀山郁夫
川崎 浹
北 文美子
木下長宏
清都正明
切通理作
小池昌代
神品芳夫
小林章夫
小林広一
近藤耕人
最相葉月
佐伯一麦
佐々木 敦
佐藤真基子
澤井繁男
柴田元幸
杉田英明
関口裕昭
千石英世
高橋世織
高山敏幸
武田 徹
千葉一幹
遠山義孝
冨原眞弓
中村和恵
中村邦生
中村隆之
野村喜和夫
波戸岡景太
平井杏子
北條勝貴
松川智枝
松永美穂
松村幹彦
三浦順平
道浦母都子
森岡督行
八木寧子
山里勝己
芳川泰久
和合亮一

Q1　あなたの読書歴にとって忘れ難い記憶遺産ともいうべき本は何でしょうか。
Q2　今あなたが若い世代にもっとも薦めたい本は何でしょうか。
Q3　一番新しく買った本は何でしょうか。
Q4　これから読もうと、気になっている本は何でしょうか。
Q5　プレゼントされた一番印象に残っている本は？
Q6　もっとも忘れ難い書評は、どの本の誰によるものでしたか。
Q7　いま好きな、あるいはかつて好きだった雑誌は何でしょう。
Q8　貸したまま、まだ返してもらっていない悔しい本はありますか、あるいは返し忘れている本は。
Q9　本で出会った忘れ難い至言、あるいは好きな書き出しがあれば、教えてください。
Q10　その他、なんでも。たとえば御自身で質問を作り、自問自答でも。

▼石田恭介

Q1　あなたの読書歴にとって忘れ難い記憶遺産は？

『夜の果ての旅』セリーヌ、生田耕作訳、中央公論社（世界の文学四二）

タイトルと赤い表紙とコンパクトな大きさとに魅せられて、山形県立米沢興譲館高校図書室から借り出して読み耽ったのは一七歳、ドロップアウトし始めた頃であった。さらに道を踏み外し底無しの泥沼にのめりこむことになったのはこの読書体験ゆえであったろうか、そう思い到るのは、ごく最近のことである。

Q2　若い世代にもっとも薦めたい本は？

『戦争と平和』トルストイ、原卓也訳、中央公論社（新集世界の文学一七〜一九）

上京して六年、まるで大学へ行かない生活にピリオドを打ち、箱根のホテルのアルバイトに応募。皿洗いの仕事に就きながら独身寮での一室。底無し沼から這い上がる一助となり、歴史と人生を考えなおすきっかけを与えてくれたのは、間もなく妻になる彼女であり、次の次くらいはこの書物であった。

後日、高校生の娘にこの書を薦めたのは、ただ単に面白いという記憶が強く残っていたからである。が、「おもしろくないから読むのやめたよ」と突き返されたのはほんの数日後のことであった。

Q3　一番新しく買った本は？（秘密ですか？）

『インドクリスタル』篠田節子、角川書店

当店文芸書の棚で、売れてもよさそうなのにいつまでも売れないままなので店長である私が買った。

Q4　これから読もうと、気になっている本は？

『ゼニオロジー支配社会』新谷忠彦、幻冬舎ルネッサンス

常連のお客様から仕入れた中の一冊。〝カネのためなら何をしても構わない⁉…ゼニが全ての世界を根本から問い直し、……〟とある帯のコピーに惹かれ、棚に出す前に持ち帰る。

Q5　プレゼントされた一番印象に残っている本は？

『詩歌選集』編者代表吉田精一・飛田多喜雄、新紀元社（中学生文学全集二九）

一二歳の誕生日のお祝いに父が買ってくれた。今も手元にあるこの本を手に取ると、さまざまな思い出が彷彿とよみがえる。廊下のリンゴ箱を机がわりに兄が朝読みの宿題で読んでいた「オツペルと象」、小学一、二年の担任景山幸先生が給食の時間に読んでくれた紙芝居「杜

子春」、読めと弟がその頁を開き毎月差し出してくれた『赤毛のポチ』(山中恒・連載誌は「五年の学習」であったか)など、今思えばどれも貴重なプレゼントである。

Q7 いま、あるいはかつて好きだった雑誌は?

『高一時代』、『高二時代』、『蛍雪時代』

投稿少年だった。

Q10 その他。ご自身で質問を作り、自問自答でも。

ほかにも記憶の暗闇から浮かんでくる本がありはしないかと自問自答してみるに、ねしょんべんタレでどもりのガキ、成績優秀な学級委員、喧嘩に勝つことだけを考えていた中学生、音痴のブラスバンド部員、ベ平連活動の学生時代、薬物中毒患者、学習塾の先生、そして古本屋稼業と歩いてきたなかで、手の届くところにはいつも何冊かの本があるにはあった。

小学生のときは『ハックルベリフィンの冒険』、中学・高校で『マンク——破戒僧』(M・G・ルイス)『萩原朔太郎詩集』『中原中也詩集』、大学で『柳のわた飛ぶ国』(赤木由子)『チョウのいる丘』(那須田稔)『消えた国旗』(斉藤尚子)『カムイ伝』(白戸三平)『ガラスの城』(わたなべまさこ)『キャンディ・キャンディ』(いがらしゆみこ)『ゲド戦記』(ル=グウィン)、大学中退後『男組』(原作雁屋哲、作画池上遼一)『田中正造の生涯』(林竹二)『さらば星座』(黒岩重吾)『あのころはフリードリヒがいた』(リヒター)『リトル・トリー』(フォレスト・カーター)等々。

振り返ってみるとあらためてわたしの読書体験への父親の影響の大きさに驚かされる。

東北の城下町には珍しく両親共に熱心なプロテスタントのクリスチャンであり、明治末年生まれの父は大正教養主義そのままの生き方を実践するエンジニアかつ教師であった。ゆえに、キリスト教を中心に据えた西欧のモダニズムを範とするしつけと日常とを子供たちは強いられた。その父親への反発が、あるいは父の教えからの逸脱が、私にとって果てのない闘いであったのかもしれない。

それからおよそ五〇年を経て、今わたしは、経済成長というコインの裏面には戦争という文字が刻印されているという思いを強めている。また、隣人愛を説くキリスト教と先進国による侵略・収奪とは両輪をなし、その車両は前進し続けているという思いを強めている。だから父に薦めたい本がある。堤未果による『(株)貧困大国アメリカ』と『沈みゆく大国アメリカ』である。まだ読み終えていない『ガラパゴス』(相場英雄)も薦めたいのだが、歴史の進歩を信じて疑わない進歩主義の父にはキツ過ぎるであろうか。その父はすでにいない。自死を選んだのは二〇〇一年一二月のことである。

(古書籍売買ポラン書房店主)

▼伊勢功治

Q1　あなたの読書歴にとって忘れ難い記憶遺産は?
『Ambarvalia』西脇順三郎
十代半ばで詩「天気」と出会い、深く感銘を受けた。Q2　若い世代にもっとも薦めたい本は?
Q3　一番新しく買った本は?(秘密ですか?)
『瀧口修造の詩的実験1927~1937』思潮社
『Karl Blossfeldt—The complete published Work』TASCHEN
Q4　これから読もうと、気になっている本は?
『翻訳のダイナミズム』スコット・L・モンゴメリ、白水社
Q5　プレゼントされた一番印象に残っている本は?
『詩が光を生むのだ　高島高詩集全集』桂書房
Q7　いま、あるいはかつて好きだった雑誌は?
『太陽』平凡社
Q8　貸したまま返ってこない本、あるいは返し忘れている本は?
学生時代に友人に貸した『ゴダールの全体像』奥村昭夫編訳、三一書房。
Q9　忘れ難い至言、あるいは好きな書き出しは?
「詩とは悲嘆と復讐の神である」高島高

(グラフィック・デザイナー)

▼稲田武彦

Q1　あなたの読書歴にとって忘れ難い記憶遺産は?
谷崎潤一郎『春琴抄』(創元社、一九三三)
旧制中学から上級学校への受験勉強から解放され、それまで控えてきた文学書にたいする読書欲にかられ、その没我的でストイックなまでの献身的愛のテーマに興味をひかれ。
安部公房『砂の女』(新潮社、一九六二)
医系で満州での経験をもち、従来の古典的人間性に基づく文学や求道的要素の濃い作家とも異なり、日常的閉鎖性からの解放を記録的手法で裏付けている作者の独特な世界の達成の代表作として、その作家論を試みるきっかけとなる。

中沢新一『日本文学の大地』（角川学芸出版、二〇一五）
比較的最近で印象的なものとして、自然と文化が分離されず相互貫入し合う心的空間——今も日本人の無意識の底にある——が生み出したという近代文学以前の日本の古典文学の魅力を展開してみせる異色の文学論。

Q2　若い世代にもっとも薦めたい本は？
ヴィクトル・E・フランクル『夜と霧』（霜山徳爾訳、みすず書房、一九六一）（原書は一九四七年刊）
数多いホロコースト体験記の皮切りとなったもの。精神科医という立場からの記録で、その生存にある程度有利に働いたところがあったにせよ、極限状況での倫理的行動には人間信頼への一縷の望みを抱かせる。
レイチェル・カーソン『沈黙の春』（青樹簗一訳、新潮社、一九七四）（原書は一九六二年刊）
現在環境問題への関心の高まりがある中でも、温暖化の影響が出つつある昨今、その原点として公害への警告に先鞭をつけ、人類の技術も含めた文明が元来抱えるディレンマをも想起せしめる証言として。
石牟礼道子『苦海浄土』（講談社、一九七二）
日本における工場排水による公害（水俣病）の悲惨な苦悩とその訴えの記録にとどまらず、その逆接的題名の世界をユニークな文学的描出で浮かびあがらせ、人間の実存的ありようを考えさせる作品。

Q3　一番新しく買った本は？（秘密ですか？）
長谷川櫂『芭蕉の風雅』（筑摩書房、二〇一五）
芭蕉における「虚と実」の蕉風との係わりへの興味から。

Q4　これから読もうと、気になっている本は？
Philip Roth *"Sabbath's Theater"* (Vintage 1st ed., 1996)
フィリップ・ロス研究の一環として。

Q5　プレゼントされた一番印象に残っている本は？
それぞれの分野で特色がありなかなかしぼり切れないが、あえてあげれば芥川賞受賞作となった三浦清宏氏の『長男の出家』（福武書店、一九八八）。

Q6　もっとも忘れ難い書評は？
邦高忠二氏「黙示的な実験性——P.Roth『ポートノイの不満』」（『群像・一九七一・一一月号』、講談社）
物議を醸した卑猥さに紛れて見過ごされがちな想像力に着目、その産物たるこの作品の成り立ちを解き明かした啓発性の高い書評。［フィリップ・ロス『ポートノイの不満』（宮本陽吉訳、集英社）］

Q7　いま、あるいはかつて好きだった雑誌は？

かつての文芸諸雑誌（『文學界』、『群像』、『新潮』等）

Q8 貸したまま返ってこない本、あるいは返し忘れている本は？

たぶん双方ともあると思うが現在特におぼえていない。

Q9 忘れ難い至言、あるいは好きな書き出しは？

「金を貸すのは断ってもよいが、本を貸すのを拒んではいけない」

質問の趣旨とややずれるかもしれないが、『タルムード』にある学ぶことを義務としたユダヤらしい本についての格言で、出典はラビ・M・トケイヤー編著『ユダヤ格言集』（助川明訳、実業之日本社、一九七五）。

Q10 その他。ご自身で質問を作り、自問自答でも。

特になし。

（アメリカ・ユダヤ系文学）

▼榎本眞理子

Q1 あなたの読書歴にとって忘れ難い記憶遺産は？

『数式を使わない物理学入門』（猪本正文）

中二の時、本当は数学の勉強を続けたかったという父の書棚で見つけ、生れて初めて二回読んだ本。非ユークリッド幾何学、プランクの恒数など刺激的で面白く、「文学少女もどき」だった私に自由な発想のモトを与えてくれた本。

Q2 若い世代にもっとも薦めたい本は？

『椿の海の記』（石牟礼道子）

本当は『苦海浄土』を薦めたいところだが、多分難しいでしょうから、せめていわば入門篇のこの本を。

Q3 一番新しく買った本は？（秘密ですか？）

『一〇〇年前の女の子』（船曳由美）

Q4 これから読もうと、気になっている本は？

同右。「かつて日本のどこにでもあった昔なつかしい村のすがた」（同書「はじめに」より）を知りたいから。

Q5 プレゼントされた一番印象に残っている本は？

Midnight Children (Rushdie)

インド系イギリス人の友人にもらったのだが、その後 Rushdie の日本語への翻訳者が暗殺されたため。

Q6 もっとも忘れ難い書評は？

特にありません。

Q7 いま、あるいはかつて好きだった雑誌は？

『COM』

かつては漫画世代でした。

Q8 貸したまま返ってこない本、あるいは返し忘れている本は？

『世紀末の知の風景』（度会好一）

面白い本なのですが、学生に貸したら本人ともども行方不明に。

Q9　忘れ難い至言、あるいは好きな書き出しは？

本ではありませんが、「花には香りを、書物には毒を」たしか現代思想社のパンフレットに載っていたと思います。そうだ！　と思いました。

（大学教員・イギリス文学）

▼岡崎武志

Q1　あなたの読書歴にとって忘れ難い記憶遺産は？

幼少時、縁側にねころんでよんだ少年まんが誌。あれほどの「読むよろこび」はない。

Q2　若い世代にもっとも薦めたい本は？

なんでもいい、詩集。

谷川俊太郎、中原中也、宮沢賢治など。

Q3　一番新しく買った本は？（秘密ですか？）

日本交通公社刊『TELL ME ABOUT JAPAN』外国人旅行者向け日本ガイド書。洋書。

Q4　これから読もうと、気になっている本は？

メルヴィル『白鯨』ほか外国文学の長編。

Q5　プレゼントされた一番印象に残っている本は？

とくになし。

Q6　もっとも忘れ難い書評は？

いつも携帯する手帖に貼りつけているのに、丸谷才一による、渡辺淳一『失楽園』書評。

Q7　いま、あるいはかつて好きだった雑誌は？

『太陽』『ユリイカ』『東京人』『ノーサイド』etc.

Q8　貸したまま返ってこない本、あるいは返し忘れている本は？

看護師をしていた女性から医学書を借りて返していない。当時書こうとしていた小説の参考のため。

Q9　忘れ難い至言、あるいは好きな書き出しは？

数かぎりなくあり、一つはとても……。

拙著『読書で見つけた　こころに効く「名言・名セリフ」』をよんでいただきたい。

Q10　その他。ご自身で質問を作り、自問自答でも。

Q 火事になったらもち出す一冊
『全国古本屋地図』（日本古書通信社）独自に改訂、書きこみあり。

（書評家）

▼押川典昭

Q1　あなたの読書歴にとって忘れ難い記憶遺産は？

夏目漱石『こころ』（新潮文庫）
大学では文学部に所属したが、九州の片田舎の高校生で文学とはまったく無縁な世界にいた。それどころか、岩波新書なるものも知らなかった。そんな晩生の高校生が上京して、一八歳になって初めて読んだ小説がこれ。掛け値なしに胸が震えた。文学にはこんな力があるのかと思った。それ以後もこれほどの読書体験はない。

Q2　若い世代にもっとも薦めたい本は？
これという特定の本はない。ともかく、きれぎれの文ではなく、まとまった量の文章をじっくり読んでほしい。

Q3　一番新しく買った本は？（秘密ですか？）
細見和之『石原吉郎――シベリア抑留詩人の生と死』（中央公論新社）
石原吉郎にはずっと関心があり、関連する本はだいたい読んできたから。

Q4　これから読もうと、気になっている本は？
思い浮かばない。

Q5　プレゼントされた一番印象に残っている本は？
ここ数年のという限定で、自分の専門領域に近い本で言えば、野平宗弘『新しい意識――ベトナムの亡命思想家ファム・コン・ティエン』（岩波書店）。
東南アジア文学の研究は、地域研究の一環として行なわれてきたが、本書はまったく新しい世代による、まったく新しい東南アジア文学研究の可能性を切り拓いた（文学研究として文学を研究する）ものとして瞠目した。

Q6　もっとも忘れ難い書評は？
書評ではないが、三十年くらい前、月刊『すばる』でインドネシア、タイ、ベトナム、ミャンマーなど東南アジアの短編小説の特集をやったとき、菅野昭正さんが東京新聞の文芸時評で好意的にとりあげてくれたことがあった。東南アジアの文学が日本ではまだ認知されていない（そんなところに文学なんてあるの？　という感じ）ころのことで、偏見抜きに、ここにも豊かな、独自の文学世界があることを紹介してくれた菅野さんの公正な批評眼が嬉しかった。

Q7　いま、あるいはかつて好きだった雑誌は？
ない。

Q8　貸したまま返ってこない本、あるいは返し忘れている本は？
ない。

Q9　忘れ難い至言、あるいは好きな書き出しは？
「意識的にか無意識にか忘れ去られたものの為に」「彼は権力あるものをその座から引き降ろし、卑しめられたものたちを高く上げた」。
インドネシアの作家プラムディヤ・アナンタ・トゥールによる、前者は『足跡』（押川典昭訳、めこん）のエピグラフとして、後者は『ガラスの家』（同）の最末尾にラテン語で記された言葉（もとは「ルカ福音書」第一章のマリアの言葉）。八一年の生涯をつうじて、小さき者たちに寄り添いながら、植民地支配であれ開発独裁であれ、抑圧的な政治権力と対峙してきた作家が十年余におよぶ流刑中に書き上げた歴史長編小説の第三部と第四部にあるこれらの言葉は、小説の主人公の苦闘とともに、小説を書くことが文字どおりたたかいであった作家自身の魂の声である。

Q10　その他。ご自身で質問を作り、自問自答でも。
ない。

（大学教員・インドネシア文学・東南アジア文学）

▼小野民樹

Q1　あなたの読書歴にとって忘れ難い記憶遺産は？
『宝島』岩波少年少女文庫、佐々木直次郎訳
青いカスリの装丁。八歳の私の再読、三読した〝教訓〟は大人は信用できないということだった。

Q2　若い世代にもっとも薦めたい本は？
『毛沢東選集』第二巻。北京外文出版社
弱小な者が、強大な敵たちにたちむかう知恵と戦略。

Q3　一番新しく買った本は？（秘密ですか？）
『バーニー・サンダース自伝』大月書店
政治家はやはりプロにかぎる。『スミス都へ行く』（クラニク・キャプラ監督）の印象的な場面再現に笑った。

Q4　これから読もうと、気になっている本は？
『文語訳　聖書』岩波文庫

Q5　プレゼントされた一番印象に残っている本は？
プレゼントされるのも、するのも好まない。

Q6　もっとも忘れ難い書評は？
ジョージ・オーウェルの「アドルフ・ヒトラー『わが闘争』書評」一九四〇年。

Q7　いま、あるいはかつて好きだった雑誌は？
『映画撮影』ＪＳＣ日本映画撮影監督協会発行
十年以上も、タイクツだと思っても日本映画を見つづけているのはキャメラマンたちの仕事に興味があるからだ。

Q8　貸したまま返ってこない本、あるいは返し忘れている本は？
思いだしたくないな。

Q9　忘れ難い至言、あるいは好きな書き出しは？
〝そりゃア　それでええかも知れんが、……もう、わしらの時代は終いで……十八年も経って、口が肥えてきたけんのう、わしら、もう野良突く程の性根はありゃせんのよ〟「仁義なき戦い。頂上作戦」『笠原和夫シナリオ集』映人社

（編集者）

▼柿谷浩一

Q1　あなたの読書歴にとって忘れ難い記憶遺産は？
武藤康史『文学鶴亀』（国書刊行会）
　吉田健一年譜などで見せた、書誌学者としての著者の思考・思想が、書物や雑誌への深い愛着と共に伝わってくる文章は、何とも味わい深いものがあった。私たちの世代は、こだわり＝偏屈とみなしてしまう傾向が強い。だがそうした中で、著者の都立高校や里見弴などに対する、並々でない偏愛ぶりや、徹底した探求心は、一種の「読書論」のようでもあり、新鮮でかっこよく見えた。古くさくもあるのだが、坪内祐三の文章と同じく、すっと私たちに入ってきて魅了してくれた「現代の新しい随筆」の一つのように感じた。情報化社会が加速する現代の入口で、こうした本に出会えた幸せが、いまの文学・文化研究の大きな動機になっていると思う。
平岡篤頼『変容と試行』（河出書房新社）
　どの授業を聞いても、どの研究・評論集を読んでも、「文学」とは何か、よく分からずにいた大学生の時分に読んで衝撃を受けた。文学に「構造」「形式」が不可分なもので、またそれがどれほど魅惑的なものかを教えてくれた。いまも、この本のまなざしを後にもって、文学から映画・ドラマまでを観ている私がいる。
Q2　若い世代にもっとも薦めたい本は？
柿谷浩一編『日本原発小説集』（水声社）
　三・一一以前の日本において、純文学の形で「原発」「原子力」を真っ向から描いた作品は、本当に少なかった。その中でも、何人かの作家が、想像力でもって問題を的確に捉えていた。何が書かれてあったか、というよりも、何が書かれていないか。あえて書かなかったか、あるいは書けなかったか。その視点からみると、少ない作品の中にある〈挑戦〉や〈批評性〉に驚かざるを得ない。時間をかけて調べた成果だったが、これからまだまだ作品は発掘されるかもしれない。だがあの時点での「こんな作品もあったんだ」と、編者なりに精一杯編集

を通して投げた問い（の意義）に対して、まだ社会から十分な返事はないように思えてならない……。

Q3　一番新しく買った本は？（秘密ですか？）

新海誠『小説 君の名は。』（角川文庫）

メディアミックスが叫ばれる中で、いま起きている『君の名は。』ブームは、やや異質なものがあると感じる。この原作小説の消費のされ方／読まれ方も、どこか他の現象とは異なるように見える。そんなことを考えながら読んでいる。

尾崎裕也『二世』（新潮社）

尾崎豊はミュージシャンというより、厳密には「言葉＝文学」の人だったと思う。そのＤＮＡが生きていたのが八〇－九〇年代に思春期を過ごした一人として、尾崎豊の息子がどんな「言葉」で何を語るのか、見過ごさずにはいられずに購入した。それは、あの時代からいまを生きる自分のアイデンティティに重なる深い問題でもある。

＊いずれも秘密ではない

Q4　これから読もうと、気になっている本は？

『〆切本』（左右社）

平積みになっているのを何度かパラパラしたが、文壇ゴシップ的な香りが強いように感じられて手にしていなかった。（お恥ずかしいことに）このアンケートさえ、いま遅れて書いている私だが、〆切があるから遅れる部分も、人間にはあるように思える（〆切を過ぎていることは、本当にごめんなさい）。でも実際は、やはり人間は遅れるものだから、〆切という制度ができた面もある……。かつての文人はその辺りをどう考えていたのか。そんな視点から読んでみたい想いに駆り立てられている。

Q5　プレゼントされた一番印象に残っている本は？

入澤康夫『ランゲルハンス氏の島』（書肆山田）

大好きな詩篇だったが、絵本版は当時、なかなか古書店でも見当たらず、目にしたことがなかった。プレゼントされた時、イメージしていた通りの「本の佇まい」だったことが嬉しく、鮮烈に覚えている。

Q6　もっとも忘れ難い書評は？

松浦寿輝による、吉増剛造『螺旋歌』の書評（「図書新聞」）

高校時代、現代詩文庫でしかまだ知らなかった詩人の「書物＝詩集」を実際に手にしてみたいと思わせてくれた書評。吉増剛造（詩）に本格的にふれるきっかけになった。

Q7　いま、あるいはかつて好きだった雑誌は？

『ユリイカ』『彷書月刊』

Q8　貸したまま返ってこない本、あるいは返し忘れている本は？

見沢知廉『日本を撃て』（メディアワークス）

経緯は失念したが、いま手元にあるのは著者本人が所有していた一冊を「借りた」もの。頁の間には三島由紀夫の墓碑の写真が挟まれている。著者が三島を敬愛し、書店の文庫棚で横に並ぶために、ペンネームを「みしま」に近い「みさわ」としたエピソードなどと共に、生前の面影がふっと浮かぶ。

Q9　忘れ難い至言、あるいは好きな書き出しは？

それは恋に似ている。読んでいるとき、私は、その本に恋をしている。

愛読よりも、恋読。そのほうが、ぴったりくる、と思う。（小橋めぐみ『恋読』角川書店）。

もう何度読んだか分からない。何冊買ったかも定かではない。

いつも持ち歩いていて、事あるごとに興味をもってくれた人には、人にあげてしまう。誰かにも読んでほしい、と素直に思える一冊は、いまこれぐらいだ。著者の文章を読んでいると、すっと身体が軽くなる感覚になる。とにかく気持ちがいい。救われる。読書が〈楽しい〉ものであることを思い出す。これは読書日記でも、書評でもないと思っている。

たぶん、本がないと生きていけないひとりの人間の、小さな小さな鳴き声のようなもの。

だから愛おしい。だから洩らさず味読したい。

刊行されてから一年間、ずっとこの本に「恋」をしている。

自分自身をみるような想いで……。

（現代日本文学）

▼春日武彦

Q1　あなたの読書歴にとって忘れ難い記憶遺産は？
『ぼくの遺稿集』（ローベルト・ムジール／森田弘・訳　晶文社一九六九）
ささやかでさりげなく、にもかかわらず日常の神秘や秘密をわずかな紙数できちんと記述し得るという奇跡――そのようなものと初めて出会ったのがこの本でした。まるで珍しいガラスの文鎮のような小品の数々を収めた書物です（装丁は、書き文字に移行する前の平野甲賀）。

散文、それも短い文章の持つ可能性が一気に広がったと実感したものです。今でもときおり読み返します。

Q2　若い世代にもっとも薦めたい本は?

『質屋の女房』(安岡章太郎　新潮文庫一九六六)

　こういった本を読んで、自己嫌悪や羞恥心について考える契機としていただきたい。

Q3　一番新しく買った本は?(秘密ですか?)

『三の隣は五号室』(長嶋有　中央公論新社二〇一六)

　現在、家とか住まいにまつわる本を選んで読んでいる関係で購入。読み始めたら途端に谷崎賞受賞、と。わたしには何か超能力があるのだろうか。

Q4　これから読もうと、気になっている本は?

『白骨の処女』(森下雨村　河出文庫)

　戦前の探偵小説。存外にしっかりした内容のアリバイ崩しらしいので、通勤途中で楽しめそう。今夜、アマゾンから届く予定です。

Q5　プレゼントされた一番印象に残っている本は?

『少年ケニヤ』(山川惣二)

　小学校低学年の頃、父を訪ねてきた客(中年の紳士)の求めに応じて駅まで案内したことがありました。駅に着くと、近くに本屋はないかと尋ねるのでそこまで連れて行ったら、「案内してくれたお礼に、君に本を一冊進呈しよう。何でも好きな本を選びなさい」と言われ、そのときに選んだのがこの本でした。スマートな振る舞いをする紳士だったなあ、とこうして記憶に残っている次第です。

Q6　もっとも忘れ難い書評は?

　朝日新聞に、詩人の天野忠の詩作品(厚い集成だったと記憶しています)について丸谷才一が書いていたのが、もっとも印象に残っています。書店に問い合わせたら、その記事のせいか品切れ状態で諦めましたが、後日、現代詩文庫(思潮社)で読むことができました。魅力を的確に紹介してくれた素敵な書評だったと思います。

Q7　いま、あるいはかつて好きだった雑誌は?

『芸術生活』ですね。こんな不思議な絵が、こんな画家がいたのかと毎号新鮮そのものでした。草森紳一の文章と接したのもこの雑誌が最初だったと思います。当時は、似たような誌名の『芸術新潮』は保守的というか退屈で嫌っていましたが、こちらのほうが今に至るも生き残るとは思ってもいませんでした。

　それから、長谷川四郎責任編集と銘打った『自由時間』という雑誌が出ていましたが(昭和五〇年創刊、当初は土曜美術社から刊行)、同人誌っぽくて楽しく読みました。五号くらいで消えたようですが。

現在は、毎号買っている雑誌は『レコード・コレクターズ』くらいかな。

Q8 貸したまま返ってこない本、あるいは返し忘れている本は?

ブルンヴァンが都市伝説について紹介・考察した『消えるヒッチハイカー』(大月隆寛、菅谷裕子、重信幸彦・訳 新宿書房)は、妻の友人が借りていったきりだな。もう一度買うほどでもないけれど、ちょっと惜しいです。

Q9 忘れ難い至言、あるいは好きな書き出しは?

好きな書き出しは、『黄金の街』(エヴァン・ハンター/木村二郎・訳 早川書房一九七九)ですね。

「おれは、生まれつき盲目だ。これから話すことは、ほかの人間の主観的描写か間違った思い出話によるもので、それにおれ自身の体験的知識――四十八年間の触覚、聴覚、嗅覚も混ざっている。」

忘れ難い至言は、ムージル(ローベルト・ムジール)の連作短篇『三人の女』(川村二郎・訳 岩波文庫一九九一)の「グリージャ」に出てくるもので、これは書き出しの部分でもあります。

「人生には、奇妙に歩調をゆるめて、前進をためらっているのではないか、それとも方向を転じようとしているのではないか、と思われるような一時期がある。このような時期にひとは不幸におちいりがちなものらしい。」

Q10 その他。ご自身で質問を作り、自問自答でも。

グロテスク風味の綺談、といった趣の連作短篇集を出したことがあります(幻冬舎)。延々と書き継ぐつもりでしたが第一巻がまったく売れず、次の巻が出せなくなってしまいました。わたしとしては忸怩たるものがあるのですが、「幻の」第二巻のエピグラフとして用意しておいたものをここに書き記し、せめてもの憂さ晴らしとしておきます。

「そんな恐ろしいことを、よくそんなふうに落ち着いてお話しになれてね」

「それほど恐ろしい事ではないかも知れませんよ。いや、わたしだって、それほど落ち着いているわけではないかも知れない」

『これよりさき怪物領域』(マーガレット・ミラー/山本俊子・訳 ハヤカワ・ポケット・ミステリ一九七六)

(精神科医)

▼加藤 武

Q1　あなたの読書歴にとって忘れ難い記憶遺産は？
矢内原忠雄『アウグスチヌス「告白」講義』昭和一八年、教文館
　一八歳のときに読んだこの本が、人生の転轍機となった。

Q2　若い世代にもっとも薦めたい本は？
森有正、二宮正之訳『森有正エッセー集成』全五巻　ちくま学芸文庫
「一つの生涯というものは、その過程を営む、生命の若い日に、すでに、その本質において、残るところなく、露われているのではないだろうか」。パリにて、一九五三年一〇月八日　集成Ⅰ、七頁
　若者にすすめたい理由は、冒頭の一節にこめられています。二宮正之の見事な訳業とともにすすめます。

Q3　一番新しく買った本は？（秘密ですか？）
大和和紀『あさきゆめみし4』講談社漫画文庫
　源氏物語の可視化をめざす作品。とうてい成功とはいえないが、作者にとってやりがいのある試みであろう。

Q4　これから読もうと、気になっている本は？
吉田豊、古川攝一編『中国江南マニ教絵画研究』臨川書店　二〇一五
　近年中国江南を経由して、日本に渡来していたことがわかったマニ教の貴重な図像と研究をおさめる。
プティジャン版集成　第一期、二〇一一：第二期、二〇一二　雄松堂書店
　従来キリシタン研究というと、イエズス会系かフランシスコ会系に代表されてきた。これからパリ宣教会系（長崎、横浜）の本格的なキリシタン研究が始まる。その資料。

Q5　プレゼントされた一番印象に残っている本は？
エラスムス著、金子晴勇訳、『神学著作集』教文館、二〇一六
「敬虔な午餐会」が見事。ルネッサンスのユマニスムの原点に、エラスムスの聖書の読み直しがある。オドロキ。

Q6　もっとも忘れ難い書評は？
サルトル、カミュ『異邦人』を読んで、人文書院
カミュ、サルトル、『嘔吐』を読んで、人文書院
　書名年代。ともにわすれた。軍配はカミュにあげる。物言いがつくかな。

Q7　いま、あるいはかつて好きだった雑誌は？
〈かつてあった芸術総合リトルマガジン〉

『フォリオa』ふみくら書房
〈かつて好きだった雑誌〉
『少年倶楽部』、時に臨時増刊号
雑誌『フランス手帖』、凝った装丁は六隅許六、（渡辺一夫のペンネーム）。久米あつみ、二宮ふさ子編。執筆者の中に渡辺一夫、二宮正之、吉川一義など多彩な名が見える。
雑誌『嘉信』、発行者、矢内原忠雄。敗戦の直前、三方原療養所（所長　長谷川保）で、ひとりの療友に借りて、べっどからべっどへ回し読みした。

Q8　貸したまま返ってこない本、あるいは返し忘れている本は？
　借りた本だが、返したくない。
第六十九代横綱白鵬、『相撲よ！』平成二二年、角川書店
　横綱としては、四股とすり足の基本のはげしい稽古のすすめ。モンゴル人としては、ジンギス・ハーンの末裔として、元寇の戦いにおいて海の藻屑と消えたモンゴル人の弔い合戦のつもりで試合に出ることがある。その反面、お世話になった日本とモンゴルの架け橋になろうというおおきなつよい意志。このスポーツを開かれたものとして、国技一点張りでなく、海の彼方からも見直す必要がある。

Q9　忘れ難い至言、あるいは好きな書き出しは？
谷崎潤一郎「母を恋うる記」
　記憶が定かでないが、以下のようなことばだったか。
ああ、てんぷらが喰いたい。喰いたーい……

Q10　その他。ご自身で質問を作り、自問自答でも。
　自問：本をすべて海の底に沈めようと思ったことはありますか。
　自答：ありますよ。文字空間（文学空間をふくめたもの）からの遁走です。絵を描いていました。三年くらい、つづきました。でも、そのあいだも本の記憶は持続していたことになりますが。

（哲学）

▼加藤典洋

Q1　あなたの読書歴にとって忘れ難い記憶遺産は？
白土三平『忍者武芸帖』
（こんなに面白いマンガがあるのかと驚嘆。小六のとき）
エーリッヒ・ケストナー『飛ぶ教室』
（貸本屋で借りて読んだ。一日一〇円だった。小六のと

き)
ロマン・ロラン『ジャン・クリストフ』
(デュマの『モンテ・クリスト伯』を借りるつもりで図書館で間違って借り出し、読んでしまった。はじめての大人の本か。中三のとき)
大江健三郎『日常生活の冒険』
(同時代の日本文学の面白さ、文学の面白さにめざめた。高二のとき)
Q2　若い世代にもっとも薦めたい本は?
鶴見俊輔『北米体験再考』(岩波新書)、津村記久子『君は永遠にそいつらより若い』(ちくま文庫)
(エッセイと小説とから、一つずつ。理由はいえず)
Q3　一番新しく買った本は?(秘密ですか?)
サイモン・シン『フェルマーの最終定理』(新潮文庫)
(森田真生『数学する身体』(新潮社)に刺激され、数学本を読みたくなった)
Q4　これから読もうと、気になっている本は?
星野道夫『旅をする木』(文春文庫)、『ノーザンライト』(新潮文庫)
Q5　プレゼントされた一番印象に残っている本は?
　この人とこの人の文章への関心。
ほしよりこ『逢沢りく』上下(文藝春秋)
(最近の例から。他に思いつかず。どういう本かわからずにご本人からいただき、翌日昼すぎに京都のキッサ店で読了。泣きました)
Q6　もっとも忘れ難い書評は?
　一九八二年。東京新聞「大波小波」欄で、『早稲田文学』に書いた最初の文芸評論「アメリカの影」が取り上げられた。書き手は匿名だったが、後で磯田光一氏であることをご本人から確認できた。最もうれしかった言及。そして評。
Q7　いま、あるいはかつて好きだった雑誌は?
一九六〇年代後半の『現代詩手帖』(思潮社)
(どう考えても最高だった)
Q8　貸したまま返ってこない本、あるいは返し忘れている本は?
ジャン゠ルネ・ユグナン『荒れた海辺』(荒木亨訳、筑摩書房)
(なくなったが、大事な本は人に貸してはいけない。貸した人が悪い。誰もが、君が面白いと思うようには面白がらない。それがよい本の特色)
Q9　忘れ難い至言、あるいは好きな書き出しは?
「愛せなければ通過せよ。」

ニーチェ『ツァラトゥストラはかく語りき』に出てきます。

Q10 その他。ご自身で質問を作り、自問自答でも。

若い人向きではないが、いまいちばん手元においていたい本。

鶴見俊輔『もうろく帖』(編集グループSURE、二〇一〇)

鶴見の老年期の「書き抜き帖」を瀟洒な造本に仕上げた手帖大の本。いつも持って歩いて、iphone代わりに覗く。すてきだぞう。

(文芸評論家)

▼亀山郁夫

Q1 あなたの読書歴にとって忘れ難い記憶遺産は?

ドストエフスキー『悪霊』、江川卓訳、新潮文庫、新潮社

大学三年次にこれを読み、衝撃を受け、卒業論文「ドストエフスキー　悪の系譜」を書いた。悪とは何か、について思索するきっかけとなった。四〇代半ばにスターリン時代の研究に入ってからも、五〇代にドストエフスキーの研究および翻訳の仕事を進めるなかでも、つねに『悪霊』を原点にして考えてきた。現在の私がキーワードとしている「黙過」も『悪霊』に原点がある。

Q2 若い世代にもっとも薦めたい本は?

ドストエフスキー『カラマーゾフの兄弟』、原卓也訳、新潮文庫、新潮社

もちろん『罪と罰』でもよいが、ここでは、『カラマーゾフの兄弟』を推す。若い世代の読者には、光文社から出た私の翻訳のほうが受け入れやすいかもしれない。推薦の理由はとくにない。あまりに巨大すぎて、言葉が出ない。文学における人類の奇跡とでも呼ぶべき小説である。

Q3 一番新しく買った本は?(秘密ですか?)

沼野充義『8歳から80歳までの世界文学入門』、光文社

沼野充義が、作家、詩人、文学研究者と行ったシリーズ「対話で学ぶ〈世界文学〉連続講義」の一冊だが、無類の面白さ。著者の桁外れな知性に出会える。シリーズ全四冊をまとめて読むのもいい。

Q4 これから読もうと、気になっている本は?

保坂和志『未明の闘争』(講談社)、島田雅彦『黎明期の母』(新潮社)

なぜか惹かれる保坂和志、厳しい作家だ。タイトルに惹かれ、読みたいと長く念じながら読めないでいる。島

田雅彦『黎明期の母』は、連載終了後に一気に読み通したい。

Q5　プレゼントされた一番印象に残っている本は？

辻原登『父、断章』（新潮社）

自伝的な要素を含み込んだ七篇から短篇集。神業である。

Q6　もっとも忘れ難い書評は？

とくに思い浮かびません。

Q7　いま、あるいはかつて好きだった雑誌は？

『海』（中央公論社）＋『レプレザンタシオン』（筑摩書房）

文学批評や映像批評が、人々の心のなかに大切な価値の一つとして認識されていた時代の大切なシンボル。後者では、蓮實重彥の文章に憧れ、一時は真似しようと思ったこともある。

Q8　貸したまま返ってこない本、あるいは返し忘れている本は？

松浦寿輝『BB/PP』

SFまがいのAI小説あり、ミステリー短篇ありと、予想外の面白さだったで、つい友人に貸してしまった。

Q9　忘れ難い至言、あるいは好きな書き出しは？

村上春樹『1Q84』の書き出しが傑出している。高速道路上で途中下車するという設定。私が作家なら、一度はこんな書き出しの小説を書いてみたい。

Q10　その他。ご自身で質問を作り、自問自答でも。

昨年（二〇一五）、初めての小説『新カラマーゾフの兄弟』（河出書房新社）を出版した。尊敬する作家から頂戴した厳しいひと言（「小説を書くには、情熱的すぎる」）が今も胸に突き刺さっている。

（名古屋外国語大学長、ロシア文学）

▼川崎　浹

Q1　あなたの読書歴にとって忘れ難い記憶遺産は？
ハイデッガー『存在と時間』
第二次世界大戦後すべての価値観がひっくり返ったので、青少年は自分の着地点がどこにあるのか分からず、国や大人から裏切られたという気持ちだけが強かった。戦場に赴いたわけではないが、たえず死の影を踏みながら成長してきたので、数年後、大学に入学しても今でいうサイコパスの心理状態から抜けだせない。
とはいえ、一緒に鎌倉の円覚寺に通っていた友人が、新宿駅ホームの雑踏を見て、「原爆で全部吹っ飛んでしまえばいい」と吐き捨てるのを聞いたときには、私もちょっと驚いた。カントを愛読するという彼の聡明なプロフィルをちらりと見ながら……。

そんなときにぼんやりと私が感じ考えていたことを明晰に論理化し、私の思考の行く手を照らしてくれたのがマルティン・ハイデッガーの『存在と時間』である。私は「死への先駆」という発想のとりこになった。人はただ日常性のなかの「存在」ではなく、トランスツェンデント（超出）によって「存在する」者となり、Da-sein（ここに・在る）顕れへと成り立ち行くという現象学的な論理構造にはまり、誇張なく自分の父親に遇ったような気がした。ドイツ語の原著も購入した。

同時代のヴィトゲンシュタインは『論理哲学論考』で、哲学はトートロジーにすぎないとばっさり切り捨てているが、これはハイデッガーへの当てつけかと思えるほどで、『存在と時間』はまさに同じ論理構造のくり返しである。

『存在と時間』における了解や不安や怖れや道具や時間や空間への「存在論」学的考究は反復されながらスパイラルを描いて上昇する。あたかも「ボレロ」（ラベル作曲）の旋律とベジャールの振り付けで踊るジョルジュ・ドンやシルビー・ギエムの、抑制から段階的に解放され上方に向かう身体或いは精神の躍動のように、『存在と時間』における反復のトートロジーの旋律はすでに芸術と詩の領域に達している。

だがしかし、と私はまたここで大きく反転しなければならない。私にもし余生があれば、『存在と時間』における実存構造の大きな装置としてハイデッガーが殆どアプリオリに設定している「真理性」と「良心」についての彼自身の定義を精査したい。というのは、その後ハイデッガーはフライブルク大学で先頭に立ってナチズムの太鼓を叩くことになるからである。本来あいまいな「真理」と「良心」についての彼の断定的なポエチカにはどこか隙間風が吹いているのではなかろうか。そしてそこに危うい陶酔感が潜んでいる？

チェーホフ、『手帖』にいわく。小さな犬にも吠える権利はある。もちろん、これは身の程をわきまえぬ私自身のことである。

Q3　一番新しく買った本は？（秘密ですか？）

村田沙耶香『コンビニ人間』（文芸春秋）

コンビニを社会現象の中心に据えた所が心憎い。ギャグ的なコミック調の背景にはウォルフガング・シュトレークの『時間稼ぎの資本主義』が透かし見えてくる。

「猛獣型資本主義」の能力開発ファナティシズムと「育児と仕事」両立の真逆フェミニズム。主人公の独身バイト店員はお馬鹿な「変人」を演じているが、小説の背景のさらなる奥では、(大ナタを振るって小恥ずかしい表現に終わるが)、『存在と時間』で日常性と呼ばれる表層的な日本社会のルーティンが嘲笑されている。

Q5　プレゼントされた一番印象に残っている本は?

「奥の細道」

『ドクトル・ジヴァゴ』の訳者でその挿絵画家でもある工藤正廣氏から毎月冊子が送られてくる。A４版のサイズだけは決まりの、色彩も割り付けも各自自由な、手書き原稿やイラストも収め、二つ折りで丁合いされた六〇頁前後のシンプルな冊子には目次も頁もない。

しかし工藤は独自の語り口で「詩歌流亡」を連載し、二〇世紀前半のロシア詩人アフマートワや折口信夫の歌集をとりあげている。荒川洋治や工藤自身のすぐれた詩があり、他方で密かに進行する日本兵器産業の実態を摘発する小杉元一の論があるかと思えば、嵩文彦の「生き方の奥行き」、SF作家荒巻義雄のゴシック論と、なかなかに味わいのある同人誌。今の日本では他にも在るであろう誇るべき文化・社会現象の一つである。

Q7　いま、あるいはかつて好きだった雑誌は?

『ゲンロン』(東浩紀編　genron)

昨年(二〇一五)から刊行。チェルノブイリ・フクシマの災害からアート、文学まで「現代」を総合的にとらえる、活力にみちた雑誌。毎号の特集には意表をつくものがあり、二号の「慰霊の空間」にも学ばされた。

(ロシア文学)

▼北　文美子

Q1　あなたの読書歴にとって忘れ難い記憶遺産は?

Samuel Beckett, *Company* (Grove Press, 1980)

大学の授業で講読し、現代文学の面白さに開眼させられた一冊。ベケット研究を含む文学研究を志すことになった作品。暗闇に横たわるものが語る自伝ならざる自伝。

Q2　若い世代にもっとも薦めたい本は?

ウンベルト・エーコ　『薔薇の名前』上・下

世代から世代へと継承される知について深く考えさせる小説。知の乾きが不毛な欲望になることへの警鐘が緻密な物語として語られている。

Q3　一番新しく買った本は?(秘密ですか?)

ヴァレリー・アファナシエフ『ピアニストは語る』(講

談社現代新書、二〇一六年九月）

　来日するたびにコンサートに出かけるピアニストの伝記。内容もよく確認せず、思わず購入してしまった。

Q4　これから読もうと、気になっている本は？

Wislawa Szyborska, *Collected Poems 1957-1997*(Harcourt Brace & Company, London)

　一九九六年にノーベル文学賞を受賞したポーランドの詩人の詞華集。たまたま本を整理し、まだ半分しか読んでいないことに気づく。平易な言葉ながらも思索的で美しいメタファーに満ちている。

Q5　プレゼントされた一番印象に残っている本は？

Cavafy の 'Ithca' という詩
　アイルランドでの大学院生活を終え、帰国するときに友人からもらった詩。新しいことに直面するたび、一歩を踏み出す勇気をあたえてくれる作品。

Q6　もっとも忘れ難い書評は？

須賀敦子さんによるタブッキの『インド夜想曲』

　タブッキ、ペソアなど二つの言語の間に立ち世界を語った作家の書評は、それ自体が一つの作品であるかのようだった。

Q7　いま、あるいはかつて好きだった雑誌は？

『ユリイカ』

　魅力的な特集が多く、学生時代には毎号図書館で読んでいた。

Q8　貸したまま返ってこない本、あるいは返し忘れている本は？

『平家物語』

　小学校のときに学校の図書室で借り、催促されなかったため、ゆっくり読み、返し忘れてしまった。出だしの響きに惹かれた。

Q9　忘れ難い至言、あるいは好きな書き出しは？

ターハル・ベン＝ジェルーン（菊池有子訳）『聖なる夜』（紀伊國屋書店、一九九七年）

「自由、それは朝、歩くことだ。何気なく包帯を解くのと同じように簡単なことだった。自由、それは幸福な孤独だ。」モロッコ生まれの作家。砂漠を彷徨する民を思わせる物語。

Q10　その他。ご自身で質問を作り、自問自答でも。

　よくある質問ですが、「無人島に行くときに持っていきたい作品は何ですか。」

The Complete Works of William Shakespeare
　俗世の愚かさを笑い飛ばすことができそうなため。

（アイルランド文学）

▼木下長宏

Q1　あなたの読書歴にとって忘れ難い記憶遺産は？

ミシェル・フーコー『言葉と物』（渡辺一民・佐々木明訳、新潮社）

「人間」や「主体」「歴史」「自由」という観念がたかだか二〇〇年前に「発明」されたものであること。したがって、自分が専門に勉強しようとしている「美術史」なども、「人文科学」の寄生虫にすぎない、つねにそういう狭い（二〇〇年の伝統しかない）枠を超えて「世界」を観ることの大切さ重要さを教えてくれた書。

大学院生のとき、邦訳がまだ出ていなかった。指導教授の勧めで、原書を手にした。それから、何回も読んだ。ボクの思考の指針となった、と同時に、いまだに読み切れていないという点で、「記憶遺産」だ。

Q2　若い世代にもっとも薦めたい本は？

『老子』（小川環樹訳中公クラシックス、金谷治訳講談社学術文庫、蜂谷邦夫訳岩波文庫、福永光司訳ちくま学芸文庫、池田知久訳「馬王堆出土文献叢書」東方書店ほか。少なくともこれくらいの訳を読み比べ、漢文の知識は乏しくても、自分なりの訳を作ってみようとしてほしい）

プルースト『失われた時を求めて』（井上究一郎訳ちくま文庫、鈴木道彦訳集英社文庫）（吉川一義訳岩波文庫、高遠弘美訳光文社古典新訳文庫は現在刊行中、これも読み比べるほど読み込んでいくことを薦める）

石牟礼道子『苦海浄土』（講談社文庫）

Q3　一番新しく買った本は？（秘密ですか？）

アインシュタインとフロイトの往復書簡『ひとはなぜ戦争をするのか』（講談社学術文庫）

書店でふと手に取ってパラパラとめくっていたら、アインシュタインのつぎのような文が眼にとまった。——

「『知識人』こそ、大衆操作による暗示にかかり、致命的な行動に走りやすい（略）。彼らは現実的な、生の現実を自分の目と自分の手でとらえないからです。紙の上の文字、それを頼りに複雑に練り上げられた現実を安直にとらえようとするのです。」

そして、思わず買ってしまった。この一句は、ボク自身につきつけられ（ひいては現代の知識人みんなに投げかけられ）ている鋭い告発のように思ったからである。買って帰って通読、ますますこの一句の重さを感じたが、日本語版に寄せた解説者が二人もいて、二人とも、アインシュタインとフロイトの発言の戦争回避への有効性(非有効性)についてだけ解説しているのにがっくり。こういう現代日本知識人の姿勢こそ、アインシュタインのこの一句によって問い直さねばならないことに、気づかねばならない。

Q4　これから読もうと、気になっている本は?

『老子』

若いひとにも薦めたが、いま、読み直しを始めたところ。ずっと、拾い読みのような読みかたばかりして、それでもたくさんのことを教えられ、ボクの考えかたの骨格を作ってくれた。いつか正面から向き合い、八一章を始めから終りまで読み込んでみたいと思っていた。

Q5　プレゼントされた一番印象に残っている本は?

子供の頃、母か姉かに誕生祝いにもらった、岩波写真文庫『ミケランジェロ』。

それをためつすがめつ眺め、若い頃の「ピエタ」と最晩年の「ピエタ」の姿がこんなにもちがうのはなぜか、考え、答が出なかった。「芸術」とは何かの秘密も、それに答えるところから開かれるのではないか、とボクの一生の道を決定づける本ともなった。

Q6　もっとも忘れ難い書評は?

スタニスワフ・レム『完全な真空』(沼野充義訳、国書刊行会)

不在の書の書評集。「どの本の誰による」かは、どうぞ、この本を開いてお確かめあれ。

Q7　いま、あるいはかつて好きだった雑誌は?

かつて好きだった雑誌、『子供の科学』(誠文堂新光社)——この雑誌で、「文学」的想像力をボクは養った。

Q8　貸したまま返ってこない本、あるいは返し忘れている本は?

悔しくはないし、だれに貸したかも忘れてしまったが、フランス語版のボルヘス『砂の本』。ペーパーバックの薄い本だが、表紙が「砂の本」をデザインしていて、とてもおしゃれだった。どこかで、だれかが、この本をだいじにしてくれているのだろうと思うと、それがいかにも、ボルヘスのこの本にふさわしい。

Q9　忘れ難い至言、あるいは好きな書き出しは?

チャールズ・ラムのエッセイを原文(Charles Lamb: *Essays of Elia*, Everyman's Library)で、大学院の受験勉強のために読んだとき、出会った一句。

「なにかを論じようとするときには、それに関するあらゆる文献に目を通せ。そして、ペンを執って書き出すときには、すべてを忘れよ。」

至言である。いまも、これを実践している。（いや、実践しようとして出来ていないというべきか。）

Q10　その他。ご自身で質問を作り、自問自答でも。

　プルーストの『失われた時を求めて』は、諸訳を比べながら読むと面白いと若い人に薦めたが、たとえば、その冒頭の一句、「長いこと私は早めに寝《やす》むことにしていた」（岩波文庫）、「長い間、私はまだ早い時間から床に就いた」（光文社古典新訳文庫）と、最近の新訳は、原文のlongtemps（英語のlong time）を「長いこと」とか「長い間」と訳しているのに気がついた。でもここは、この長い長い「書物」の（邦訳すると四〇〇字で一万枚）の最後が《temps》で終っており、冒頭の《temps》とはるかに隔てて響き合っていることを大切にしたい、少なくともプルーストは最後に末尾の一句を書き付けたとき、それを意識していたはずだとすれば、昔の人の訳のように「長い時にわたって」（ちくま文庫）と「時」という日本語を残しておきたいと思う。それを気にしないのなら、「昔からぼくは早くに床に就く習慣だった」と訳したほうが、廻りくどい日本語よりよく解る。Longtempsというのは、「昔々」と、古くからの語りの始めに使われる慣用句でもあり、作者は、これから始める長い書物の始まりを、そんな物語の口調（記憶の奥にある語り文体の古層）とも響き合わせようと書き出したことも間違いない。

　ほんとに、この一行は、いやプルーストは、訳すのが難しい。それを知ることが面白い。

（芸術思想史）

▼清都正明

Q1　あなたの読書歴にとって忘れ難い記憶遺産は？

　小説では十代の頃読んだドストフスキー『カラマーゾフの兄弟』（原卓也訳　新潮文庫）がその一つです。初めて読んだ時は熱狂しました。それからというもの、どの文学を読んでもドストエフスキーを作中に探してしまいます。

　どんな人生・境遇の人が読んでもその重さに応えてくれる作品だと思っています。

Q2　若い世代にもっとも薦めたい本は？

　書店員として、人に本を薦める事の難しさを感じる日々です。若い時分は特に本に耽溺するよりも多くの人と触れ合う時間を作った方が良いのでは？　とすら思っています。

私が若い頃に読んでおきたかったと思った本でよければ、柳田国男『日本の祭』（角川ソフィア文庫）です。自分が一体何に帰属しているのか、アイデンティティの問題は若き日のテーマでもあります。もはや村落共同体の体験を持たない学生たちに向けた講義録ですが、祭事の本質的な意味、基本的に経典の無い日本人がどの様にして神と出逢ってきたのか、私たちは何によって繋がっていたのかという日本人の精神の源流を探る一冊です。

Q3　一番新しく買った本は？（秘密ですか？）
田河水泡『滑稽の研究』（講談社学術文庫）
　私は古い漫画が好きです。漫画の神手塚治虫が立川談志に対しその影響を公言する程、田河漫画のギャグを研究しその素晴らしさについて言及している文章を読んだことがあり、そのご本人のご丁寧な研究書が遂に文庫化！　買うしかなかったのです。

Q4　これから読もうと、気になっている本は？
二宮敦人『最後の秘境　東京藝大』新潮社
　入試の倍率が東大の三倍で、卒業後はその消息が不明の人多数といわれる東京藝大のノンフィクション。割と知り合いに芸術とオルタナティブな生き方を志向する人々がいるため、その人たちを思い返し、その滾るような生の力と苦労と哀しみを想い、合掌しつつ読んでみたいと思いました。

Q5　プレゼントされた一番印象に残っている本は？
　小学校低学年の頃、担任の先生から日本や世界の偉人の伝記漫画を頂きました（書誌詳細不明）。恐らく現在書店員である事も要因でしょうが、長じてから人様から本をプレゼントして貰う事がほぼ皆無であり、思い返してみるとこれが一番嬉しく、楽しく学べました。

Q6　もっとも忘れ難い書評は？
　本当に伝えたい考えを意図とは全く違う方法で伝える方法をイロニーといいますが、カフカの描いたあの灰色の不安に満ちた世界が、神という非二十世紀的な絶対者を捉まえる不可欠物（イロニー）であり、孤独な自己の存在を深く生きた徴であるというもの。一九四七年九月号の「純粋詩」掲載の文章ですが、日本人の道徳観念の根本が極めて不確定だった精神的荒野（未だそうかもしれない）で、『変身』を単なる文学的名作として扱うのを拒み、内在する光を取り出そうとする詩人の眼差しに打たれます。
北村太郎『光が射してくる　未刊行詩とエッセイ　一九四六―一九九二』港の人

Q7　いま、あるいはかつて好きだった雑誌は？

すみません、真新しい情報に対し不精なもので定期的に購読している雑誌はございませんが、強いて挙げるなら『映画横丁』（映画酒場編集室、出版社Sunborn）のようなジャンル横断的、自由で勢いのあるリトルプレスが増えると面白いと思います。

Q8　貸したまま返ってこない本、あるいは返し忘れている本は？

菊地成孔・大谷能生他『東京大学のアルバート・アイラー　歴史編・キーワード編』（メディア総合研究所）と赤塚不二夫『天才バカボン』（竹書房文庫）全巻友人に貸しっぱなしであった事を今思い出しました。自分が気に入った本を人に「貸す」のではなく、「敢えて乞われていないのに押しつけ、感想を求める」という迷惑千万な事をしていたので悔しいという事はないです、ごめんなさい。

Q9　忘れ難い至言、あるいは好きな書き出しは？

これも悩ましい設問で選びきれず恐縮ですが、ポール・ヴァレリー『精神の危機』（平凡社ライブラリー『ヴァレリー・セレクション　上』所収、松田浩則訳）の書き出しが印象的です。

「わたしたち文明は、今や、わたしたちもまた死すべき運命にあることを知っています。」

過去人類の歴史の中で消滅してしまった文明への哀惜から始まり、ヨーロッパ精神の勤勉や美徳が生み出した戦争という破壊、しかもその危機をもたらしたのが精神そのものなのではないかという自省によって綴られた、二通の美しくも重い未来への手紙です。

Q10　その他。ご自身で質問を作り、自問自答でも。

各設問に対し長々と失礼致しました。私は現在書店に勤めており、気が付いたら一〇年が経ちましたが、今でも本屋さんは私にとってリアルな「記憶の舞台」であるといえるものです。

今の店で働き始めてまだ三日か四日位の時、平日のまだお昼前の午前中でしたが、私のレジの時間に若い、恐らく中学生位の男の子がうつむき加減に『プラトン入門』『ハイデガー入門』など幾つか哲学の初学書を購入して行きました。

「え、どうしたんだろう、学校行ってないのかな？」などと邪推をしてしまいましたが、正直私は静かな感動を覚えました。その少年が健気に思え、とても美しかった。事実彼が中学生でもなく、私の記憶違いで平日でなかったとしても構いません。そういう本との出逢い方があるかもしれないし、またお店は誰にでも静かに開かれたものでありたいなぁと思った私の記憶の断片です。

（書店員）

▼切通理作

Q1　あなたの読書歴にとって忘れ難い記憶遺産は？

『市川森一　センチメンタルドラマ集』（映人社）

私の人生を変えた本。ドラマが現実を超える時間を知った。

Q2　若い世代にもっとも薦めたい本は？

『初恋芸人』（中沢健著、風塵社）

人を愛することを教えてくれる。肉食系だの草食系だのという男性観のくだらなさがわかる。

Q3　一番新しく買った本は？（秘密ですか？）

『私は好奇心の強い女』（ヴィルゴット・シェーマン原作、山根貞男訳、二見書房）古本。昭和四四年刊

映画評論家として知られる山根氏が訳し、同名映画のわいせつ裁判について長い解説も書いてあって興味を持った。

Q4　これから読もうと、気になっている本は？

『教養としての戦後〈平和論〉』（山本昭宏著、イースト・プレス）

ご寄贈頂いた。いま拝読中（六〇ページまで到達）。

Q5　プレゼントされた一番印象に残っている本は？

『晴れた日は巨大仏を見に』（宮田珠己著、白水社）

著者からご寄贈頂いた。自分も興味あった題材に、自分では出来ないアプローチをしていた。「中身」から入らない批評。

Q6　もっとも忘れ難い書評は？

『風の地図』（島尾伸三著）に対する鄭義信の評（読書人二二一一号）

僕が講師してる文章の教室では毎期テキストにさせて頂いてます。一見本と関係ない自分の事でも書評になる良例として。

Q7　いま、あるいはかつて好きだった雑誌は？

『宇宙船』（朝日ソノラマ版の初期）、『スターログ』（ツルモトルーム版）、『映画の友』（近代映画社版）、『O-Fey』

Q8　貸したまま返ってこない本、あるいは返し忘れている本は？

『恋の腹痛～見ちゃイヤ！イヤ！』（井口昇著、太田出版）

Q9　忘れ難い至言、あるいは好きな書き出しは？

「アデュー」（俳優、久保新二氏の決まり文句。『アデュ～ポルノの帝王久保新二の愛と涙と大爆笑』ポート出版より）

Q10　その他。ご自身で質問を作り、自問自答でも。

昔の本はどうして誤字脱字が少ないいんでしょう。自省も込めて。

（文芸評論）

▼小池昌代

Q1　あなたの読書歴にとって忘れ難い記憶遺産は？

『山之口貘詩集』（原書房）

詩作品を通して、初めて一人の詩人の人格に触れた気がした詩集です。貧乏と同居する高貴なユーモア。わたしは中学生でした。

Q2　若い世代にもっとも薦めたい本は？

G・ガルシア・マルケス『百年の孤独』鼓直訳（新潮社）

とてつもない想像力の岩にぶちあたってほしい。ぶちあたるだけでいい。

Q3　一番新しく買った本は？（秘密ですか？）

室生犀星『現代語訳　蜻蛉日記』（岩波現代文庫）

Q4　これから読もうと、気になっている本は？

鶴見俊輔さんの本。直接、詩を語らないときですら、詩学の真髄を教えられることがある。

Q5　プレゼントされた一番印象に残っている本は？

思い出せません。

Q6　もっとも忘れ難い書評は？

思い出せません。

Q7　いま、あるいはかって好きだった雑誌は？

『英語青年』（研究社・現在休刊）、『きょうの料理』（NHK出版）

Q8　貸したまま返ってこない本、あるいは返し忘れている本は？

あるのですが、ここに書けません。

Q9　忘れ難い至言、あるいは好きな書き出しは？

「たちの悪いいたずらはなさらないで下さいませよ、眠っている女の子の口に指を入れようとなさったりすることもいけませんよ、と宿の女は江口老人に念を押した。」と始まる川端康成『眠れる美女』（新潮文庫）。この小説を、目覚めたる遣手婆の立場から読みなおしてみたい。

Q10　その他。ご自身で質問を作り、自問自答でも。

本を捨てて海へ。

（詩人・作家）

▼神品芳夫

Q1　あなたの読書歴にとって忘れ難い記憶遺産は？
梶井基次郎『檸檬・冬の日、他九篇』岩波文庫
（学生のころ、心の拠りどころとなる本だった）
谷崎潤一郎『細雪』
（戦前の近代日本へのノスタルジー。国内亡命の作家精神への思慕）

Q2　若い世代にもっとも薦めたい本は？
渡辺京二『逝きし世の面影』平凡社ライブラリー
（私たちの地下数メートルの地層の実相を知るために）
石牟礼道子『苦海浄土』講談社文庫
（現代社会の暗部を掘り下げ、闘争と寛容の力を養うために）

Q3　一番新しく買った本は？（秘密ですか？）
山内功一郎『マイケル・パーマー――オルタナティヴなヴィジョンを求めて――』二〇一五年、思潮社刊
（鮎川信夫賞受賞。ツェランを含む現代詩の極限につながる線を探求しようと）

Q4　これから読もうと、気になっている本は？
『源氏物語』（与謝野晶子訳）全編
（読みかけで長く中断しているが、ぜひ最後まで読みたい）

Q5　プレゼントされた一番印象に残っている本は？
生野幸吉詩集『飢火』一九五四年、河出書房刊
（学生時代、生野先輩からこの詩集を突きつけられて、その激しさに仰天した）

Q6　もっとも忘れ難い書評は？
ドナルド・キーンによる『奥の細道』評（金関寿夫訳）キーン『百代の過客』講談社学術文庫、所収。
（虚構も巧みに織り込みながら全体の構成に配慮した芭蕉の芸術感覚を高く評価）
フリードリヒ・シュレーゲル「ゲーテの『マイスター』について」（山本定祐訳）。シュレーゲル『ロマン派文学論』冨山房百科文庫、所収
（ドイツロマン派の評論家フリードリヒ・シュレーゲルがゲーテの小説『ヴィルヘルム・マイスターの修業時代』の作品構造について論じたもので、ドイツで最初の近代的作品批評といえる）

Q7　いま、あるいはかつて好きだった雑誌は？
月刊詩誌『詩学』一九四七―二〇〇七
（とくに嵯峨信之が主宰していた時期、新人育成と海外

詩紹介を二本の柱にして、広く詩人の関心を集めていた。詩のアゴラという感じの雑誌）

Q9　忘れ難い至言、あるいは好きな書き出しは？

「作品の作品存在は、世界と大地との間の闘争を闘わせることにある」マルティン・ハイデッガー『芸術作品の根源』（関口浩訳）平凡社ライブラリー、より。

（ドイツ文学）

▼小林章夫

Q1　あなたの読書歴にとって忘れ難い記憶遺産は？

朱牟田夏雄訳・ヘンリー・フィールディング『トム・ジョウンズ』（岩波文庫）

学生時代、一八世紀英文学を専攻しようと思ったのは、この波乱万丈の物語の名訳を読んだことによります。

Q2　若い世代にもっとも薦めたい本は？

高橋哲雄『スコットランド　歴史を歩く』（岩波新書）

この著者の作品はいつ読んでも新しい発見があり、優れた文章にほれぼれします。

Q3　一番新しく買った本は？（秘密ですか？）

五味文彦『文学で読む日本の歴史　中世社会篇』（山川出版社）

Q4　これから読もうと、気になっている本は？

ゆっくり吉田健一の著作を読んでみたいと思います。

Q5　プレゼントされた一番印象に残っている本は？

『少年少女世界文学全集』（講談社）

子供時代に親が毎月買ってくれたもの。愛読したのですが、いつの間にやら手元からなくなりました。

Q6　もっとも忘れ難い書評は？

百目鬼恭三郎『風の書評』（ダイヤモンド社）

このたぐいまれな書評家に学ぶことが多かったのですが、この本を読むとその真髄がわかります。

Q7　いま、あるいはかつて好きだった雑誌は？

『英語青年』（研究社）

今は廃刊になっていますが、かつては英文学に関心のある学徒にとって必読書でした。ただし、掲載された長い論文はほとんど記憶のかなたにあります。

Q8　貸したまま返ってこない本、あるいは返し忘れている本は？

ありません。

Q9　忘れ難い至言、あるいは好きな書き出しは？

何用あって月世界へ（山本夏彦）

愛読した辛口のエッセイストのエッセンスはこの一言にあります。ちなみに、この言葉は文春文庫の一冊の書名として残っています。

Q10　その他。ご自身で質問を作り、自問自答でも。

今、ぜひ会いたいのは開高健。本のことを語り合いたいですね。「何かおもろい本はあるか」「さあ、ありませんね」「さよか、ほならあの世へ戻ろう」なんて。

（上智大学名誉教授　イギリス文学・文化）

▼小林広一

Q1　あなたの読書歴にとって忘れ難い記憶遺産は？

中野重治著『斎藤茂吉ノート』（昭和一六年、筑摩書房刊・現在講談社文芸文庫）

戦争へと流れていく日本人の深いかなしみを理解できるだけでなく、戦争の時代の大勢に抗う抵抗の書として読む意義がある。著者は歌壇ジャンルを知らぬ全くの素人として短歌表現と向き合っているが、率直なところ怖気づくこともあったにちがいない。そこが、ういういしく、批評としていい。だれだってモノにふれる最初はそんなもの。

Q2　若い世代にもっとも薦めたい本は？

中高生に暗誦するくらいに明治時代末の森鷗外の『うた日記』、木下杢太郎の『食後の唄』（出版社はかなり多い。詩歌全集など）を読んでもらいたい。他に覚えることがある大変な時期なのに無理なお願いをしているようだが、詩歌の命がきちんと芽生えるのは少年少女の時期なのだから。意味・内容はわからなくとも、日本語の歌うような調子そのものをつかんでくれればそれだけでも十分だ、と思う。

Q3　一番新しく買った本は？（秘密ですか？）

稲垣瑞穂著『曇る時』（現在・豊川堂刊）

病気障害の中年男の波瀾万丈の歩みという主題であるが、この主題の裏にあるのは作家として生きるとどんな苦痛があるか、ということであるのは明白。人生で創作に走ることが、どれほど間違いであるかという証言であろう。未来ある多くの人には、創作のない、平凡な人生を志向することを切に望みたい。

Q4　これから読もうと、気になっている本は？

山口誓子の句集（現在・朝日文庫など）

俳句表現者であるにもかかわらず、なぜか、自分の少年時代のことや新婚時代の妻のことを語りたがらず、むしろ隠し通そうとしていた、いわば「私歴拒否」していた、というので、いま一番読んでみたい作品である。

Q8　貸したまま返ってこない本、あるいは返し忘れている本は？

『クロポトキン全集』（出版社はどこなのか？　戦前発行のもの。全十巻くらい）

大杉栄ら、無政府主義者たちが訳者として名を連ねる、稀本。ことに大杉訳は、ベルグソン理論の独得な解釈など、のちの哲学者たちの難解な解釈とはちがって平易に訳している。日本語として学ぶところが多い見事な名訳だった。この点を究明すべく、無政府主義者だったK先輩から無償でぼくがもらいうけ、今度はぼくがY後輩に無償で譲ったのだが、Y後輩はすでに文学の世界から足を洗い、大学官僚としての道へと去ってしまったから、今はどこにあるのやら？　究明すべく点は、どうなったことやら？

Q9　忘れ難い至言、あるいは好きな書き出しは？

A・チボーデ『内面の作家』（而立書房・絶版）

批評のことを、山の上でしずかに水を湛える湖にたとえているところ。批評というものはこの世にいつまでもありつづけるだろうが、あるとしたら多くの人に知られることなく、世の果ての湖のようなあり方をしているであろう、とおのが宿命を語ったのは、大学生の若いぼくの胸にひどくこたえた。

Q10　その他。ご自身で質問を作り、自問自答でも。

読書は自分の人生になんの役にも立たない、とわかることが大事なことである、と思う。むろん知識を得るとか物語に共感するとか実用で役立つことはあるにはあるにちがいないけれども、そんなのは稀なこと。役だたぬ無用なことだ、と認識できる程、まずは、人生にも読書にも尽くしてみよ。それで、また別の人生が開ける、としたら、それでいいのだ。それでもなおまだ飽きずに読書しようと本を手にする人があるとすれば、とんでもないアホか、それとも、もう読書の虜になってしまっているという証拠である。

（文芸評論）

▼近藤耕人

Q1　あなたの読書歴にとって忘れ難い記憶遺産は？

アンデルセン『即興詩人』ぼくの心にロマンティシズムの火をつけた。森鷗外訳、岩波文庫。

スタンダール『赤と黒』エゴティスムの野心の実現と死に夢中になった。

カミュ『異邦人』他者を知った。新潮社。

サルトル『嘔吐』存在について考え始めた。人文書院、鈴木道彦訳。

ベケット『モロイ』つぶやきの文学に親近性と同質性を感じた。白水社、安堂信也訳。
Q2　若い世代にもっとも薦めたい本は？
メルロー゠ポンティ『眼と精神』みすず書房
「視覚［見るという働き］は物のただなかからみずから生起してくるのだ」
Q3　一番新しく買った本は？（秘密ですか？）
ジョン・ラッセル『わが友　フランシス・ベイコン』三元社、五十嵐賢一訳
Q4　これから読もうと、気になっている本は？
マウロ・カルボーネ『映像の肉――メルロ・ポンティ、絵画と映画のあいだ』水声社、西村和泉訳
Q5　プレゼントされた一番印象に残っている本は？
市川浩『精神としての身体』勁草書房
Q6　もっとも忘れ難い書評は？
近藤耕人『アイルランド幻想紀行』東理夫評（週刊文春、一九九九年四月一五日、〝大人の旅とはかくあるべし『アイルランド幻想紀行』〟）「不機嫌な旅がとてもいい」のひと言。
Q7　いま、あるいはかつて好きだった雑誌は？
London Review of Books
Q8　貸したまま返ってこない本、あるいは返し忘れている本は？
イヨネスコ『戯曲集』
Q9　忘れ難い至言、あるいは好きな書き出しは？
「愛することは長い夜に灯されたランプの光だ。愛されることは消えること。愛することは長い持続だ。」リルケ『マルテの手記』
Q10　その他。ご自身で質問を作り、自問自答でも。
生涯で一冊の本は？
プルーストの『失われた時を求めて』よりもジョイスの『ユリシーズ』か。そこには過去ではなく現在と未来がある。たとえそれがベケットであろうと。それ以後はまだ出遭わない。

（英文学）

▼最相葉月

Q1　あなたの読書歴にとって忘れ難い記憶遺産は？
『イエス伝』若松英輔（中央公論新社）
記憶は常に新たな経験に上書きされる。最近の本だが、聖書は信者ではない人に向けて書かれたという一節を読んで視界が開けた。
Q2　若い世代にもっとも薦めたい本は？

とくになし。

自分が読みたいと思わなければ読めない。

Q3　一番新しく買った本は？（秘密ですか？）

『はじめての森田療法』北西憲二（講談社現代新書）

現代版の外来森田療法に興味があった。絶対臥褥は消え、メールによる遠隔治療まで登場してびっくり。

Q4　これから読もうと、気になっている本は？

『果てなき便り』津村節子（岩波書店）

作家夫婦の交わした手紙を読むのにはちょっと覚悟がいる。

Q5　プレゼントされた一番印象に残っている本は？

すっかり忘れてしまっている。

やっぱり自分が読みたいと思わなければだめなのだ。

Q6　もっとも忘れ難い書評は？

マルセル・プルーストの『失われた時を求めて』一三巻（集英社・鈴木道彦訳）を評した荒川洋治の「遠い名作」（『忘れられる過去』所収・みすず書房）

なかなか読めないことについて延々と言い訳していてかえって潔い。

Q7　いま、あるいはかつて好きだった雑誌は？

バブル時代の『翼の王国』『花椿』『サントリークォータリー』ほか企業PR誌の数々
企業が文化を牽引してやろうという志があった。

Q8　貸したまま返ってこない本、あるいは返し忘れている本は？

村上春樹の『1Q84』

貸した人が死んでしまった。

Q9　忘れ難い至言、あるいは好きな書き出しは？

「家出をしようとして荷物をまとめていたら、奢灞都館の鈴木が黄色いワーゲンに乗ってブラッとやってきた。」（中島らも『頭の中がカユいんだ』（集英社文庫）より）

こっちもあっちも面倒くさそう。

Q10　その他。ご自身で質問を作り、自問自答でも。

近所の書店が消えた。本を買うために電車に乗らなければならないなんて。

（ノンフィクションライター）

▼佐伯一麦

Q1　あなたの読書歴にとって忘れ難い記憶遺産は？
『ファン・ゴッホ書簡全集』（みすず書房）
高校を出て働き始めた十八の歳に、なけなしの給料で全六冊を買い求め、座右に置いて、事あるごとに繙いては勇気付けられてきました。

ゴッホに惹かれたのは、麦畑の絵とたくさんの自画像。麦畑のような世界のどこにでもある、ありふれたものを仔細に描くことで、表現になりうるということを弟への書簡で語っています。また、ゴッホは、自画像を描くことで「自分が自分を認識する」ということと生涯格闘しました。自分の耳を切り落とすほどの狂気すら受け容れていったはげしい自己認識が読み取れる書簡は、なまじの「私小説」以上に過敏な私小説として読めます。それらの精神は、自分の小説にも大きな影響を与えています。

Q2　若い世代にもっとも薦めたい本は？

本はそれぞれが出会うものだと思っていますので、特に人に薦めるものはありません。

Q3　一番新しく買った本は？（秘密ですか？）

『太平記（五）』（兵藤裕己校注・岩波文庫）

東日本大震災以降、古典を手に取ることが多くなりました。二〇一四年から刊行が始まった本書は第五巻まで来て、残りの第六巻の刊行をいまから楽しみにしています。

Q4　これから読もうと、気になっている本は？

『井筒俊彦全集』（慶應義塾大学出版会）

Q5　プレゼントされた一番印象に残っている本は？

『阿部昭全作品』（福武書店）

作家と電気工との二足の草鞋を履いていた頃、アスベスト禍による肋膜炎で自宅静養を余儀なくされたときに、福武書店の担当編集者から、全八巻を戴きました。二五歳で作家となってから、書架から取り出すことが最も多かったのが本全集だったかもしれません。

Q6　もっとも忘れ難い書評は？

嘉村礒多『業苦』『崖の下』に寄せた宇野浩二の書評（『新潮』昭和三年九月に「知られざる傑作」の題で発表された）

Q7　いま、あるいはかつて好きだった雑誌は？

かつて中央公論社から出ていた文芸誌『海』

Q8　貸したまま返ってこない本、あるいは返し忘れている本は？

東日本大震災で津波に被災した友人に貸した本が何冊かありましたが、悔しい思いはありません。

Q9　忘れ難い至言、あるいは好きな書き出しは？

「人生《ライフ》は単純なものである。ひとがおそれるのは、畢竟一切が徒労に帰するのではないかということであるが、人生《ライフ》においては、あらゆる出来事が偶発的《インデンタル》な贈与《ギフト》にすぎない。そのおかえしに書くのである。正確に、心をこめて、書く。――それがための言葉の修

練である」（鮎川信夫の晩年の日録の一頁、『河原晉也遺稿　幽霊船長』より）

Q10　その他。ご自身で質問を作り、自問自答でも。

学習参考書はよくても、哲学書や文学書を読むことは奨励されない家に育ちましたので、新聞配達をして読みたい本を買い求めました。その欠乏感が読書への欲求を強めたように振り返って思います。

（作家）

▼佐々木敦

Q1　あなたの読書歴にとって忘れ難い記憶遺産は？

カフカ『変身』

人生最初の「文学体験」として（小学六年生）。

Q2　若い世代にもっとも薦めたい本は？

そういうものはありません。

Q3　一番新しく買った本は？（秘密ですか？）

大澤真幸『可能なる革命』

斉藤斎藤『人の道、死ぬと町』

吾妻ひでお『悶々亭奇譚』

ほぼ毎日本を買ってるので、たまたま今日（二〇一六年九月二三日）はこの三冊でした。

Q4　これから読もうと、気になっている本は？

沢山あり過ぎて挙げられません。

Q5　プレゼントされた一番印象に残っている本は？

そういうものは特にありません。

Q6　もっとも忘れ難い書評は？

沢山あり過ぎて挙げられません。

Q7　いま、あるいはかつて好きだった雑誌は？

昔、『海』は愛読していました。

Q8　貸したまま返ってこない本、あるいは返し忘れている本は？

今は便利な時代で、大抵の本は買い直すことが出来ます。

Q9　忘れ難い至言、あるいは好きな書き出しは？

若い頃、石川淳の幾つかの小説の書き出しを覚えていました。というか、今でも覚えています。読み返すことはありませんが。

Q10　その他。ご自身で質問を作り、自問自答でも。

気恥ずかしさを押し籠めて、「記憶遺産」の話を続ければ、カフカの次に「これがブンガクか!?」と衝撃を受けつつ読んだのは、大江健三郎の『芽むしり仔撃ち』でした。中学の時、貪り読みました。そういえば大江の書き出しや末尾も、結構覚えています。

『洪水はわが魂に及び』が好きでした。

（批評家）

▼佐藤真基子

Q1　あなたの読書歴にとって忘れ難い記憶遺産は？

国際版『少年少女　世界童話全集』全二〇巻、小学館、昭和五三～五五年

　子供の手には大きく重い本を箱から取り出すと、表紙には金色に箔押しされた絵が描かれている。美しい活字と挿絵で語られた、どこかの国のだれかの話。遠くへの憧れとともに不思議と覚える親近感。いまだ私の心は、当時これらの本をとおして形づくられた世界の中にあるし、あるいはその世界に還ろうとすることが、私にとって生きることになっている。

Q3　一番新しく買った本は？（秘密ですか？）

Dallas G. Denery II, *The Devil Wins: A History of Lying from the Garden of Eden to the Enlightenment*, Princeton University Press, 2015.

　神は嘘をつかないのか、それともつけないのか？　女はみんな嘘つきなのか？

Q4　これから読もうと、気になっている本は？

Karmen MacKendrick, *The Matter of Voice: Sensual Soundings*, Fordham University Press, 2016.

　彼女に会うたびその声と話し方、話の魅力のとりこになってしまう。字を追うとまたその声が聞こえてくるようで心地よく、詩でもないのについゆっくり読んで耽溺してしまって先が気になりながら先へ進まないでいる。

Q6　もっとも忘れ難い書評は？

木村榮一「風の便り」

　氏が随時発行している、古典から現代の新刊まで古今東西さまざまな書物に言及しながら語る一連のエッセイ。その見事な語り口に、本の魅力のみならず、その著者、そこに描かれた人物、そしてそれらを通して見えてくるこの世界そのものの魅力に引き込まれ、心が躍る。本に魅了される気持ちが恋に似ていることに気づかされる。

Q9　忘れ難い至言、あるいは好きな書き出しは？

「私は、古典というものは、本質的に解読されるべきものであると考える。さっと読んで、ああ分かったといえるようなものは古典の本質ではない。何回もくりかえして読み、上から読み、下から読み、前から読み、後から読み、較べて読み、単独に読み、皆と一緒に読み、ひとりで読み、このようにして次第に開示されてくる意味こ

そは、古典の含む本質的意味である。」（山田晶『アウグスティヌスの根本問題――中世哲学研究第二』、創文社、一九七七年）

（西洋古典思想・古典文学）

▼澤井繁男

Q1　あなたの読書歴にとって忘れ難い記憶遺産は？
伊藤整『変容』（講談社文芸文庫）

Q2　若い世代にもっとも薦めたい本は？
遠藤周作『侍』（新潮文庫）

Q3　一番新しく買った本は？（秘密ですか？）
フランコ・サケッティ作（杉浦明平訳）『ルネッサンス巷談集』（岩波文庫）

Q4　これから読もうと、気になっている本は？
中山義秀『台上の月』（新潮社）

Q5　プレゼントされた一番印象に残っている本は？
本をプレゼントでいただいたことはありません。

Q6　もっとも忘れ難い書評は？
澤井繁男著『一者の賦』（未知谷）に対する沼野充義氏による書評（於 毎日新聞）

（作家・伊文学者）

▼柴田元幸

Q1　あなたの読書歴にとって忘れ難い記憶遺産は？
そういう「人生を変えた一冊」との出会い、といった経験がなくて恥ずかしいのですが、「読書」というとまず思い浮かぶのは、トルストイ『アンナ・カレーニナ』は電車を乗り越すほどのめり込んで読んだなあ、ということです。三十数年前の話なので、旧岩波文庫、中村融訳で読みました。

Q2　若い世代にもっとも薦めたい本は？
誰もが読んでいることを前提にできるといいなと思う本は、カフカ『変身』です。池内紀訳（白水Uブックス）なら間違いないと思いますが、ほかの訳も欠点を知っているわけではありませんし、僕も最初は別の訳で読んでしっかり衝撃を受けました。人は自分の世界の主人ではない、ということをこういう強烈な物語を通して実感するのは、けっこう慰めになるんじゃないでしょうか。

Q3　一番新しく買った本は？（秘密ですか？）
Andrew Cowan, *Worthless Men* (Sceptre, 2013)・
緻密なリアリズムに徹していると思える文章のなかに幽霊物語的な要素が入り込むさまが素晴らしい。

Q4　これから読もうと、気になっている本は？

　たくさんありすぎます……たまたま現時点でいえば、はじめて読むディケンズの *Great Expecations*（『大いなる遺産』）の出だしが実に素晴らしいのに仕事に直接関係ないので棚上げせざるをえず、大いに気になっています。

Q5　プレゼントされた一番印象に残っている本は？

サン＝テグジュペリ『星の王子さま』（内藤濯訳、岩波少年文庫）

　中学生のころにいとこから送ってもらって読んで、繊細な人は箱を外から見ただけで中にウワバミが入っているのがわかるのだろうかと本気で悩んだ。

Q6　もっとも忘れ難い書評は？

　三浦雅士『私という現象』（冬樹社、のち講談社学術文庫）を評した高橋康也の書評（朝日新聞）。

　とはいえ、書評を読んですぐ買いに行ったことは覚えていても、具体的な内容は覚えていないのですが……。

Q7　いま、あるいはかつて好きだった雑誌は？

　現在アメリカで出ているインディーズっぽい文芸誌はだいたい好き。*Tin House, McSweeney's, Zoetrope, Conjunctions* … 遊び心があるので。もっとも、パラパラめくって鼓舞されはするけど、どこまで中を読んでいるかを問われると恥ずかしいです。

Q8　貸したまま返ってこない本、あるいは返し忘れている本は？

　レコードならありますが（The Byrds, *Preflyte* オリジナル版とか）本は特に思いつかず。

Q9　忘れ難い至言、あるいは好きな書き出しは？

　好きな書き出しはやはり『アンナ・カレーニナ』の、「幸福な家庭はどれも似たものだが、不幸な家庭はいずれもそれぞれに不幸なものである」（中村融訳）です。

（アメリカ文学）

▼杉田英明

Q1　あなたの読書歴にとって忘れ難い記憶遺産は？
　ジェフリー・トレーズ作／田中明子訳・太田大八画『この湖にボート禁止』少年少女学研文庫10、学習研究社、一九六九年二月。
＊中学時代に読んだ本。宝探しとカンバーランドの自然描写に魅了され、のちには原書を取り寄せ、続編にも目を通すほど愛読したが、残念ながらまだ現地を訪れる機会に恵まれていない。太田大八氏の表紙絵の湖の色には、ずっとのちに『だいちゃんとうみ』（福音館書店、一九

九二年四月）で再会した。
　野尻泰彦『都電春秋』伸光社、一九六九年四月。
＊東京オリンピック以前のなつかしくもどこか寂しげな東京の姿を、当時の都電の写真やその場所にまつわる歴史的解説とともに収めた本。中学生の頃、休日ごとに本書を案内役とし、カメラ片手に都電沿線を歩き回ったので、ようやく東京の地理と歴史が頭に入ってきた。
　鶴見俊輔『新版　アメリカ哲学』社会思想社、一九七一年三月。
＊高校三年生のとき、倫理社会の授業でウィリアム・ジェイムズ『プラグマティズム』の発表担当になり、友人と近くの図書館に参考書を探しにいって見つけた本。難解な言葉を一切使わずに哲学を明晰に説き、佐々木邦の小説を分析した章まであって、ジェイムズの原著以上の名著だと感嘆した。もっとも四〇年以上経って読み返すと、当時は今以上に何も理解していなかったことを痛感する。
　大木正興『名演奏家辞典』名曲堂、一九五〇年七月。
＊SP時代の主要な海外演奏家の履歴と著者による評価をまとめた事典。高校から大学時代にかけて、ピアニストのブライロフスキー、バックハウス、フィッシャーなどの項目は繰り返し読んで、レコードを持っていなくても演奏を聴いた気になっていた。最近、SP時代の録音がDVDで復刻されているので、再び利用する機会が増えている。

Q2　若い世代にもっとも薦めたい本は？
　とくになし。
＊薦めるにしても、相手の関心や性格によって変わってくるので、一般論を述べるのは私にはむずかしい。

Q7　いま、あるいはかつて好きだった雑誌は？
『Poetica【ポエティカ】』小沢書店月報、一九九一年九月―一九九三年三月（全一〇号）。
＊富士川英郎、吉田健一、磯田光一など、毎号の特集を楽しみにしていた。
『アルプ』創文社。
＊バックナンバーをときどき神田の悠久堂書店で買っていた。

Q9　忘れ難い至言、あるいは好きな書き出しは？
・尾崎喜八『碧い遠方』角川書店、一九五一年九月。＝『尾崎喜八詩文集』第六巻（美しき視野）、創文社、一九五九年五月。
「旅行鞄をさげて汽車をおり、改札口に身を乗り出して迎える娘とかたみに両手を握りあい、万感胸にせまればかえって頓には言葉もなく、いそいそと行く我が子のあとに老いたる父親らしく随って、停車場前のちいさな町の坂をくだり、坂をのぼり、蓮華躑躅の咲く丘から郭公の遠音の霞む山手のほうへと、今日からの我が生を託すべき見知らぬすみかへ風薫る高原の道をたどる私であった。／過去は茫々、未来は漠々。ただこの現前の恩寵に私はすがる。それにしても何たる大空、何たる日光、ゆるやかに高まって末は残雪の山々となる何たる裾野の広がりだろう！」

＊冒頭の段落は、すべてが「私」にかかる句点のない長く重い一文から成り、必ずしも自ら望んだわけではない敗戦後新たな高原生活へ向かって、とぼとぼと歩みを進める詩人の心の重さや不安が映し出される。改段落後は一転して、体言止めの多い文の連続となり、新たな希望の芽生えを感じさせる。充実した散文集の冒頭を飾る見事な書き出し。

フィリップ・ターナー作／神宮輝夫訳『シェパートン大佐の時計』岩波書店、一九六八年一一月。

「ダーンリイ・ミルズのウインステイン通《どお》りは、町をぬけて急坂《きゅうさか》をのぼりきると、製粉所《せいふんじょ》の煙突《えんとつ》の煙《けむり》をのがれたのがうれしくて、ついくねくねまがってしまう。」

＊「ついくねくねとまがってしまう」という訳文は、英語原文 “shakes I tself for the joy of” 以上に通りの擬人化が強調されて、本文の内容の面白さを予感させる印象的な冒頭になっている。神宮輝夫訳の日本語からはいつも多くを教えられる。

神品芳夫訳『若きヴェルダーの悩み』『ゲーテ全集』6、潮出版社、一九七九年五月。

「別れてきて、気がはればれしている。親しい友よ、人間の心とはなんたるものか。」

＊数多くの「ウェルテル」訳冒頭のなかでは、神品《こうしな》訳が最も律動感があって私には好もしい。例えばこれを茅野蕭々訳『若いヱルテルの悩み』（岩波文庫、一九八二年一月）の「僕は自分の立去つたことを、どんなに喜んでゐる。よい友よ。人間の心なんて何なのだらう」と比べてみると、半世紀のあいだにいかに訳文が洗練されてきたかがよく判る。

（比較文学比較文化）

▼関口裕昭

Q1　あなたの読書歴にとって忘れ難い記憶遺産は？

白土三平『カムイ伝』

中学一年生の時に学校の図書館で衝撃的な出会いをし、早速自分でも全巻買って読みました。最近は、『カムイ伝全集』を購入し、折にふれてページをめくっています。これまで何度読み通したことでしょう。部分的には絵と台詞をそらんじてしまっているほどです。自分の文学的な原点がここにあると思います。江戸時代初期の架空の日置藩を舞台にし、あらゆる身分と職業の一五〇人を超える人物が登場し、そのひとり一人が実に生き生きと、忘れがたい魅力を持って描かれています。

本書はもちろん漫画ですが、そのテーマ、絵の迫真力、主人公たちのひたむきな生き方などは文学を超えています。はたしてこれまでの日本文学に、江戸時代の身分制度と真正面から取り組んだ作品があったでしょうか？ ちなみに作者の白土三平氏は戦時中に一時、長野県上田市に疎開していましたが、同じ小学校の一年上にいたのが私の父でした。そんなことも含め、いずれ『カムイ伝』論を書いてみたいと思います。

Q2　若い世代にもっとも薦めたい本は？

レイ・ブラッドベリ『華氏451度』

本を読まなくなった若い世代に勧めたい本です。大学の「外国文学」の授業では最初にこの映画版（フランソワ・トリュフォー監督）を見せ、出てきた書物を原作と比較したりします。内容は多くの方がご存知でしょうが、書物が禁じられた近未来を扱ったSFで、主人公モンタークの職業は「昇火士《ファイアーマン》」。禁じられた書物を見つけて燃やす人です。ところが、ふとしたことから一冊の本を盗んで読み（映画版ではディケンズの『デイヴィット・コパフィールド』）、その魅力に取りつかれ、妻にも内緒で深夜まで様々な本を読みふけります。やがて彼は社会の異端分子とみなされ、追われる存在となります。

おおげさではなく、この小説で描かれているのは、本を読まずにスマートフォンを授業中も中毒のように操るような学生たちともオーバーラップします。ほかのブラッドベリの抒情的なSF作品、『火星年代記』や『十月はたそがれの国』なども愛読書です。

Q3　一番新しく買った本は？（秘密ですか？）

先日ウィーン郊外ヒーツィングの古本市で買った、一八九〇年代に刊行された『私たちのウィーン』という挿絵入り町案内と一九〇八年に刊行された『ウィーン　街の写真集』です。両方とも一〇〇年以上前のものですが、絵や写真から目の前に街の風景と人々の姿が鮮やかによみがえります。日本では考えられないことですが、ウィーンの街並みはその時からほとんど変わっていません。逆にほんの少しの変化したところが重要な意味をもっています。今、これらの本をもとに、ウィーンの文学をトポグラフィー（都市空間）から読み直す試みを始めたところです。

Q4　これから読もうと気になっている本は何ですか。

今年の夏にボーデン湖畔のメーアスブルクという風光明媚な町を訪れた際、女流詩人ドロステ＝ヒュルスホフのゆかりの古城や邸宅を訪ね、この詩人への興味が一段と強まりました。ドロステの詩集や書簡をゆっくりと読みたいと考えています。

ドロステはドイツ最大の女流詩人であるにもかかわらず、日本ではあまりよい研究がありません。おそらく彼女が持っていたカトリックの信仰があまりにも重く、暗く、その世界に縛りつけられると感じる人が多いからではないでしょうか。いつか彼女の生涯を扱ったエッセイを書いてみようと思います。

Q5　プレゼントされた一番印象に残っている本は？

小学三年生の時に、父から贈られたスティーヴンソンの『宝島』です。少年向きにリライトされたものでしたが、本の面白さに開眼し、『三銃士』、『ロビンソン・クルーソー』と読書の幅が広がっていきました。

Q6　もっとも忘れ難い書評は？

手前味噌で申し訳ありませんが、文化人類学者の今福龍太さんが拙著『パウル・ツェランとユダヤの傷』（慶應義塾大学出版会）を、『読売新聞』で取り上げてくれた書評です。地味な研究書でしたが、渾身の力を込めて、そのときの自分の持っている力をすべて出し切って書いたので、努力が報いられた気がしました。その書評は「厳密な考証の上でなされる、詩人の痛みとの合一への希求。研究と創作の越え難いとされる断絶を踏み越えてゆく、果敢な挑戦である」と締めくくられていました。

Q7　いま、あるいはかつて好きだった雑誌は？

今ではすっかり離れてしまいましたが、大学院時代に編集を手伝った文芸雑誌の『三田文学』に個人的な思い入れがあります。岡田隆彦と坂上弘両氏が編集長の時代です。ここで原稿の下読みから校正、パーティの準備、雑誌の発送（袋詰め）など、ありとあらゆるお手伝いをしました。今はもう亡くなられた大家（安岡章太郎、田村隆一など）、あるいは駆け出しの作家などお会いした人は数知れず、その文章や生き方から多くを学びました。

先日、ウィーンで辻仁成さんとお会いしたとき、辻さんの初期の短編「オープンハウス」の編集に携わったとお話しすると、「三田文学でのあの一時期がぼくには大きな文学への可能性と示唆を与えてくれました」とおっしゃっていただき、とても嬉しかったです。また、目立たなくとも、すばらしい仕事をされている方もいました。もう亡くなられましたが、出色のエミリー・ディキンスン論を書いていた安藤美登里さんなどです。これをきっかけに、私にとってもディキンスンが身近な、重要な詩人となりました。文芸雑誌とは、著名な方だけでなく、こうした隠れた、よき書き手を発掘しなければならないと痛感しました。

Q8 貸したまま返ってこない本、あるいは返し忘れている本は？

返さない可能性がある人に、返してもらわないと困る本は原則的に貸しませんので、お尋ねのような悔しさはあまり感じたことがありません。しかし衝動的にプレゼントとして友人にあげてしまった、ジュリアン・グリーン（福永武彦訳）『モイラ』は残念なことをしたと思います。むしろ後悔しているのは、幼いころ読んだ本をほとんど破棄してしまったことです。もしあの本がまだ手元にあったら、と瞼を閉じてページを開きます。しかし、その絵や文章が目に浮かぶ寸前のところで、すべてが消え失せてしまいます。でもそれでいいのかもしれません。一度だけですが、子供のころ感動した本を苦労して古本で入手し、読み直しました。しかし昔の感動は戻ってきませんでした。悲しい体験でした。

Q9 忘れ難い至言、あるいは好きな書き出しは？

私のささやかなモットーのひとつは「平常心是道也」（『正法眼蔵随聞記』）で、生涯の師ともいうべき桑原岩男先生に教わった言葉です。ほかに幾つか、本に関わる名言で気に入ったものをあげておきます。

アナトール・フランス「本は人に貸してはならない。貸せば戻ってこないからだ。私の書斎に残っている本といえば、そうして人から借りた本ばかりだ」。

フランツ・カフカ「書物はわれわれの内なる凍った海のための斧である」。

ハインリヒ・ハイネ「書物を燃やすところでは、最後には人間も燃やすことになる」。

ヘンリー・ソロー「図書館とは本でできた広大な原生林だ。重要なのは、あるテーマに関してどの本を読むべきかを正しく見極めることである。それについて書かれた本は千冊もあるかもしれないが、ほんとうに読む必要のあるものは三、四冊に過ぎない」。

W・H・オーデン「本物の本とは、私たちが『読む』ものではなく、私たちを『読ませる』ものだ」。

Q10 その他。ご自身で質問を作り、自問自答でも。

今ウィーンに暮らしていますが、こちらでは書店でもカフェでも作家の朗読が盛んで、たくさんの人が聞きに来ます。作家自身の声が極めて重要で、読者は黙って本を読むときも、頭の中で、声には出さずとも朗読するかのように読んでいるのだと思います。日本でも最近、書店で対談やサイン会などが行われているようですが、朗読という形式は少ない。私はヨーロッパの朗読の文化をぜひ日本でも広めたい、できればどこかのカフェで定期的な催しにしたいとひそかに思っているのですが、どなたか共鳴し、協力してくださる人はいませんか？

（ドイツ文学・比較文学）

▼千石英世

Q1 あなたの読書歴にとって忘れ難い記憶遺産は？

『バンビ』。こう一度すらっとお答えして、というのは、このバンビが絵本であったことがなめらかな思い出のなかにあったからなのですが、絵本といえば、ページは厚紙でカラー印刷のはずですが、しかし、いや、あれはそうではなかった、あれはざらついた紙ページだった、と記憶が訂正されました。で、ネット検索して分かったのですが、手塚治虫に『バンビ』がある。昭和二六年だという。むろんそれ以上のことはネットでは分からない。手塚まんがの『バンビ』にあの山火事の場面はあるのでしょうか。あの凄惨な場面、あれが、我がトラウマ。「バン・ビイ〜イは〜」の声、声、声。

Q2 若い世代にもっとも薦めたい本は？

いろいろリーディング・リストを作って手渡したりもしておりますが、若い世代といっても相手の様子を見てひとさまざまということがあって、一律には言えないと考えています。

Q3 一番新しく買った本は？（秘密ですか？）

本を買わなくなった。書庫に買いためたものを手にとってという感じが多いです。

Q4 これから読もうと、気になっている本は？

これはいま手元になく、タイトルの細部不正確ですが、*Art in Theory from 1850 to 1909*、及び同 *from 1910 to 2000*、電話帳みたいな膨大な芸術批評セレクション全二巻です。米国大学の文学部院生向け参考書でしょうか。

むろんわたしはヒロイヨミをするのです。原書ドイツ語、原書フランス語も英語になっていて、しかも、そのさわりを集めたものです。

Q5　プレゼントされた一番印象に残っている本は？

『白鯨モービィ・ディック』

『八月の光』

Q6　もっとも忘れ難い書評は？

最近私も関係して上梓になった斎藤義重著『無十』（水声社）への『美術手帖』掲載の書評。見事なもので当該出版に関係したものとして襟をただす思いをいだいております。

Q7　いま、あるいはかつて好きだった雑誌は？

雑誌ではないが『週刊読書人』。扱われているのが本格書で、またそのジャンルが広いのがありがたい。参考になる。雑誌限定では、米国のかつての雑誌 *Partisan Review* の復刻版全冊。

Q8　貸したまま返ってこない本、あるいは返し忘れている本は？

『ヘルダーリン全集』、貸した借りたではなく、質屋に入れて、それっきりになった。質屋が本を受け入れてくれたのがいまでは不思議です。ちなみに通読読破していたわけではありません。遠いむかし、ひとには言えない理由でその手に握った小額の金スをどうしても必要としたわたしがいた。

Q9　忘れ難い至言、あるいは好きな書き出しは？

無数に、星の数だけあって、しかも星座をつくっていて、これといえない。

Q10　その他。ご自身で質問を作り、自問自答でも。

アンケートに答えるのは難しいです。かまえてしまう。かまってしまう。

（文芸評論、アメリカ文学）

▼高橋世織

Q1　あなたの読書歴にとって忘れ難い記憶遺産は？

ルソー『学問芸術論』（岩波文庫）

大学に入学した四月、最初の授業。藤原保信先生の「政治思想史」の授業で、翌週までに課せられた課題レポートの本。その「序文」からして圧倒され衝撃を受けて、学問芸術に携わろうと決意した本。

Q2　若い世代にもっとも薦めたい本は？

古典です。どのジャンルでも構いません。

Q3　一番新しく買った本は？（秘密ですか？）

永六輔『芸人たちの芸能史』（番町書房）、古本です。

この本は大宅壮一監修の《ドキュメント・近代の顔》シリーズの一冊。永氏の記念すべき第一冊目。年譜が便利。尾崎秀樹『日本脱出史』、伊藤桂一『兵隊たちの陸軍史――兵営と戦場生活』等もこのシリーズ。どれもこれも今尚鮮度が落ちていないどころか、発見の連続。映画大学には、数セット完備しておくべき文献である。当時の出版文化人の志の高さと力量に、改めて脱帽。

Q4 これから読もうと、気になっている本は?

勘弁ください。

Q5 プレゼントされた一番印象に残っている本は?

勘弁ください。

Q6 もっとも忘れ難い書評は?

勘弁ください。

Q7 いま、あるいはかつて好きだった雑誌は?

『子供の科学』を長期間定期購読していた。毎号、隅から隅まで舐めるように読みました。科学少年だったのです。

Q8 貸したまま返ってこない本、あるいは返し忘れている本は?

学生には大事な本(書き込みのある)は貸してはいけない。貸す時には、顔とその本を顔の下に持たせ、更に名前と連絡先書かせた紙と共に三つのデータを込みで写メールに残してから貸すようにしているのだが……。

Q9 忘れ難い至言、あるいは好きな書き出しは?

「方丈記」の書き出し。これに勝るものはない。ユク河ノナカレハタエスシテ、シカモゝトノ水ニアラス。(混交文体なので、かな表記は不可、仮名表記の古典の学校教科書がつまらなくなる要因)。大福光寺所蔵本テクストが自筆原典。当時、帝大・英文科の学生だった、まだ無名の金之助(漱石)君の訳した素晴らしい英訳は、英語教師J・M・ディクソンから依頼されたもの。『日本亜細亜協会会報』にその訳文が載り欧州に伝わった。『漱石全集』所収のモノとは異なっている。私は修士論文が佐藤春夫論。彼は戦前に三通りの和文和訳をし、三種類の現代語訳『方丈記』を公表している。今年(二〇一六年)は鴨長明(ながあきらが正しい)没後八〇〇年に当る。古典の書き出しは全て面白い。原稿用紙二〇枚弱の本文。読経のように時々全文を声に出して読誦す。二〇分弱でこの素晴らしい経文は詠み終る。

Q10 その他。ご自身で質問を作り、自問自答でも。

問)毎日一回は手にする本は、何ですか?

答)辞書ほど楽しい本はない。

『広辞苑』は第一版から全て最新版まで全八種類(第二

版には増補版もあった）机上に並べてある。『新明解』他も同様。私の机上には各社の辞書しかない。机に向かった日で、字引きを引かない日は無い。大学等の学術図書を扱う図書館では、当時の言葉（生き物）がアーカイブされているので、以前の版の辞書を廃棄せずに、全て残しておいてもらいたいものである。この場を借りて提言。

（文芸評論家、日本映画大学・附属図書館長　環境思想史・国文学）

▼高山敏幸

Q1　あなたの読書歴にとって忘れ難い記憶遺産は？

仲正昌樹『「不自由」論――「何でも自己決定」の限界』（ちくま新書）

当然のことですが、教員はなってから学ぶことの方がたくさんあります。それは、生徒への指導など経験の蓄積が必要だという意味に限らず、純粋に「学習」しなければならないことが多いということです。授業のため、本書の一部が使われた模擬試験の解説を読んだ際、引用箇所を徹底的に腑分けし模範解答を導くその手腕に、一人の学習者として感銘を受けた覚えがあります（お恥ずかしい話ですが、評論文をまともに読めるようになったのは教員になってからです）。そこから本書と著者を知りました。今も一種の読書案内として、大学入試問題や模擬試験を活用しています。

Q2　若い世代にもっとも薦めたい本は？

桂川甫周（著）亀井高孝（校訂）『北槎聞略――大黒屋光太夫ロシア漂流記』（岩波文庫）

古文を教えていると、どうしても教科書の味気無さが気になってしまいます。各社工夫を凝らしてはいるものの、やはり訓話的なものや王朝恋愛ものといった作品が多くなってしまいます。『今昔物語集』の本朝世俗篇なども面白いのですが、下世話に過ぎるのも考えものです。そこで本書を薦めたいと思います。江戸後期、ロシアに漂流した大黒屋光太夫の聞き書きをまとめた本書は、古文初学者でも読みやすいでしょう。何より大冒険。冷静な観察と知性の大切さ。そして、異文化交流のえもいえぬ滑稽さ。ぜひ若いうちに読んで欲しい本です。

Q3　一番新しく買った本は？（秘密ですか？）

ケン・リュウ（著）古沢嘉通（編集・翻訳）『紙の動物園』（早川書房）

頭のどこかに、「生徒に薦めたい本」という分類項目があります。その条件の一つが、「読書の幅を広げられそうなもの」です。放っておいてもライトノベルやデスゲームものは高校生に人気なので、自然と伝奇やミステリ、あるいはSF作品に目を通すようになりました。書評サイトなどでも話題になっていた本短編集は、SF的なガジェットやアイデアが惜しげもなく散りばめられつつも、心の襞をついてくる繊細な物語が一五編収録されています。移民問題など社会的なテーマもアクセントに出てくるため、高校生の問題意識の涵養にも有用かもしれません。

Q4　これから読もうと、気になっている本は?

町山智浩『最も危険なアメリカ映画　『國民の創生』から『バック・トゥ・ザ・フューチャー』まで』(集英社インターナショナル)

読書経験はなくても、映画ならそこそこ観ているという高校生はいます。ヒットした邦画やディズニー映画を観て、その話題をクラスで振りまいていても、その面白さを説明するにはまだまだ力不足といった生徒たち。彼らに映画の見方を教えるのも、国語教員としての業務の範疇でしょう(?)。特に社会問題や政治と絡めて話をすれば、批評の存在意義についても理解を深めることが可能です。著者の本は、どれもその役目を十分すぎるほど果たしてくれます。読むのが楽しみな一冊です。

Q5　プレゼントされた一番印象に残っている本は?

大江健三郎『万延元年のフットボール』(講談社)

私にとって、本書は青春時代を象徴する作品です。大学二年生の冬、帰省先の祖父宅で雪に降り込められながら、少しずつ読み進めていったことを覚えています。雪に音を飲まれた辺りの静けさと、コタツに入れたむこうずねと心の焦熱と。大学に戻った後、友人たちに薦めてみても、一人を除いてほぼ第一章で投げられてしまったのもいい思い出です。そのことが恩師にどう伝わったのか、就職の記念として函入り初版本を頂きました。その時の感動が、いまだに忘れられません。

Q6　もっとも忘れ難い書評は?

中井久夫『アリアドネからの糸』(みすず書房)

先ほども述べましたが、大学入試問題や模擬試験には受験勉強のためのものと言い捨てられない魅力が隠れています。どんな作品が問題文に採用されるかにも流行りすたりはあり、設問の置き方にも「今必要とされる国語力」という現在性が透けて見えます。そのような意味において、入試問題とは限りなく個と広がりを閉ざされた禁欲的な書評ということも可能ではないでしょうか（少々言いすぎでしょうか）。それでもなお、出題のために引用された箇所から溢れ出す怜悧な論理と包容力のある文体、そしてイメージの飛躍に興奮を覚えました。なにより、所収の「いじめの政治学」に出会えたことがなによりの僥倖でした。いじめの力学を把握する上で、これ以上の文章を読んだことがありません。

Q7　いま、あるいはかつて好きだった雑誌は？

『週刊ファミコン通信』（アスキー）

活字の本を読む大人など周りにおらず、個人書店が数店あるのみという地方に住んでいた私とその友人たちにとって、想像力を発揮する場所は主にテレビのなかでした。まさに、ファミコン世代です。「メディアの隆盛と内容の成熟が、身体と内面の成長とほぼ軌を一にしていたことの幸福さ」などと言葉にするのは、あまりに感傷的でしょうか。他の世代とは相いれることのできない皮膚感覚が、私たちにはあるように思われてなりません。ゲームの話で高校生と盛り上がることはほぼありません。意外に思われるかもしれませんが。

Q8　貸したまま返ってこない本、あるいは返し忘れている本は？

星野智幸『俺俺』（新潮社）

職員室前のスチール棚の空きスペースに、生徒に貸し出すための本を（勝手に）置いています。それは例えば『こころ』『李陵・山月記』など教科書の延長のものであったり、桜庭一樹や舞城王太郎のような小説であったり、あるいは野矢茂樹の『哲学の謎』のような新書であったり様々です。少しでも読書の面白さに気づけるようなラインナップを、と思いながら読み終わった作品を放り込んでいます。本書は二年前に姿を消しました。心当たりのある人は持ってくるように！

Q9　忘れ難い至言、あるいは好きな書き出しは？

「偽りても賢を学ばんを、賢といふべし」

吉田兼好（著）西尾実・安良岡康作（校注）『新訂　徒然草』（岩波書店）

「偽りても賢を学ばんを、賢といふべし」。これは、古文の授業でもおなじみの『徒然草』の第八十五段にある言葉です。この段は短さゆえにか、教科書に採択されているのを見たことはありませんが、これほど心強い学習者への励ましを私は知りません。「たとえ不格好でも、学ぼうとする意志そのものが大切なんだ」と生徒たちはもちろん、自分にも言い聞かせるように語っています。

Q10　その他。ご自身で質問を作り、自問自答でも。

――Q青春をテーマにした本で、お薦めはありますか？
奥泉光『その言葉を／暴力の舟／三つ目の鯰』（講談社）デヴィット・ベニオフ（著）田口俊樹（訳）『卵をめぐる祖父の戦争』（早川書房）／小坂井敏晶『異邦人のまなざし――在パリ社会心理学者の遊学記』（現代書館）

高校生を見ていると、全方位から「輝かしい青春」に囲繞され、溺れそうになっている姿に息苦しさを感じることがあります。いっそ、失敗や情けなさも味なのだと気付いてくれたら。ここでは、苦さとユーモアが絶妙に混じった作品をあげてみました。「暴力の舟」は大学生活の青臭さと残酷さを、これでもかという苦笑いで包んだ名品です。『卵をめぐる祖父の戦争』はナチスドイツに包囲された一九四二年のレニングラードを舞台に、飢えと暴力と、そして友情と笑いと冒険と描き切った素晴らしい作品です。『異邦人のまなざし』は小説ではありませんが、パリ大学で教鞭をとる筆者の自己形成史について、肯定とも後悔ともとれない奇妙な熱量で語られたものです。物語以上に物語的な青春をたどった著者だからか、その発想に蒙を啓かされること多数でした。青春は滑稽だ。だから、苦しむ必要はない。そううつむきながら小声で励ます本があってもよいのではないでしょうか。

（国語教育）

▼武田 徹

Q1 あなたの読書歴にとって忘れ難い記憶遺産は？
玉木明『言語としてのニュージャーナリズム』（學藝書林）『ニュース報道の言語論』（洋泉社）

自分がジャーナリズムについて考えるときの基礎の基礎になっている本。自分なりに色々応用して議論をしているつもりが、本質部分でこの本の内容から一歩も外に出られていない悔しさも感じている。

Q2 若い世代にもっとも薦めたい本は？
清沢冽『闇黒日記』ちくま文庫

読者がいなくても書き、記録する重要性を伝えたい。編集で巻頭に添えられた『我が娘に与ふ』もよい。

Q3 一番新しく買った本は？（秘密ですか？）

アマゾンのマーケットプレイスで昨日、開高健『輝ける闇』（新潮文庫）を買いました。前に図書館で借りて読んでいたが、開高が死んだ年齢になって手元に置きたくなった。「闇」シリーズを今更揃えている。

Q4 これから読もうと、気になっている本は？

戸坂潤とか中井正一は改めて精読したい。

Q5 プレゼントされた一番印象に残っている本は？

唐木順三『詩と死』筑摩書房
高校時代のガールフレンドに贈られた。最近になってようやく読んだ。

Q6 もっとも忘れ難い書評は？

拙著で恐縮ですが、平井玄『ぐにゃり東京』（現代書館）の書評は、書評委員会で宮沢章夫と競り勝って獲得した書評権だったのでずいぶん頑張って書きました。

Q7 いま、あるいはかつて好きだった雑誌は？

月刊『NAVI』創刊から数年と最終巻。

Q8 貸したまま返ってこない本、あるいは返し忘れている本は？

上原隆『普通の人の哲学』（毎日新聞社）が家をさがしても研究室をさがしても見当たらない。貸したままになっているのかも不明。浦沢直樹『PLUTO』全巻。これは学生に貸したまま帰ってきていない。

Q9 忘れ難い至言、あるいは好きな書き出しは？

英語のできる日本人は信用できないと、英語で語ることから鶴見俊輔がカナダの大学で講義を始めたという、確か太田雄三が新渡戸稲造を論じた時に書いていたエピソード。

Q10 その他。ご自身で質問を作り、自問自答でも。

クロールで長く、ゆっくりと泳げるようになるコツをどなたか教えてくれないでしょうか。


（評論家）

▼千葉一幹

Q1 あなたの読書歴にとって忘れ難い記憶遺産は？
渡辺一夫『僕の手帖』（講談社学術文庫）
受験生の時、通信添削の国語の問題で渡辺一夫の随筆が取り上げられていた。ユマニスムの価値を説いたものであった。自身の腕で血を吸う蚊から人間の業であるエゴイズムについて語るなどというエッセイもあった。当時一八歳だった私は、その思考の透徹性に打たれ、このエッセイが収められた『僕の手帖』を買った。透徹性に打たれたといったが、実は今の私は、この本のどこに感応したのか実感を以て理解することが出来ない。ひょっとすると、書簡体で相手に語りかけるような口調にうたれたのかもしれないが、ただ、この本を読んだ後、突然、読む本や文書の内容が頭にスーッと入ってくるようになったことは憶えている。渡辺一夫の主張に影響を受けたというよりも、何かを考える際の定点になるようなものをこの本を通じて得たのだと思う。

Q2　若い世代にもっとも薦めたい本は？

「若い世代」という漠然とした規定に強い違和感を覚える。仮に「若い世代」を一〇代後半から二〇代前半としても、それに該当する者は日本だけでも一〇〇〇万人以上おり、そうした全ての人間に薦めることが出来る本があるとは思えない。

なので五五歳になった私が二〇歳の頃の自分に薦めることが出来る本という風に読み替えて答えることとする。といってこれという本があるわけではない。ただ、一つ薦める基準を挙げておくと、読み辛い、自分の趣味には合わないと思うようなものに接しておけと言いたい。その多くは、古典ということになるが、若いとき、挫折した本、その良さがわからなかった本、解った気になっていた本を、四〇代、五〇代になって読み直すと、どこで二〇の自分が躓きあるいは誤解していたかが解る。それは自分の愚かさを知る機縁となる。

Q3　一番新しく買った本は？（秘密ですか？）

一番新しく買った本ということで言えば、アマゾンの古書で落手した暉峻康隆『落語の年輪　江戸・明治篇』（河出文庫）ということになる。

この本を買ったきっかけは、藤山直樹『落語の国の精神分析』（みすず書房）を読んだことにある。二〇一二年に出版された本だが、その年はフランスに在外研究に行っており、日本にいなかった。在仏中も『読書人』等の書評紙で日本で出版された本の情報は押さえていたつもりだが、この本のことは知らなかった。今年七月に訪れた書店でのブックフェアで見つけた本である。以前から精神分析と落語とは、類縁性があると思っていたが、上手くその結びつきを捉えることが出来なかった。しかし、藤山のこの本を通じて、落語と精神分析との関係性について考える手がかりが得られたと思い、そこで今、落語関係の本を読んでいるところである。

Q4　これから読もうと、気になっている本は？

Q３の解答に係わるが、『志ん朝の落語』全六巻（ちくま文庫）。ただ、落語は、本やＤＶＤで読んだり見たりするよりも寄席に行くべきだと思う。ＤＶＤの方がいいという見解を述べる者もいるが、やはり落語は寄席において観客との反応の中で形成されるもので、精神分析が、眼前の患者との応接の中で成立するものであること同様である。しかし、また精神分析もフロイトの残したテキストなしには論じられないように、落語もまた文字媒体との関連で考える必要はあると思う。

Q5 プレゼントされた一番印象に残っている本は？

高校時代のガールフレンドからもらったサン＝テグジュペリの『星の王子さま』の英訳本（現物が見当たらないので、訳者や出版社は不明）。ちなみにこの本は、私が彼女に送った『谷川俊太郎詩集』（思潮社）へのお返しとしてもらったもの。

Q6 もっとも忘れ難い書評は？

Q1で答えた渡辺一夫『僕の手帖』に載っていたヴェルコール『海の沈黙』を論じたもの。書評というカテゴリーには入らないかもしれないが、ナチ占領下のフランスを舞台にし、フランスに駐留するドイツの青年将校とフランス人女性と交流とも言えぬ交流を描いたこの作品に関する渡辺の解説に甚く感動した記憶がある。敵を人非人のように憎むのでなく、そこに人間性を認めつつ、しかし一線を越えないという、この小説のフランス人女性のあり方に戦争の非人間性とその中でも保ちうる人間性について学んだ。

Q7 いま、あるいはかつて好きだった雑誌は？

小・中・高校生の頃に読んでいた『少年チャンピオン』、『少年マガジン』、『少年ジャンプ』、『少年サンデー』。高校を卒業するまでこの四誌のうちのどれか一誌を毎週買っていた。当時は、これら週刊誌の発行日が本当に待ち遠しかった。

Q8 貸したまま返ってこない本、あるいは返し忘れている本は？

基本的に人に本は貸さないことにしている。貸すなら、返してもらえない覚悟をもって貸すつもりだと公言しているためか、私に本を借りたいという人はここ十年以上いない。

Q9 忘れ難い至言、あるいは好きな書き出しは？

「花に嵐のたとえもあるぞ、さよならだけが人生だ」

大学に入るまで、井伏鱒二オリジナルの言葉と思っていた。これを井伏の言葉として大学一年生時の語学クラスの自己紹介文集に好きな言葉として書いた。そうしたら、それは、井伏の言葉でなく、井伏による于武陵の詩「勸酒」の訳文だとクラスメイトにそれとなく指摘された。田舎者のスノビズムが見事にへし折られた。大学というところは、なるほど怖ろしいところだと思ったのを憶えている。ちょうど『三四郎』で東京へ向かう汽車の中で広田先生から「熊本より東京は広い。東京より日本は広い、日本より……（中略）囚われちゃ駄目だ」と指摘された三四郎のようであった。

Q10　その他。ご自身で質問を作り、自問自答でも。

大変面白い企画だと思う。反面、閨を盗み見るようなちょっと悪趣味なところもあると思う。閨というよりも、フロイトのいう、両親のセックスシーンを見てしまう原光景体験のような気恥ずかしさがあるというべきか。

新宮一成は、この原光景を自身の始原である受胎の瞬間の擬似的・虚構的再現とするが、何につけ「始まり」についての語りには、こうした虚構性がまとわりつくものだ。

私自身は、結構まじめに答えたつもりだが、他の回答者は真摯に問いに向き合ったのか気になるところだ。と思うこと自体が、覗き見趣味か？

（文芸評論）

▼遠山義孝

Q1　あなたの読書歴にとって忘れ難い記憶遺産は？
西田幾多郎『善の研究』岩波書店

高三の時に図書館で手にして読み始めたものの、殆ど何もわからずたいへんなショックを受けた。それまでの愛読書が野村胡堂の『銭形平次捕物控』（全巻）であったこともあろう。その結果、哲学に関心をいだくようになり、経済学ではなく、哲学への道を進むようになった。

Q2　若い世代にもっとも薦めたい本は？
カント『永遠平和のために』

数種類の翻訳が出ており、いずれも入手可。注と哲学的解説を付した「岩波カント全集14」の拙訳「永遠平和のために」もお薦めしたい。

Q3　一番新しく買った本は？（秘密ですか？）
立花隆『自分史の書き方』講談社

Q4　これから読もうと、気になっている本は？
セルバンテス『ドン・キホーテ』岩波書店

昨年ラマンチャ地方を訪れたとき、スペインの著名なセルバンテス研究家デ・リケールが、『ドン・キホーテ』を読んだことがない人にはおめでとうといいたい、なぜならドン・キホーテを読む楽しみが人生に残されているのだからと語っているのを知った。風車の風景を見ながら気になっていた本である。

Q5　プレゼントされた一番印象に残っている本は？
夢枕獏『神々の山嶺』集英社

アルプスのメンヒに登頂して帰国後にプレゼントされたので忘れがたい。日本にもこんな面白い山岳小説があったのかと一気呵成に読了した。

Q6　もっとも忘れ難い書評は？

特に記憶に残るものはありません。

Q7　いま、あるいはかつて好きだった雑誌は？

かつて好きだった雑誌は『文芸春秋』。八年間のドイツ留学中、毎月日本から届くのが楽しみであった。

Q8　貸したまま返ってこない本、あるいは返し忘れている本は？

ジル・ドゥルーズ、フェリックス・ガタリ『カフカ――マイナー文学のために』法政大学出版局
貸した相手が亡くなったため、返してもらっていない。返し忘れている本はありません。

Q9　忘れ難い至言、あるいは好きな書き出しは？

好きな書き出し。夏目漱石「草枕」の「山路を登りながらこう考えた」。自分が山登りをするとき、このことばを呪文のようによく唱えたものである。

Q10　その他。ご自身で質問を作り、自問自答でも。

日本の読者に読んでもらいたい本がありますか。

戦後生まれのユダヤ系ドイツ人の作家、ラファエル・ゼーリヒマンの自伝的小説『ルービンシュタインのオークション』。戦後ドイツのタブーを越えて「ドイツ・ユダヤ人」としての自己を表現し、「ドイツ・ユダヤ共生」復活を試みた作品である（cf.「新しいドイツ文学の可能性」『群像』一九九三年二月号）。この小説は、すでに日本語に全訳されているのであるが出版先が見つからず、いまだに日の目を見ていない。


（哲学・ドイツ文学）

▼冨原眞弓

Q1　あなたの読書歴にとって忘れ難い記憶遺産は？

シモーヌ・ヴェイユ『神を待ち望む』渡辺秀訳、春秋社
学生寮の受付の本棚に捨ててあった、というか、退寮者のだれかが残していった本を、大学二年のとき、たまたま手にとった。それが大げさでなく生涯を決定づけることに。原語で読むために、フランス語を独習し、大学院でもフランス文学専攻、その後、哲学専攻へと進んだ。それから初めて訳した単行本がヴェイユの『ギリシアの泉』だった。いま読みなおすと、若さの気負いがみられて恥ずかしいところもあるが、当時の編集者のかたとのやりとり（ご叱正）などリアルに覚えている。生来の飽きっぽさにもかかわらず、いまだにヴェイユは卒業できずにいる。

Q2　若い世代にもっとも薦めたい本は？

ゲアリー・ブラックウッド『シェイクスピアを盗め』安

達まみ訳、白水社
孤児のウィッジ少年の特技は速記術。ロンドンで破竹の勢いの宮内大臣一座に、少年俳優志望として潜りこむ。一座のおとなたちからは信頼され、少年たちとは友情を育むうちに、ウィッジ少年の悩みは深まっていく。当代一の座付き人気作家シェイクスピアの芝居を、速記術を駆使して「盗む」という、ひとには言えぬ密命をおびていたのだ。孤独、友情、信頼、裏切り、若者にとって切実なテーマが、ちょっと笑えて、ちょっとしんみり、当時の風俗もしっかりと踏まえて描かれる。ヤングアダルトの秀作は、おとなが読むと泣かされる。
Q3　一番新しく買った本は?（秘密ですか?）
『ギリシア喜劇名言集』ギリシア喜劇全集編集部編、岩波書店
「一番新しく」はないのだけれど、あんまり楽しい本なので。同時に買った『ギリシア悲劇名言集』も読みごたえがあったけれども、そちらはある意味、想定内。重厚で、考えさせる。こちらは、不覚にも、想定外のおもしろさ。たとえば、「多くの理屈の周りには、悪辣な意図がある」（メナンドロス、一三八頁）、「必要でもない時に哲学を語る君は愚か者だ」（作者不詳、一五一頁）、「急いでプラトーンのところまで行き弟子になるがよい。石鹸とタマネギのことが分かるようになるだろう」（アレクシス、一六五頁）などなど。鬱屈した名門貴族ラ・ロシュフコーの毒舌にも、洒落のめしたワイルドの人刺す寸鉄にも負けぬ、まあ、身も蓋もない、シニカルでぶっとんだ台詞の数々。
Q4　これから読もうと、気になっている本は?
グードルン・パウゼヴァング『片手の郵便配達人』高田ゆみ子訳、みすず書房
最近、第二次大戦前後に書かれた、あるいはこの時期を主題にしたドイツ文学や哲学が気になってしようがない。これまではどちらかというと「侵略された」フランスの視点から戦争を俯瞰してきた。圧倒的に多くのフランス語文献を読んできたから、当然かもしれないが、ひとつの国や地域の住民を「侵略者」「加害者」と短絡的にひっくるめるべきではないことを、いつになったら学ぶのだろうか。この小説の作者は一七歳で敗戦を経験した。だが、この書が刊行されたのは二〇一五年である。経験を言葉にするのに戦後七〇年の歳月がかかったのかと思うと、なかなか手が伸ばせずにいるが、お守りのように身近においてある。

Q5　プレゼントされた一番印象に残っている本は？
鈴木大拙『禅堂生活』横川顕正訳、岩波文庫
　大拙の臨済宗円覚寺での禅修行と中国禅籍からの自由な引用からなる英文著書 *The Training of the Zen Buddhist Monk* の邦訳。邦訳された自著を読んで、大拙いわく、「東洋の事物に暗き人達」を対象とすると「色々とわかり切ったような事」まで説明しがちで、「そのまま邦文にすると、何だか変なものになることを免れえぬ」とはいえ、日本語への翻訳過程において「一種の新鮮味」や「従来とは異なった視点」も認められるので、「邦人が読んでも満更無益でないかも知れぬ」。たしかに、「東洋の事物に暗き」読者のわたしには、ありがたい手引きである。近年、「二重翻訳」の意義に思いいたった翻訳家としても、腑に落ちる言葉だった。本著は解説を寄せておられる円覚寺派管長の横田南嶺師から戴いた。横田師によると、「居士」の呼称はかつて「在家仏教信者」をさしていたが、「近世においては善の修行者」として使われているそうだ。「大拙居士こそ、自ら深く禅を修行された『居士』と称するに値する方であったことを忘れてはならない」という言葉を胸に、一日やっとの思いで数頁ずつ読んでいる。速読になじまない本もある。

Q7　いま、あるいはかつて好きだった雑誌は？
雑誌『エピステーメー』朝日出版社
　一九七五年から一九七九年まで刊行された月刊誌。フーコー、ドゥルーズ、ガタリ、ラカンら、一九七〇年代フランス現代思想の「とんがった感」満載で、中身は（すくなくとも学生のわたしには）やたらに難解で、中も外も装幀がものすごくかっこよかった。とある古書店のＨＰには、「まとめて美術の棚の上」に並べてあると書かれていた。むべなるかな、ほんとうに美しい雑誌なのだ。その後、何度も引越をくりかえしてきたが、これら十冊余の『エピステーメー』はそのつど処分を免れ、いっしょに移動してきた。装幀だけではない。特集のタイトルもかっこいい。「風・プネウマ　生と死のスーユ」「カフカ　不在のオリジン」「時計　クロノスの変容」「眼球　まなざしの哲学」「光　メタファーとしての真理」。ジャケ買いならぬ、タイトル買いもアリだなと思わせるほど。いま読みかえすと、執筆者や翻訳者もむちゃくちゃ豪華。いろんな意味で贅沢な雑誌だった。

Q8　貸したまま返ってこない本、あるいは返し忘れている本は？
ラビンドラナート・タゴール『ギータンジャリ』
　何十年も昔の学生時代、学生寮の先輩に感化されてイ

ンド熱に浮かされ、ベンガル・ルネサンスの詩聖タゴールの作品を詩人自身の英訳で読みはじめた。一時は暗誦できるほど好きな詩もあった。いまだに行方不明なのは、代表的詩集『ギータンジャリ』の邦訳で、だれに貸したのもかも覚えていない。手許にはMacMillanの英語版はあるのだが、なんとなく残念な気がして、買い直しができずにいる。

Q9　忘れ難い至言、あるいは好きな書き出しは？

Paul Nizan, *Aden Arabie*, PCM / éditions la découverte

二十代半ばにフランス語で読んだ冒頭は忘れがたい。「ぼくは二十歳だった。人生のもっとも美しい年齢だなんて、だれにも言わせない」。これほど寡黙な絶望の叫びがあるだろうかと思った。表題のフランス語『アデン、アラビィ』の呪文のごとき響きにうっとりした。この地上に実在する地名とは思えぬふしぎな音韻。やはり二十歳で筆を折った詩人ランボーがかの地に匿われていたことを知り、「アデン」の名はいよいよ破壊力を増した。そういえば、トーヴェ・ヤンソンの母のシグネ・ハンマルステン＝ヤンソンが、アフリカのガフサに旅したいと言っていた。どうしてと聞く娘に、「名前の響きが好きだから」と答えた。行ったこともないのに、むやみに郷愁をかきたてる地名がある。

（大学教員・翻訳家　フランス哲学・北欧文学）

▼中村和恵

Q1　あなたの読書歴にとって忘れ難い記憶遺産は？

大変むずかしいです。忘れた分も含めて全部、読んだもの聞いた話はわたしの記憶遺産だと思います。遺産といっても脳内ですから死んだらなくなりますが。

Q2　若い世代にもっとも薦めたい本は？

なんでも好きなものを読めばいいと思います。学部の授業で複数の学生から「人生に大いに参考になった」といわれたのは姉崎等（語り）片山龍峯（編）『クマにあったらどうするか：アイヌ民族最後の狩人　姉崎等』ちくま文庫、二〇一四です。冗談じゃないです、本気です。大事なことはみんなクマに教わったというクマ撃ちの名人から、生きること、食べること、命をもらうことの意味を教わることができます。

Q3　一番新しく買った本は？（秘密ですか？）

Nicholas Shakespeare, *Bruce Chatwin*, Vintage, 2000 (first published in 1999).

以前読んだことがあって、キンドル版も買ったはずなのにどこにあるのかわからず、また買いました。必要なので。ブルース・チャトウィン神話がごっそり崩れると同時に、イギリス人の仲間意識と排他性がくっきり浮上し、同時にチャトウィンという人物の本質が見えてくる感触がある、すごい伝記だと思います。日本語には多分ならないんだろうな、本文だけでペーパーバック五五〇頁なので。

Q4　これから読もうと、気になっている本は？

ありすぎて一冊だけ挙げることがどうしてもできません。考えたくもないほどです。

Q5　プレゼントされた一番印象に残っている本は？

これもありすぎてどうにもなりませんが、笑えるのは父親が買ってくれた鶴見和子『南方熊楠　地球志向の比較学』講談社学術文庫、一九八一と『南方熊楠選集（第六巻）履歴書・燕石考ほか』平凡社、一九八五でしょうか。プレゼントされたというより彼がそのとき気になっていた本で、読むべし！　と渡されたかんじでしたが、大変興味深かったです。同時に大人になりかけの頃だったので、こういう下ネタ満載の本を娘に渡して全然なんにも考えている様子がないうちの親父は父親であるというより文学青年なのだと改めてしみじみ考えました。

Q6　もっとも忘れ難い書評は？

自分の本の書評ということでしょうか？　それなら読んでくださっただけで全部ありがたいとおもっているので、どなたのがどうということはないです。他人の本の書評ということなら、ナイジェリア人作家チヌア・アチェベのジョゼフ・コンラッド『闇の奥』評でしょうか（Chinua Achebe, "An Image of Africa: Racism in Conrad's 'Heart of Darkness'" *Massachusetts Review* 18. 1977）。「差別主義者」と言い切った批判にはもちろん本人のつっこみ含め、批判はありますが、言うべきことは喧嘩になっても言うよ、というその態度、あっぱれと思います。ラゴスでアチェベの爪の垢を売っていたら買って飲みたい・飲ませたいです。

Q7　いま、あるいはかつて好きだった雑誌は？

オーストラリアの文学研究誌 *Kunapipi* が大好きでした。ポストコロニアル文学研究の先駆的存在でしたが、キーパーソンを失って失速しました。Kunapipi はオーストラリア先住民の神話で重要な存在である虹へビ（龍神的な精霊）の名です。いま好きな雑誌は『世界』です。編集長の清宮さんがどうやってあんなヘヴィなエッセイを毎月がんがんロックに出しつづけられるのか、木登りへビかなんかになって秘密を知りたいです。偏執狂的な主題にとり組んでいるときの『装苑』も好きです。

Q8　貸したまま返ってこない本、あるいは返し忘れている本は？

忘れました。

Q9　忘れ難い至言、あるいは好きな書き出しは？

またしてもありすぎてどれかだけ選べません。いま目の前にあって忘れ難い背表紙を選ぶとすれば、相田光明『北方古代文化の邂逅・カリカリウス遺跡（シリーズ「遺跡を学ぶ」０９８）』新泉社、二〇一四。カリカリウス遺跡は日本・北海道の遺跡の名前。その響きを思う度にあたまがぶっとびます。わりともう細かいことはどうでもいいって気になります。

Q10　その他。ご自身で質問を作り、自問自答でも。

本だけをことばの源として特別視する必要はこれからなくなっていくんじゃないかな、と思うと同時に、携帯しか見ない人のことばはなんだかつまらないな、とも思ったりしています。ことばと声と歌と踊りと物語と世界のすべてを一緒にする感覚を取り戻したい、と思うと同時に、本だけ読んで誰にも会わずどこにも行かず暮したいとも思います。


（詩人、比較文学者）

▼中村邦生

Q1　あなたの読書歴にとって忘れ難い記憶遺産は？

記憶は必ずしも定常的にあるのではないので、忘れ難い本への思い出し方の力点が、折によって異なるが、それでも今、あえて記録すれば以下のようになる。

岩田有史『父の口笛――十歳の詩集』

八歳の時に住んでいた学生寮（児童文学者の福地文乃の紹介で、母が賄いの仕事をしていた）の隣にミシンの台座を作る木工場があり、私はそこの工員と親しくなった。その人は詩人で私にも詩を書くことを熱心に勧めてくれた。工場が閉鎖されるまでおよそ一年、ときどき作品らしきものを持参し、感想を求めた。その折、参考書として貸してくれた本が『父の口笛』。当時、どこをどう読んだかまったく覚えていない。ただ、二歳年長の少年の詩を例に、木工職人の詩人から受けた助言をかろうじて一つだけ覚えている。うれしいとか、かなしいとか気分を直接書くとつまらない。情景だけを書きなさいというもの。

転校した小学校の宿題で、夏の夕方、見知らぬ家の軒下で迷子の犬と一緒に、雨宿りをしている情景だけの詩を書いた。教室で紹介されたものの、担任の教師（熱意のある先生で、私は親しみを感じていたのだが）から、根拠は説明されないまま、学習雑誌に載った投稿詩の模倣の疑いをかけられた。理不尽で不当な疑いにあまりにも驚き、抗議もできなかった。ところが、奇妙なことに、雑誌に私の詩とそっくりな作品が本当にあるのかもしれないという思いがつのって、鬱屈した気分を引きずり、急速に詩を書くことへの関心がなくなった。

それから約十年後の冬、井の頭線明大前の小さな古本屋・小林書店で『父の口笛』を見つけた。版元は小山書店。何と草野心平の推薦文つき。清新な詩が多いことに改めて気づいた。「こんな林に／にあわぬラジオ／ニューヨークのまんなかで／おにぎりをくうのと同じだ」。二十歳前後までの読書歴に限っていえば、他に次のような本が忘れ難い（あるいは忘れてはいけない）ものになろうか。

吉川英治『宮本武蔵』（初めて夢中になって読んだ長編小説）／林房雄『文芸時評』（朝日新聞連載のとき。小説、評論はもちろん、詩集や童話すら並列して論ずる主情的な時評に、高校生の私の読書に影響を与えた）／ブランショ『文学空間』／天沢退二郎『宮沢賢治の彼方に』（この二冊で文学テキストの読み方が変わった）／マラマッド『魔法の樽』（英語の原書をいつも持ち歩き、気まぐれに耽読していた忘れ難い短編集）／ドストエフスキー『罪と罰』（熱にうかされたような若き日の読書経験のことは、『書き出しは誘惑する』四章に詳述した）／矢内原伊作『ジャコメッティとともに』（人に会うごとに薦め、貸し出し用にもう一冊持っていた）。あとは何だろう？

Q2　若い世代にもっとも薦めたい本は？

一冊となれば、やはりマーク・トウェインの『ハックルベリー・フィンの冒険』だろうか。小説に期待される面白さが満載で、まだ読んでいない人がいれば、羨ましい。なぜなら、これから読む喜びが待っているからだ。野生児ハックの奔放な口調や活力に満ちた逸脱ぶりの魅力もさることながら、この小説は五感の刺戟にあふれていることにも大いに心動く。それは十九章の冒頭の場面を読むだけでも了解できるにちがいない。

Q3　一番新しく買った本は？（秘密ですか？）

秘密の本など買ったことはない（と思う）。この一週間でいえば、以下のとおり。

東京都写真美術館の展覧会カタログ『杉本博司　ロス

トヒューマン』／青森近代文学館の資料集・第七輯『今官一・未発表作品集「月下点」他』／『おとな女子が見たい世界の絶景100』／浜口稔『言語機械の普遍幻想』／『二十世紀：ある小路にて――ネパール女性作家選』など。

Q4　これから読もうと、気になっている本は？

『ヨブ記』を欽定英語訳で再読すること。大学二年のとき、必修科目に『欽定訳聖書』の英語演習があり、江河徹先生に『ヨブ記』を中心に講義を受けた。以来、折に触れて拾い読みをしてきたが、これから機会を作って、各種の註解書を参照し試訳を作りながら、じっくり読解していきたい。ある目的があってのことだが、残り時間を考えれば、はたして実現するだろうか。

Q5　プレゼントされた一番印象に残っている本は？

小学校低学年の頃、夏休みや冬休みの長期休暇になると、私は叔父の家に預けられた。数日たつと、ホームシックで蒲団の中で毎夜のように泣いていた。それを察すると叔父は本を買ってきてくれた。大方の本は忘れてしまったが、北欧神話の絵本だけは覚えている。そのワイルドで雄渾な世界に心躍らせ、淋しさに耐えた。

Q6　もっとも忘れ難い書評は？

たくさんあります。忘れ難いとなれば、やはり私の著作への書評で、いずれも「なるほど」感を覚える刺戟的なもの。それを別にすれば、ジョン・アップダイクの書評は、卓抜な修辞性に満ちた評言をいつも楽しんできた。

私の読書歴で忘れられない書評をあえて一篇だけ述べるとするならば、文芸評論家の井上良雄（カール・バルトの研究者でもあった）による梶井基次郎『檸檬』を論じた「新刊『檸檬』」。梶井基次郎を紹介したもっとも初期の書評だが、今でも清新な気分を呼び起す文章だ。

Q7　いま、あるいはかつて好きだった雑誌は？

これも、たくさんありすぎます。ただし、すべて「今」ではなく、「かつて」の雑誌。

『パイディア』（蓮實重彦の名を活字で知った最初の雑誌）、『エピステーメー』。知の動向への深い洞察力が眩しいほどだった不世出の編集者・中野幹隆の記憶とともに。

『都市』。編集長は田村隆一。私は発行元の編集者だったのだが、とりわけ創刊号の充実ぶりは特筆すべきもの。この時期から柳瀬尚紀と親しくなり、彼の家で朝までワーグナーを聞いたりした。

『ハッピーエンド通信』。アメリカ・ポップカルチャーの遊び心にあふれた雑誌で、小冊子のような体裁もお洒落だった。バックナンバーを買いに、渋谷のオフィスに行ったこと思い出す。村上春樹によるドナルド・バーセルミの「センテンス」の翻訳に感心したのも、たしかこの雑誌だ。

『省察』。西田書店から出て、数号で終わった地味な評論誌だが、傑作ぞろいの論考が並び、私はいつも刊行を楽しみに待っていた。一号の巻頭は吉増剛造の「インドの時間」。

『フォリオ a』。かつて友人と出していた雑誌だが、四号で中断。創刊号は手紙のディスクールをめぐる特集で、田村隆一から「お祝いです。原稿料は寄付します」という手紙を添えて、二編の詩が送られてきた。これは全集未収録になっている。

Q8 貸したまま返ってこない本、あるいは返し忘れている本は？
本を人に貸すことも、また借りることも、好きでないし、できれば避けたいと思ってきた。貸す場合、戻ってこないことを前提にするので、返却されなくも後悔はしない。

Q9 忘れ難い至言、あるいは好きな書き出しは？

これもその日の気分によって、思い出し方が異なるが、今日は、機嫌がよろしくないので、高橋新吉の詩句。

「生きてゐる事は滑稽な事だぞ、馬鹿者共／生きてゐる事は滑稽な事だぞ、馬鹿者共／生きてゐる事は滑稽な事だ」


Q10 その他。ご自身で質問を作り、自問自答でも。

「造本、装幀で気に入っている本はありますか」

文字通り『本』という本。株式会社竹尾の製作した書籍。本という物体への見事なオマージュ。紙の見本にもなっている。七八名の選んだ本と七八本のエッセイが、眩暈をおぼえるほど美しく贅沢なデザインで配置されている本の本。


（作家）

▼中村隆之

Q1 あなたの読書歴にとって忘れ難い記憶遺産は？
エドゥアール・グリッサンの第一小説『レザルド川』（恒川邦夫訳、現代企画室）
大学四年次にフランス語の原書で読みました。物語はカリブ海に浮かぶ熱帯の島の山岳地帯に住むタエルという名の黒人少年が、住み慣れた山を離れ、町に出て行く場面から始まります。タエルは、その町で、友人や恋人を得たり、読書を知るものの、その経験によって何かを決定的に失ってしまう。獲得が喪失を伴うという逆説は、その後の読書と人生を通じて、個人的な真実をなしつつあります。

Q2　若い世代にもっとも薦めたい本は？

振り返ってみると、読書の楽しみをようやく知った大学生の頃の私は、詩を敬遠していました。フランス文学といえば、ボードレール、マラルメ、ランボーといった詩人の宝庫である一方、フランス詩の世界は、韻律などの規則を知って初めて観賞できるような、高尚な香りに包まれていました。詩をそうした高嶺の花のように読む必要はないことを知ったのはずいぶん後になってからです。詩のことばは文学の核にあると思っている私としては、やわらかいことばで綴られた詩集をお薦めします。一番は決められませんが、まずは数ある入口の一つに『定本 山之口貘詩集』（原書房）はいかがでしょうか。

Q3　一番新しく買った本は？（秘密ですか？）

古書・新刊問わず先月と今月で入手した本を、一部、列挙します。島尾ミホ『祭り裏』（中央公論社）、『ジット・プミサク』（荘司和子編訳、鹿砦社）、川村湊編『現代沖縄文学選』（講談社文芸文庫）、崎山多美『コトバの生まれる場所』（砂小屋書房）、渡辺武信『移動祝祭日』（思潮社）、東松照明『サラーム・アレイコム』（写研）、赤城修司『Fukushima Traces 2011-2013』（OSIRIS）、『黒田喜夫詩文撰　燃えるキリン』（共和国）、中居裕恭『北斗の街』（IPC）、吉増剛造『瞬間のエクリチュール』（Edition Nord）、レーモン・ルーセル×坂口恭平『抄訳アフリカの印象』（國分俊宏訳、伽鹿舎）。スペイン語の文芸誌『オリヘネス』の復刻版や、ケンブリッジ大学出版の事典『アフリカ・カリブ文学』なども。研究のための本、旅先で入手した本、趣味の本など様々です。独自の領土、独自の風景を有する作品に惹かれる傾向にあります。

Q4　これから読もうと、気になっている本は？

最近買った本のなかでは、届いたばかりの『ジット・プミサク』が気になります。タイのこの高潔な詩人には、本棚に置いていた『ジット・プミサク＋中屋幸吉　詩選』（サウダージ・ブックス）を通じて出会ったばかりです。『ジル・ドゥルーズの「アベセデール」』（國分功一郎監修、KADOKAWA）をこのところ観ているのですが、これがなかなか面白く、改めてドゥルーズの著作を読み込みたいという気持ちでいます。『ディアローグ』

（江川隆男・増田靖彦訳、河出文庫）から再挑戦するつもりです。

Q5　プレゼントされた一番印象に残っている本は？

二〇〇九年から二〇一〇年にかけて、カリブ海の島マルティニックに滞在していた頃に、年長の、大切な友人を何人ももつことができました。そのうちの一人マリウス・ゴタンさんが、エメ・セゼールの詩の朗読ＣＤをプレゼントしてくれたことがあります。本ではありませんが、ゴタンさんが吹き込んだそのＣＤは、二〇一一年に本人が亡くなったことから、忘れ難い形見となりました。同様に、お会いしたことはありませんが、西川長夫さんからお送りいただいた『植民地主義の時代を生きて』（平凡社）もご本人に直接お礼を言う機会を永遠に逸してしまったことから、深く印象に残っています。

Q6　もっとも忘れ難い書評は？

難しい質問です。たとえば『図書新聞』と『週刊読書人』は数年来欠かさずチェックしており、一面の特集や学術・文学欄の書評から刺激を受けていますが、忘れ難い書評を記憶から引っぱり出そうとすると、恥ずかしいことですが、自著絡みになります。依頼されたもののうちでは、パトリック・シャモワゾーの『カリブ海偽典』（塚本昌則訳、紀伊國屋書店）についての書評論文を『思想』に書かせてもらったのが幸運な思い出です。

Q7　いま、あるいはかつて好きだった雑誌は？

二〇〇四年から二〇〇八年頃までの未來社のＰＲ誌『未来』には注目していました。『オキナワ、イメージの縁（エッジ）』に結実する仲里効氏の連載は毎号楽しみにしていましたし、毎号、どれか気になる記事が必ずありました。『現代詩手帖』、『現代思想』、『思想』といった雑誌は関心のある号が出るときには買うようにしていますが、最近はずいぶん頻度が減りました。数号で廃刊となった『VOL』には勢いを感じました。その流れを汲む『HAPAX』の不穏な気配が好きです。

Q8　貸したまま返ってこない本、あるいは返し忘れている本は？

返し忘れている本があります。一五年以上前になりますが、大学院生時代に国立の先輩の家を訪れた際に私がフランス語圏の文学を勉強しているということで、ポール・ヴァレリー『ドガに就いて』（吉田健一訳）を貸してくれたのですが、その先輩に再会する機会はついぞなく、そのままになってしまいました。不思議なことに今では行方知れずです、その本までも。

Q9　忘れ難い至言、あるいは好きな書き出しは？

すぐに出てくることばにこんなものがあります。
「読むことは旅することだ」（J・M・G・ル・クレジオ）
「さびしさを思想化せよ」（東松照明）
「お前が知らないものはお前よりも大きいのだ」（エドゥアール・グリッサン）

Q10　その他。ご自身で質問を作り、自問自答でも。

研究の関係で、フランスから継続的に本を取り寄せるのですが、そうした本のなかに、探し求めていた歴史書がありました。ガブリエル・ドゥビヤンの『仏領アンティル諸島の奴隷』という、私が生まれた年に出版された書です。届いた本は著者の献辞付きで、その宛先は、驚いたことに、ドゥビヤンよりも若い世代のカリブ海史の専門家ポール・ビュテルでした。調べたところ、ビュテルもまた鬼籍に入り、蔵書が整理されたようでした。このような経緯を辿って私の書棚に漂流してきた本は少なくありません。書物は、書き手だけでなく読み手の記憶をも秘めている。愛おしくもあり、怖くもあります。

（フランス文学）

▼野村喜和夫

Q1　あなたの読書歴にとって忘れ難い記憶遺産は？

私に大きな影響を与えたいくたりかの詩人の本を除けば、ジル・ドゥルーズ／フェリックス・ガタリ『リゾーム』（エピステーメー臨時増刊号、豊崎光一訳、朝日出版社、一九七七、復刻版一九八七）でしょうか。のちに全訳が出る『千のプラトー』（宇野邦一他訳、河出書房新社、一九九四）の、その序文の部分を独立させて先行的に公刊したのがこの『リゾーム』ですが、豊崎光一訳によるその日本語版のそのまた復刻版、私が読んだのはそれでした。まさにポストモダン的状況がさかんに喧伝されていた頃であり、私自身、青春の終わりの記念に第一詩集『川萎え』を出した直後で、今後の展開をあれこれと模索していた時期でした。そこへ『リゾーム』は、書物というよりはパンフレットのような軽さながら、私にある決定的なヒントを与えてくれたのです。もとよりあの独特な「欲望機械」も「器官なき身体」もそれとして理解されたわけではないのですが、訳者の言葉を借りれば、縦横に走りまわる「永久的な反抗」の「爽快なアナルシー」に私はやられたのでした。

Q2　若い世代にもっとも薦めたい本は？

よほどの物好きでもないかぎり、本は読まないほうがいいというのが私の意見です。

Q3　一番新しく買った本は？（秘密ですか？）
　このところ本を買っていません。
Q4　これから読もうと、気になっている本は？
　就眠前儀式に日本の古典を読む習慣があり、昨年（二〇一五）秋には、一〇年かけて『源氏物語』を読了しました。いまは『万葉集』を巻の4まで読みすすめています。あふみのうみ、ゆふなみちとり、なかなけは、こころもしのに、いにしへおもほゆ……　残りの巻を読みながら、わが生も茫漠とフェイドアウトしてゆくのでしょう。
Q5　プレゼントされた一番印象に残っている本は？
　幼い頃、叔父にプレゼントされた船の図鑑。出発のさまざまなかたちが船となってそこに集い、幼い私に、しきりとなにか合図のようなものを痙攣的に発していました。
Q6　もっとも忘れ難い書評は？
　ミシェル・ドゥギー『尽き果てることなきものへ』（梅木達郎訳、松籟社）への私自身による書評。なにしろ、それをもとにして、『オルフェウス的主題』という一冊の本を書いてしまったのですから。
Q7　いま、あるいはかつて好きだった雑誌は？
　いま好きな雑誌はありません。いまはおそらく雑誌の時代ではないのでしょう。かつて好きだった雑誌はいくつかありますが、よく憶えていません。『スタジオ・ヴォイス』とかなかったでしょうか。好き嫌いを超えて、私にとって特別な意味をもっているのは、かつてもいまも『現代詩手帖』です。
Q8　貸したまま返ってこない本、あるいは返し忘れている本は？
　学生の頃、本邦初訳の二〇世紀文学に限定というのが売りだった集英社版の『世界文学全集』を、どこかの古書店で全巻買い求め、大切にしていました。まっさきに繙いたのはジュリアン・グラックの『シルトの岸辺』（安藤元雄訳）であったと記憶しています。ところが、残念なことにすぐに欠番が生まれることになりました。友人がそのうちの第七巻、ヘルマン・ブロッホの『ウェルギリウスの死』（訳者名不明）を読みたいというので、こちらは未読のまま軽い気持ちで貸してしまったのです。こうなると戻ってこないのが世の常。あるときふと読みたくなって、再入手しようとしましたが、古書店でも目にしたことがなく、またどこかで再出版されたという話も聞きませんでした。どうやらこの小説自体が、日本では忘れられたようでした。時は流れ、私はアメリカでこの失われた第七巻を思い出すことになります。アイオワ大学に招聘詩人として滞在していたのですが、そこでのシンポジウムのおりに、ある批評家が『ウェルギリウスの死』のことを話題にしたのです。彼によれば、この小説の運命はどうやら欧米においても似たようなものらしく、ジョイスの『ユリシーズ』にも比せられる内容ながら、文章の難解さなどが災いしてほとんど読まれていないとのこと。するとますます読みたくなりました。ウェルギリウスは古代ローマ最大の詩人。遠い昔の異国とはいえ、同業の大先達がどのように死んでいったのか、いや正確にはその死がどのように文学として主題化されていったのか、知りたくなるのが人情というものでしょう。わが幻の『ウェルギリウスの死』よ、いまごろおまえはどこをどうさまよっているのか。

Q9　忘れ難い至言、あるいは好きな書き出しは？

「もう十分に見た。あらゆる大気にヴィジョンはみつかったし。／もう十分に聞いた。街々のざわめき、夕べに、また陽に照らされて、またいつでも。／もう十分に知った。生の停滞。――おお、ざわめきとヴィジョン！／出発だ。あらたな愛情とノイズのほうへ？」（アルチュール・ランボー「出発」、『イリュミナシオン』所収）。

Q10　その他。ご自身で質問を作り、自問自答でも。

いまおまえが仕事している簡素な和室には、本がほとんどない。なぜ？　――それはもちろん、出発が近いからですよ。なんにしても、本という呪縛から逃れて、とてもすがすがしい気分です。

（詩人）

▼波戸岡景太

Q1　あなたの読書歴にとって忘れ難い記憶遺産は？

書名）星新一『ボッコちゃん』（新潮社）

理由）小学生の頃、はじめて全巻を揃えようと買い始めたのが、星新一の著作シリーズだった。文学とは何か、という大きな問いをさらりとかわしながら、なぜ人は物語を書くのか、という問いにダイレクトに答えてくれる作品集である。

Q2　若い世代にもっとも薦めたい本は？

書名）安部公房『箱男』

理由）他人とつながること、が必要以上に推奨され強制される現代にあって、決してネガティヴな意味ではなく「箱男」になってみるというのは悪くないはずだ。

Q3　一番新しく買った本は？（秘密ですか？）

書名）Jonathan Safran Foer. *“Here I Am”*（Hamish Hamilton）

理由）八面六臂の活躍しているような雰囲気がありながらも、じつは寡作な天才作家が、ついに発表した新作長編小説。

Q4　これから読もうと、気になっている本は？

書名）Robert Coover. *“Huck Out West”*（W W Norton&Co Inc）

理由）ポストモダン文学の重鎮による最新作。西部小説のパロディも多く書いてきたクーヴァーが、あの『ハックルベリー・フィン』をどう料理するのかが見もの。

Q5　プレゼントされた一番印象に残っている本は？

書名）古川日出男『馬たちよ、それでも光は無垢で』（新潮社）

理由）絶望をのりこえる執筆というものがあると教えられた本。著者から届けられた単行本を、その場で立ち尽くすようにして読んだことを覚えている。

（アメリカ文学）

▼平井杏子

Q1　あなたの読書歴にとって忘れ難い記憶遺産は？

ヴィトゲンシュタイン『論理哲学論考』中のことば「語り得ぬことについては　沈黙しなければならない」が二〇代の私を、その後何十年にもわたるアイリス・マードック研究に向かわせた。

Q2　若い世代にもっとも薦めたい本は？

米倉斉加年『おとなになれなかった弟たちに……』偕成社

戦争の悲惨を描いた数多くの作品の中でも、衒いや作為のない希有な記録。

Q3　一番新しく買った本は？（秘密ですか？）

Agatha Christie : Endless Night, Harper.

アガサの原書の中でこの本だけがなぜか行方不明だったのであわてて購入した。

Q4　これから読もうと、気になっている本は？

トニー・ジャット『ヨーロッパ戦後史』上（森本醇訳）、下（浅沼澄訳）二〇〇八、みすず書房

書架にあってとっくに読むべき本だったのに何となく敬遠していたから。

Q5　プレゼントされた一番印象に残っている本は？

ジャン・ジオノ著、フレデリック・バック絵、寺岡襄訳『木を植えた男』あすなろ書房

むかし小さな文学賞を受賞したときに、友人が黙って手渡してくれた。ひとり、もくもくと木を植えよ、ということかと思い大切にしている。

Q6　もっとも忘れ難い書評は？

アルフレッド・アルヴァレズ、早乙女忠訳『自殺の研究』新潮選書

シルヴィア・プラースの詩評を読んで、プラースの詩をすべて耽読することになった。あれは三〇歳のときだった。

Q7　いま、あるいはかつて好きだった雑誌は？

昭和二〇年代から洋裁の内職をしていた母が毎月購入していたファッション誌『装苑』。新しいモードに心ときめかせた記憶と母の思い出が重なって。

Q8　貸したまま返ってこない本、あるいは返し忘れている本は？

オクタビオ・パス原作、キャサリン・コーワン文、マーク・ブエナー絵、中村邦生訳『ぼくのうちに波がきた』岩波書店

訳者からプレゼントされ、友人たちの手から手にわたるうちに消えてしまった。美しい本が忘れられない。

Q9　忘れ難い至言、あるいは好きな書き出しは？

アガサ・クリスティ『牧師館の殺人』早川書房

ミス・マープルが大伯母のことばを引用して「若い者は年寄りをばかだと思ってるけど……年寄りは若い者がばかだということを知ってるんだよ」という。そんなことを口にするおばあさんになりたい。

Q10　その他。ご自身で質問を作り、自問自答でも。

美しいので大切にしている本

荒俣宏訳、ハリー・クラーク絵『アンデルセン童話集』新書館

（英文学）

▼北條勝貴

Q1　あなたの読書歴にとって忘れ難い記憶遺産は？

数えきれない思い出がありますが、今のなりわいと関わりのあるところで書きますと、大学の日本古代史ゼミに入り、最初に仏教史を志したとき、『国史大辞典』『新訂増補国史大系』『大正新修大蔵経』といった辞典、史料、仏典の叢書類が自宅の書架に詰まっていた……それに気付いたときの喜びでしょうか。高校生の頃までは気にもとめなかった分厚く難解な本が、一気に輝いてみえました。また、『大正新修大蔵経』で思い出すのは、中学二年の頃、その横暴ぶりに我慢ならなかった歴史の教

員が出した宿題、「鑑真がなぜ視力を失ったのか、いろいろ調べてみたが分からん。誰か分かった人がいれば」に対し、父が『大蔵経』所収の「唐大和上東征伝」をめくって教えてくれたときのこと。当該記事のコピーを取り、嫌いな教員に報告したのですが、彼は他のクラスの授業で、「北條がお経をみて調べてきた。さすが坊さんの家」とか何とか云っていた。それを聞いた父の捨て台詞が素敵で、「その先生、『お経』っていったのか。まったく、歴史を教えているくせに初歩も知らないのだな。『東征伝』は『伝』だから僧伝、伝記であって、経典じゃない」。すっきりすると同時に、学校の先生といえど完全ではないのだ、恐るるに足らん、と実感することができました。忘れがたい記憶です。

Q2　若い世代にもっとも薦めたい本は?

Ruth Behar, *Translated Woman: Crossing the Border with Esperanza's Story 10th Anniversary Edition*, Beacon Press, 2003.

いきなりの洋書ですが（翻訳がない!）、人類学者ルース・ベハールが、インフォーマントの〝魔女〟エスペランサについて描いたライフ・ヒストリーです。彼女は、出来上がった本をエスペランサへ贈ったところ、「ここに書かれていることは、すでに私が知っていることだし、英語で書かれているので、子供たちに読み聞かせることもできない」と突き返され、返済不可能な負債を実感します。"It pains me to pack the book away. But I understand that not accepting the book is my comadre's way of refusing to be the translated woman." エスペランサがこの本を受け容れないのは、「翻訳された女性」であることへの拒否の仕方なのだ。すなわち、代弁によってサバルタンに押し込められることへの拒絶なのだ。しかし、刊行一〇年後のこの記念本で、ベハールは本の末尾を次のように書き直しています。"But I understand that not accepting the book is my comadre's way of refusing to say good-bye, of refusing to be the translated, of refusing to end this book." すなわち、「彼女が本を受けとらなかったのは、別れをいうことへの拒絶、翻訳されてあることへの拒絶、そしてこの本を終えることへの拒絶なのだ」。本を本で終わらせないこと、関わり続けること。一〇年経ってベハールの辿り着いた実感を、心の深いところで噛み締めたいものです。

Q3　一番新しく買った本は？（秘密ですか?・）

毎日のように買うので、日々更新されます。今日手許に届いたのは、日本生態学会東北地区会編『生態学が語る東日本大震災——自然界に何が起きたのか——』(文一総合出版、二〇一六年)。東日本大震災の被災地域が、自然環境的にはその後どのような遷移を辿っているのか。どうしても人間主体で眺めてしまいがちな災害を、感情を超えて客観的に捉えるために必要な書籍です。

Q4 これから読もうと、気になっている本は?

自分を取り巻いている積ん読の山は、やはり全部読みたい。最近、日本におけるパブリック・ヒストリー(歴史を物語る実践を、人々が生きるために行う日常的行為とみて、歴史語りを専門家の独占から解放し、公共の意見交換のなかに位置づける考え方)的取り組みを調査したいと思っており、その先蹤としての初期共産主義者らに注目しています。自分の幼少の頃の経験から、農村共同体の互助のあり方の大切さと、その問題性をも指摘していった伊藤野枝の文学。世界の片隅に生きるひとりひとりに、愛おしげなまなざしを向けた山代巴の文学。彼女たちの戦いをしっかり受け止め、現代的問題意識と繋ぎ合わせる作業をしてゆきたいです。

Q5 プレゼントされた一番印象に残っている本は?

第一論文を書いて、関係の研究者の方々にお送りしたとき、何人かの方が、ご高著を返礼に送ってきてくださいました。学術書は大変高価なので、嬉しく、ありがたかった思い出があります。しかし、自分のなかでいちばん印象に……ということになりますと、「プレゼント」を拡大解釈しますが、小学生の頃まで母親が毎晩してくれた、読み聞かせですね。『少年少女文学全集』的なものから、松谷みよ子の『日本伝説集』まで。後者は、母親の個人的関心に負うところが多かったようですが、ある姥捨ての話が本当に印象に残っています。山奥のすり鉢のような穴に捨てられた老婆が、闇夜のなか、生き残ろうと必死に這い上る。と、手にやわらかいものが触れたので何かと思っていると、雲間から覗いた月の光に照らし出されたのは……すり鉢の斜面一面を埋め尽くすように棄てられた、赤ん坊の屍だった、という内容。真っ黒なすり鉢のなかに散らばる赤ん坊の白い屍がみえるようで、老婆が触れた赤ん坊の身体の感触が指先に転移したようで、当時の衝撃は未だに忘れられません。伝説というものは、めでたしめでたしの内容だけではないのだなと、自分を物語り化するとすれば、現在のなりわいに繋がるような認識を初めて持ちました。

Q6 もっとも忘れ難い書評は?

すみません、書評はほとんど読まない質です……。しかし、「忘れがたい」という意味では、自分の書いた書評についての経験があります。学会誌の『日本史研究』に書いた某仏教史研究書の書評について、著者から直接、「ここまで深く読んでいただいて、『以て瞑すべし』です」とのお手紙をいただきました。ぼくは書評を書くのが本当に嫌いで、これまでにも何度も断ったり、「依頼は受けたけれど書かなかった」ことも少なくありません。何といっても、直接論争をするよりも、恐らくは奥深い対話が、戦いが繰り広げられる作業です。それに費やされる精神的労力は計り知れない。そんななかで苦労して書いたものが、当の著者に、単に「喜んでもらった」のではなく、「納得してもらった」のは嬉しかった。ぼくの書いた書評を、著者が自分の論文に引用し、新たな研究を展開するきっかけにしてくれたこともあり、これも苦労が報われた気がしました。しかし未だに、できれば、書評はやりたくありません（書評への問いなのに、申し訳ありません）。

Q7 いま、あるいはかつて好きだった雑誌は？

何といっても、学部生時代に一生懸命読んだ、蓮實重彥責任編集『ルプレザンタシオン』ですね。当時はアナール学派、フランス現代思想に完全に「やられて」いましたので、意味が分からないことも多かったですが、毎号ページをめくるのが楽しみでした。今でも記憶に残っているのは、ドゥルーズの映画論と、中沢新一の捕鯨論（のちに『純粋な自然の贈与』に収録された、「すばらしい日本捕鯨」）です。前者は、当時、自主映画を撮っていた関係から。横浜美術館の映像ブースに通い詰め、ブニュエルの『アンダルシアの犬』やマン・レイ、ジャン・コクトーの写真を食い入るようにみつめたり、イメージ・フォーラムに足を運んで、さまざまな実験的映像作品、アートとしての映画が持つ意味について懸命に考えていました。中沢の捕鯨論は、日本の民俗文化を世界史的な枠組み、文化人類学的な構図から眺めることが可能なのだ、そのように対象構成してもよいのだ、という解放感を与えてくれました。小学生の一時期に毎月買っていた、SF雑誌『スターログ日本版』も大好きな雑誌でした。当時のSFファンがいかにインテリかがよく分かる、高度な雑誌でした。

Q8 貸したまま返ってこない本、あるいは返し忘れている本は？

岡野玲子の『陰陽師』一～三巻。

幼稚園頃からの友人に貸して、たぶん二〇年くらい戻ってきていません。新しいの買うか……。本を貸し借りする際に思うのは、最近の学生さんがだんだんとガサツになってきていることですね。ぼくは書物へのフェティッシュな感覚が強いので、カバーが汚れたり折れたりすることを非常に残念に感じてしまうのですが、昔の学生さんは本を貸すと、しゃれた袋に入れて返してくれたり、何某かの手紙やお礼を付けて、とにかくきれいに戻してくれました（とくに女性の場合）。しかし最近は、カバーが切れたり、折れたりしていることが普通にあって、裸のまま戻ってくる。いや、これは学生がガサツになった、本が乱暴に扱われるようになったというより、ぼくが気を遣われなくなったということなのでしょうね。

Q9　忘れ難い至言、あるいは好きな書き出しは？

レヴィ＝ストロース『悲しき熱帯』の最終章にある、「世界は人間なしに始まったし、人間なしに終わるだろう」。当たり前ですが、ふだんの生活のなかでは意識されない。しかし人間は、常にこのことを心に刻んでおかなくてはならないと思います。座右の銘です。

Q10　その他。ご自身で質問を作り、自問自答でも。

本について聞かれてさまざまなことを思い出し、やはり自分の生というものは本とともにあったのだ、とあらためて気付かされました。と同時に、久しぶりに開いたルース・ベハールの本の、「本を本で終わらせない」という示唆。ちょうど最近、個人的な動機もあってインタビューをした元『季刊民族学』編集長の、西岡圭司さんの考え方とも繋がるものでした。すなわち、本を作る過程、取材・執筆・編集・版下作成・印刷・出版・販売に至るその各プロセスが、人と関わり、地域と繋がり、文化を育てる取り組みである。本はひとつのモノであるとともに、やはりメディア＝媒介であって、関係性を構築し続けるものなのだ。いま、自分自身もあらためてある雑誌を作ろうとしているところでもあり、いろいろと考えさせられました。貴重な機会をいただき、御礼申し上げます。

（上智大学教員、歴史学）

▼松川智枝

Q1　あなたの読書歴にとって忘れ難い記憶遺産は？

うーん、一つには決められない……。アラスター・グレイの『ラナーク』（国書刊行会）かガルシア・マルケス『百年の孤独』（新潮社）かブルース・チャトウィンの『ソング・ライン』（英治出版）か。いずれにしても紙の中に世界が完結している物語は私の体験のように残る。

Q2　若い世代にもっとも薦めたい本は？

ブルース・チャトウィンの『ソング・ライン』（英治出版）か。

リアルな旅にしても、精神の旅にしても遠くへ行く経験を若い人たちにもして欲しい。視野を広く持つことのメリットを見つけて欲しい。

Q3　一番新しく買った本は？（秘密ですか？）

アン・レッキー『亡霊星域』（東京創元社）

あれだけの世界を創り上げた『叛逆航路』の続編なので、どう続けられたのか気になる。

Q4　これから読もうと、気になっている本は？

国書刊行会「ドーキー・アーカイブ」

どれくらい続けられるのかなぁと気になるので。

Q5　プレゼントされた一番印象に残っている本は？

あまり人から頂いたものでピンとくるものはないのです。やはり本は自分で探すものかと。

Q6　もっとも忘れ難い書評は？

ごめんなさい。書評は思いつかないです。

Q7　いま、あるいはかつて好きだった雑誌は？

『STUDIO VOICE』

昔はすみからすみまで読んでいたなぁと懐かしく思い出します。

Q8　貸したまま返ってこない本、あるいは返し忘れている本は？

人に貸すことはあっても借りることがないので、返し忘れはないですが、返してもらってないものはマンガくらいで大して惜しくは感じません。

Q9　忘れ難い至言、あるいは好きな書き出しは？

池波正太郎の『剣客商売』（新潮社）のどの巻かは思い出せませんが「金はあっても不幸、なくても不幸」↑みたいなニュアンス……。

正確には覚えていないのですが、電車の中で泣いたことは覚えています。

Q10　その他。ご自身で質問を作り、自問自答でも。

本を読む意味とは？

そこに意味はないかもしれない。特に学術書や実用書でなければ。だけど私たちは小説や随筆を読んでしまう。その意味がなんなのか、私にはまだよく分からないでいる。


（書店員）

▼松永美穂

Q1　あなたの読書歴にとって忘れ難い記憶遺産は？

少年少女世界の文学『小公子・小公女』（河出書房）F・バーネット、川端康成訳。さし絵は岩崎ちひろと駒宮録郎。解説は谷川俊太郎。

「なかなか読み終わらない本がほしい」と言ったら、七歳の誕生日に父方の祖母がプレゼントしてくれた本。二段組四二二ページ。くりかえしくりかえし読んだ、大好きな本。

Q2　若い世代にもっとも薦めたい本は？

V・フランクル『それでも人生にイエスと言う』山田邦男・松田美佳訳（春秋社）

Q3　一番新しく買った本は？（秘密ですか？）

津島佑子『狩りの時代』（文藝春秋）

Benedict Wells: *Vom Ende der Einsamkeit* (Diogenes)

Q4　これから読もうと、気になっている本は？

いま、エルフリーデ・イェリネクの本をいろいろ読もうとしています。

Q5　プレゼントされた一番印象に残っている本は？

たくさんのすばらしい本をいろいろな方からいただいたので、一冊に絞るのはほんとうに難しいことです。強いて挙げるとすれば、大江健三郎『晩年様式集』（講談社）。ふだんお目にかかることのない著者ご自身からいただきすでに一冊持っていたけれど、ほんとうに嬉しかったのを覚えています。

Q6　もっとも忘れ難い書評は？

B・シュリンク『朗読者』（新潮社）を翻訳したときに、川本三郎さんが毎日新聞に書いて下さった書評です。（あ、これはもしかして書評全般についてのご質問でしたか？　意味を取り違えたかもしれません。ごめんなさい！）

Q7　いま、あるいはかつて好きだった雑誌は？

『MONKEY』

柴田元幸さんの出版活動にリスペクトを感じます。

Q8　貸したまま返ってこない本、あるいは返し忘れている本は？

前に勤めていた大学で、ディートリヒ・ボンヘッファーの評伝を学生に貸したまま、二〇年が経ってしまいました。

Q9　忘れ難い至言、あるいは好きな書き出しは？

多和田葉子『犬婿入り』（講談社）冒頭

テンションの高い、長い一文が、何度読んでもおもしろい。

（大学教員・翻訳家　ドイツ文学）

▼松村幹彦

Q1　あなたの読書歴にとって忘れ難い記憶遺産は?

安部公房の『壁』(新潮社)です。

氏の作品を初めて読んだのは中学一年だったと思います。そのあたりは曖昧なのですが、最初の感想は「わからないけどワクワクする」でした。我ながら変です。のちにそのよくわからないものの正体は「不条理」だと知ったのですが、それまで、理路整然とことが進み、困ったときは誰かが助けてくれることが常だった私の世界を作品がひっくり返したのが気持ちよかったのでしょう。しかし今更ながら思うのはなぜ『砂の女』や『壁』を手に取ったのか。これればかりは自分にもわかりません。

氏のテーマは「閉鎖された世界からの脱出」で一貫しています。『終りし道の標に』は国家や恋人や故郷からの脱出。『壁』(の第一部「S・カルマ氏の犯罪」)は世界の果てへの脱出、『けものたちは故郷をめざす』は曠野から日本への逃亡行、『砂の女』は砂の穴からの脱出(最後はそこにとどまるけど)、『燃えつきた地図』や『密会』は街からの脱出と、追うものがいつしか追われるものに逆転するという恐怖の通過儀礼であり、それは生き延びるための脱出劇として描かれた『方舟さくら丸』に行きつきます。そして死後発見された遺稿『飛ぶ男』によって氏はついにはじめて脱出に成功します。そうだ、思い出しました。私はこの作品を読んで、ひとこと「ずるい」と思ったのでした。

Q2　若い世代にもっとも薦めたい本は?

伊藤整の『日本文壇史』全二四巻(講談社文芸文庫)。

すべてのもの・ことは点で知るのではなく、つながりや関係や相互の与えた影響……いわば線・面にして読んでゆくと面白くかつ忘れることがありません。文学好きならば必読の作品。文学は一握りの人が弄ぶものではなく、常に裾野を広げてゆかねばならない。ぜひあなたも著者の全力投球を真正面から受け止めてほしい。

Q3　一番新しく買った本は?(秘密ですか?)

『アウシュヴィッツの図書係』(アントニオ・G・イトゥルベ著:集英社)。

ひたすら絶望に満ち満ちた世界に希望の光を与えた八冊の本の話です。これから読みます。

Q4　これから読もうと、気になっている本は?

『プリズン・ブック・クラブ——コリンズ・ベイ刑務所読書会の一年』(コリンズ・ベイ著:紀伊國屋書店)です。

重罪犯を収容するトロントの刑務所で月に一度開かれる囚人たちの読書会。何をどう読み、何を感じ、どう考えたのか。大変気になります。

Q5 プレゼントされた一番印象に残っている本は？

『本のれきし５０００年』（辻村益朗著：福音館書店）。絵本でありながら大人でも読める、むしろ大人にこそ読んでほしい作品です。

Q6 もっとも忘れ難い書評は？

読んだ感想を言語化する作業として書評と評者にはいつも敬服しきりです。自分が言いたかったことがうまく掬い取られている箇所を読むたびに感嘆とともに自身の未熟さといくばくかの嫉妬を禁じえません。

Q7 いま、あるいはかつて好きだった雑誌は？

『文藝春秋』と『文藝』です。隔週刊だった頃の『サライ』も愛読していました。

Q8 貸したまま返ってこない本、あるいは返し忘れている本は？

サリンジャーの『ライ麦畑でつかまえて』は三回貸して一度も戻ってきません。よっていま手元にあるのは四冊目ですが、自身の経験として貸してもらった本は読まないことを知っています。ですから貸した、ではなくプレゼントと思うことにしています。

Q9 忘れ難い至言、あるいは好きな書き出しは？

〈本で出会った至言〉

見ることには愛があるが、見られることには憎悪がある（『箱男』安部公房著：新潮社）。

もうひとつ、本全体が至言の『JAMJAM日記』（殿山泰司著：筑摩書房）を。日本を代表するバイプレイヤーが遺した、ジャズとミステリと映画の日々。本当の「インテリ」とは彼のような存在を言うのでしょう。読後は「おもしろうてやがてかなしき鵜舟かな」もしくは「祭りのあとの淋しさ」。そして沸き起こる全能感。

〈好きな書き出し〉

弱者への愛には、いつも殺意がこめられている（『密会』安部公房著：新潮社）。

Q10 その他。ご自身で質問を作り、自問自答でも。

本を売る仕事をはじめて四半世紀。本は売るのも買うのも読むのも好きでここまできたので、そろそろ「天職」と人に憚らず言っても許されるだろうかと考えています。

鹿島建設の会長を務められた鹿島守之助博士の「仕事を道楽にせよ」という言葉を座右の銘として。

（書店員）

▼三浦順平

Q1　あなたの読書歴にとって忘れ難い記憶遺産は？
『楠勝平作品集』（この中の「ゴセの流れ」）
　基準はどれだけ泣いたか、です。

Q2　若い世代にもっとも薦めたい本は？
寺山修司の著作（ジャンル問わず）
　決して古典にならない。常に現在《いま》の表現者として体験して欲しい。

Q3　一番新しく買った本は？（秘密ですか？）
『人びとの忘れもの』内海隆一郎（古本です）

Q4　これから読もうと、気になっている本は？
　内海隆一郎は、ずっと気になっていながらもなまけていましたが、今その事を後悔しています。しばらくはまりたいです。

Q5　プレゼントされた一番印象に残っている本は？
　プレゼントされた事は、ありません。（たぶん）

Q7　いま、あるいはかつて好きだった雑誌は？
　二〇〇九年に終刊したビレッジプレス刊の『ぐるり』です。ミュージシャンのエッセイを中心にしたものでしたが、判型も小ぶりでかわいらしく、毎号表紙をかざる沢田としきさんのイラストもすてき。全巻揃いで売れてしまい、手元にないのが、少しさみしいです。

Q8　貸したまま返ってこない本、あるいは返し忘れている本は？
昭森社『金子光晴全集』の第三巻。
　欠けた巻が読みたくて、友人の書棚にあったものを借りてます。全巻そろってみると、自分のもののような気になり、返していない、という確信犯です。

Q9　忘れ難い至言、あるいは好きな書き出しは？
「彼はまたいつとなく　だんだんと場末へ　追い込まれていた。」葛西善蔵『哀しき父』の書き出しです。

（古書店店主）

▼道浦母都子

Q1　あなたの読書歴にとって忘れ難い記憶遺産は？
『きけ　わだつみの声』（光文社、カッパブックス）

Q2　若い世代にもっとも薦めたい本は？
　前記と同じ

Q3　一番新しく買った本は？（秘密ですか？）
『私の１９６０年代』山本義隆著（週刊金曜日）

Q4　これから読もうと、気になっている本は？
『村に火をつけ、白痴になれ』栗原康著（岩波書店）

Q5　プレゼントされた一番印象に残っている本は？
『橋川文三全集』
Q6　もっとも忘れ難い書評は？
？
Q7　いま、あるいはかつて好きだった雑誌は？
『銀花』
Q8　貸したまま返ってこない本、あるいは返し忘れている本は？
？
Q9　忘れ難い至言、あるいは好きな書き出しは？
？
Q10　その他。ご自身で質問を作り、自問自答でも。
私家版の歌集、句集が多すぎです。自分のためだけにつくって下さい。知らない人から、毎日、何冊も届くのは困ります。

（歌人）

▼森岡督行

Q1　あなたの読書歴にとって忘れ難い記憶遺産は？

雑誌になりますが、名取洋之助を中心に活動した日本工房の『NIPPON』、それから東方社の『FRONT』です。これらのグラフ誌との出会いが、今の書店経営の動機につながっていますので。

Q2　若い世代にもっとも薦めたい本は？

藤原新也『メメント・モリ』（三五館）。

二十歳のころに読み、衝撃を受けました。私にとって思考の原点です。

Q3　一番新しく買った本は？（秘密ですか？）

向田邦子『夜中の薔薇』（講談社文庫）。

一昨日、買いました。

Q4　これから読もうと、気になっている本は？

柳宗悦の著作です。何度か読んできましたが、あらためて精読したいと思っています。

Q5　プレゼントされた一番印象に残っている本は？

どこの版かは忘れましたが、宮澤賢治『銀河鉄道の夜』です。小学校四年の入院中、父方の叔父がプレゼントしてくれました。

Q6　もっとも忘れ難い書評は？

平松洋子『野蛮な読書』（集英社文庫）の「わたし、おののいたんです」の章に入っている宇能鴻一郎『味な旅、舌の旅』（中公文庫）についての書評です。

Q7　いま、あるいはかつて好きだった雑誌は？

マガジンハウスから出ている『ブルータス』とか『ポ

パイ』。「今」を魅力的に切り取ってくる雑誌が好きです。

Q8 貸したまま返ってこない本、あるいは返し忘れている本は？

幸いにも、ありません。

Q9 忘れ難い至言、あるいは好きな書き出しは？

岡倉天心『茶の本』七章にある言葉です。「着物の恰好や色彩、身体の均衡や歩行の様子などすべてが芸術的人格の表現でなければならぬ」。

Q10 その他。ご自身で質問を作り、自問自答でも。

特にありません。

（森岡書店主）

▼八木寧子

Q1 あなたの読書歴にとって忘れ難い記憶遺産は？

古井由吉著『山躁賦』（講談社）

折口信夫著『死者の書』（中央公論新社）

私たちが生きている世界に死や死者もまた息づいているという自明の理にはじめて気づかされた本です。そのように私の中に差し込んで来ました。

Q2 若い世代にもっとも薦めたい本は？

ノンフィクションと古典です。それから詩集。ノンフィクションは胆を鍛えます。古典には得体の知れないうごめくものがひそんでいます。詩には、コトバがコトバになる前のすがたが揺らめいています。

Q3 一番新しく買った本は？（秘密ですか？）

フランソワ・ビゼ著『文楽の日本』（みすず書房、秋山伸子訳）

ドナルド・キーン著『能・文楽・歌舞伎』（講談社）

能や文楽を観て、おそろしい、と思ったのです。

Q4 これから読もうと、気になっている本は？

山のようにありますが、井筒俊彦著『意識と本質』（岩波書店）は読まねばならない一冊です。書くことは何か、そして読むこととは何かという根源的な問いを自らにたたきこむために。

Q5 プレゼントされた一番印象に残っている本は？

ハンス・クリスチャン・アンデルセン著『絵のない絵本』（童心社、山室静訳、いわさきちひろ画）

リルケ著『若き詩人への手紙』（新潮社、高安国世訳）

アンデルセンは父から。物語の豊かさを知りました。リルケは師から。書くことへの畏敬を抱かねばならないと教わりました。

Q6 もっとも忘れ難い書評は？

思い出せません。

Q7　いま、あるいはかつて好きだった雑誌は？
祥伝社が九七年一〇月に創刊したストイックな女性誌『ZOLA（ゾラ）』と資生堂『花椿』が大好きでした。いまは雑誌はよみません。
Q8　貸したまま返ってこない本、あるいは返し忘れている本は？
ないと思います。
Q9　忘れ難い至言、あるいは好きな書き出しは？
「まだ輝いたことのない光」とは、未知の光ではなく、いつか見える光でもない。決して見えることはないけれど、もう見たことのある光なのだ。（宇野邦一著『〈兆候〉の哲学』青土社）
Q10　その他。ご自身で質問を作り、自問自答でも。
Q　死出の旅路に一冊だけ携行がゆるされたら？
辻邦生『西行花伝』（新潮社）
理由：むこうで辻邦生さん（と西行法師）にサインを貰うためです。

（文芸批評）

▼山里勝己

Q1　あなたの読書歴にとって忘れ難い記憶遺産は？

アルベルト・カミュ『異邦人』

読んだのは一九六九年、「両三年内に」沖縄の日本復帰を実現すると佐藤栄作とリチャード・ニクソンが合意した年。さまざま思想潮流が覇権を争い、思考が呪縛されていた時代。イデオロギーの奔流を整理し切れずに鬱々としていたある日、大学図書館で『異邦人』を読んだ。「太陽が暑かったから」という言葉とともに聞こえてきた銃声で得体の知れない解放感が身体を突き抜けた。（あれからほぼ半世紀、訳者や出版社は確認できない）。

Q2　若い世代にもっとも薦めたい本は？

大城立裕『小説琉球処分』（講談社文庫、上・下）

日本による琉球併合（いわゆる「琉球処分」）を描いた作品。「異邦人」の視点から日本という国を見ることができるだろう。NHKの大河ドラマにしてほしいのだが――。実現すれば、すこしは日本が変わるかも知れないと願いつつ。

Q3　一番新しく買った本は？（秘密ですか？）

塩川伸明『民族とネイション――ナショナリズムという難問』（岩波新書）

再度、自分がだれであるかを理解するために。

Q4　これから読もうと、気になっている本は？

Commodore M.C. Perry, *Narrative of the Expedition of*

an American Squadron to the China Seas and Japan: Performed in the Years 1852, 1853, and 1854, (United States Navy).

既読だが、あらためて琉球に関する記述を精読してみたい。ペリーの遠征記は軍事報告でもある。沖縄戦、アメリカの沖縄統治、そして現在へとつながる言説の淵源か。

Q5　プレゼントされた一番印象に残っている本は？

アメリカのピューリツァ賞詩人ゲーリー・スナイダーからプレゼントされた*Brighter than a Thousand Suns: A Personal History of the Atomic Scientists* (Robert Jungk)。邦訳は『千の太陽よりも明るく――原爆を造った科学者たち』(ロベルト・ユンク)(平凡社ライブラリー)

Q6　もっとも忘れ難い書評は？

特にない。

Q7　いま、あるいはかつて好きだった雑誌は？

沖縄タイムス社が発行していた『新沖縄文学』。一九七二年の「日本復帰」前後に、沖縄の知識人たちが沖縄の未来を論じ、小説家や詩人たちが沖縄の状況を描いた作品を掲載した。「思想と文化」の総合誌。一九九三年、第九五号を最後に休刊。

Q8　貸したまま返ってこない本、あるいは返し忘れている本は？

記憶にない。本は天下の回りもの、ですか。

Q9　忘れ難い至言、あるいは好きな書き出しは？

好きな書き出しは東峰夫「沖縄の少年」(一九七一年、第六六回芥川賞)――「ぼくが寝ているとね、『つね、つねよし、起《う》きれ、起《う》きらんな！』と、おっかあがゆすりおこすんだよ。『ううん……何《ぬ》やがよ……』」。

東は、少年を一人称のナレーターにすることによって、会話文も地の文も沖縄語と標準日本語のハイブリッドな文体で書くことができるという発見をした。明治以来、標準日本語で書きながら琉球語に固執する沖縄の文学に強い影響を与えた。

Q10　その他。ご自身で質問を作り、自問自答でも。

特にない。

(アメリカ文学・文化論)

▼芳川泰久

Q1　あなたの読書歴にとって忘れ難い記憶遺産は？

記憶遺産ですか。小学生のときに読んだ、芥川の伝記と狩野探幽の伝記かな。選んだ理由は特になく、小学校の図書室にあったから。

Q2　若い世代にもっとも薦めたい本は？
一冊ということでは考えてません。一冊でも多く古典（世界文学も日本文学も）と呼ばれる作品は読んでほしい。
Q3　一番新しく買った本は？（秘密ですか？）
秘密でよければ、そうしておきます。
Q4　これから読もうと、気になっている本は？
間もなく出る二校ゲラとこれから出るゲラと、いまかいているもののゲラです。しかしゲラではよく読みますが、本になるとまず読みません。
Q5　プレゼントされた一番印象に残っている本は？
本をプレゼントされた記憶じたいありません。
Q6　もっとも忘れ難い書評は？
そのつどありますが、忘れやすいので覚えていません。
Q7　いま、あるいはかつて好きだった雑誌は？
特になし。小学生の四・五年生のときは『少年マガジン』と『少年サンデー』かな。
Q8　貸したまま返ってこない本、あるいは返し忘れている本は？
貸したまま返ってこないのは初期の古井由吉のエッセイ集（数冊本だった）です。しかし悔しくはないです。本を貸すとは、そういうことですから。
Q9　忘れ難い至言、あるいは好きな書き出しは？
至言と思って記憶にとどめないので。書き出しも同様。（根底に、書き出しだけ良いと思える本て、何なの？という思いあり。）
Q10　その他。ご自身で質問を作り、自問自答でも。
パス。

（フランス文学・文芸評論）

▼和合亮一

Q1　あなたの読書歴にとって忘れ難い記憶遺産は？
萩原朔太郎の『月に吠える』（新潮文庫など）という詩集との出会いが、詩を書くきっかけを私に与えてくれました。人生の道を示してくれました。一冊の詩集が人生を変えることがあるということを教えてくれたように思います。
Q2　若い世代にもっとも薦めたい本は？
吉岡実の詩集（「現代詩文庫」思潮社刊など）をお勧めしたいです。現代詩の醍醐味に触れていただきたいし、ある意味で詩の一つ一つと向き合い、格闘するような読書体験をしていただきたいです。
Q3　一番新しく買った本は？（秘密ですか？）

長田弘のエッセイ集『幼年の色、人生の色』（みすず書房）です。詩人が読書という行為をいかに愛してきたかが、伝わってきます。夜にスタンドの明かりひとつ点けて、本を広げる自由は何にも代えがたいということについて書かれたエッセイが秀逸でした。

Q4　これから読もうと、気になっている本は？

村上春樹が好きで、できる限り本を集めています。ハードカバー、文庫本、新装本……、例えば同じ内容でも、買ってしまうほどです。新作『騎士団長殺し』がもちろん気になります。また『吉増剛造全集』（思潮社）が刊行予定なので、心待ちにしています。

Q5　プレゼントされた一番印象に残っている本は？

詩人城戸朱理さんからいただいた第一詩集『召喚』（書肆山田刊）です。大変に瀟洒な詩集で、ご自身のお手元にもほとんど残っていないのに、後輩を励ます思いを込めてプレゼントして下さいました。詩人吉岡実が帯文を記している、貴重な一冊です。その美しいたたずまいを手にしながら、詩集とは書物でありながら、そのまま美術作品にもなるのだと初めて実感いたしました。

Q6　もっとも忘れ難い書評は？

書評……今、すぐに思い浮かぶのはありませんが、時々に書評を書かせていただいているので、それを実際に書くという観点から、読ませていただいていることが多いかもしれません。いろんな書き手の味や技が感じられて、まずは文章そのものを楽しんでいます。

Q7　いま、あるいはかつて好きだった雑誌は？

『詩学』『ミッドナイトプレス』という詩の雑誌が、かつてありました。吉野弘さんの登場や、辻征夫さんのインタビューなど、この二誌から、貴重な仕事がたくさん生まれました。

Q8　貸したまま返ってこない本、あるいは返し忘れている本は？

すみません。確かにいくつか返していないものがあります。返します。

Q9　忘れ難い至言、あるいは好きな書き出しは？

これは辻征夫さんのある詩の始まりの一行です。「詩を書く前には靴を磨くね」。いわゆるスポーツ選手におけるゴールキック前などに行うルーティンのようなものでしょうか。何かをする前に、一つのことをやってから気持ちを向けていく……そうした時間が好きです。詩を書く時間を特別なものにするために、詩人はまずオシャレな靴を磨いたのでしょうか。

Q10　その他。ご自身で質問を作り、自問自答でも。

国語の教師をしていますが、十分間の「朝読」を学校全体で取り組んでいます。本をみんなで読んでいる静けさが、とても好きです。本を読むだけではなく、本と人生とは何かについて、それぞれに何かを実感しているのが分かります。

（詩人）

あとがき

折々の切迫した事態を想像すれば、笑えないのだが、それでもやはり笑ってしまうこんな話がある。アルベルト・モラヴィアとその妻の同じく作家であるエルザ・モランテは、戦争中（おそらく第二次世界大戦中）に数か月の間、アルバニアの羊飼いの小屋に潜伏していなければならなかった。持ってきた本は、『聖書』と『カラマーゾフの兄弟』のみ。そこで深刻なジレンマに陥ってしまう。この二つのうち、どちらをトイレット・ペーパーとして使うべきか？　二人は断腸の思いで選ぶことになる。選択の結果は判らない（ダニエル・ペナック著『奔放な読書』浜名優美、木村宣子、浜名エレーヌ訳）。羊飼いの小屋というロケーションならば、いくらでも他に選択肢はあると思うのだが、この作家夫妻の潔癖感では許容できなかったのであろう。このエピソードから、あらためて本が、〈紙〉という類まれな素材で出来ていることに、今さらながら思い到る。それゆえに、本の愛し方をめぐって別様の選択問題が生ずることにもなるのだ。

ある家族が、デンマークへ旅したときのこと。本好きの十三歳の少年が、ホテルのナイトテーブルに読みかけの本を伏せて外出した。部屋に戻ると、メイドのメモが置いてある。「お客さま、本をこんなふうに扱ってはいけません」。この読書好きの少年は、本を粗末にする人間とみなされて、大いに悔しがった。このメイドの本の愛し方は、「騎士道的恋愛」なのだ。本を神聖なものとして、本屋で買ったときの状態を保とうとする、ほとんど不可能なことにこだわるプラトニック・ラブである。一方で、この少年の家族は「肉欲的恋愛」を実践している。線を引いたり、書き込みをしたり、ページの隅を折ったり、要するに騎士道的恋愛主義者ならば我慢し難いようなロマンスの身体的な痕跡をしっかり残すのだ（アン・ファディマン『本の愉しみ、書棚の悩み』相原真理子訳）。

ちなみに、私はこの両方の愛を実践する欲深い人間である。いずれにせよ、紙媒体としての本の稀有な造形があってこそ「恋愛」が成立する。たとえば、電子ブックと「騎士道的恋愛」をどのように持続するのか？「肉欲的恋愛」の身体的痕跡は？それぞれの愛の交歓を思い描けば、なかなかシュールな図柄ではあるが。したがって、本の持つ固有の魅力的な物質性こそ、読書の記憶を定着させる一因なのは確かであろう。

十歳のときに夢中になった金色の文字に花のように見える三匹の蝶の絵のある表紙があったからこそ、「飛翔する夢」として記憶にとどめた本、そのピエール・ロティの『夢を失った女性たち』との再会を、エドマンド・ホワイトは、こう記している（『燃える図書館』柿沼瑛子訳）。

ごく最近、私のもとに運命の女神が――蛇のような巻き毛にビスタ色の瞳、青白い手首、さらに白い首にアールヌーヴォーのアクセサリーを山とつけたメランコリックな女神があらわれ、かつての読書の記憶をよみがえらせてしまった。

艶やかなほどの文飾だ。少年のときの「初めてロマンスの不健全な歓びに満ちた夢を見させるきっかけになった本」の再登場とはいえ、いかにも過剰なこの作家らしい濃厚な修辞が気分の昂揚を伝えている。

この書き出し文の結びもまた、本との運命的な遭遇を謳いあげるものだ。自分が創造したロマンスが何であれ、自分の芸術家としての考え方が何であれ、また「わたしが旅した場所がいかなるものであれ、いかなるイマジネーションにとりつかれようと、それらはみな、わたしが子供時代に読んだ頁の脚注に過ぎないのである」と。子どものときに読んだ物語が本文となり、あたかも後の人生のすべてが、その「脚注」だと述べているのだ。運命的な本との再会の歓びが、蠱惑的なまでに讃嘆の言葉を引き寄せる。現実にそれほどのものだったか、と問いかけても意味はない。このような言い方そのものとしてのみ成立する経験が誰しもあるのだ。

他方で、ある読書経験が記憶に刻まれる経緯には、唐突なまでの偶発事とそのときの光景とが不可分のかたちで結びつくこともある。どういうことか？　私的な経験に立ち入りすぎることになるし、すでに「あとがき」の分限も越えつつあるが、それらを承知のうえで（したがって、別名「あとアがき」という）書いておきたい。

私にとってカフカの著述のなかで、もっとも心を打たれたのは、『カフカ全集・第九巻』（吉田仙太郎訳）の書簡集にある保険局理事会宛（一九一二年十二月十一日付け）の嘆願書であった。「恭順なる署名者は理事会各位に対し、その給与号俸の抜本的調整方の懇請を謹んで提出申し上げ、旁々、以下の諸理由を御勘案賜りますよう、お願い致します」と、低い給与実態を明らかにした図表を一〇点も添えて、長い文面をしたためている。

私は東海道新幹線で京都に向かうとき、書簡をめぐる仕事の必要から、カフカの分厚い書簡集を携えていた。このきわめて具体的な根拠を示しつつ(もちろん協力者がいたであろうが)、冷静に賃金格差を訴える文面に心動き、しばし呆然と窓外を眺めた。断章を含めカフカの作品群を読んできたからこそ、こうした文章に反応したのかもしれないが、それでも何故にかくも胸に沁み込んだのか判然としない。

このとき新幹線は関ヶ原を過ぎて小さなトンネルを抜け、右に伊吹山が見えた。私はこの山容を好きになれず(妙義山とともに)、色川武大の『怪しい来客簿』の一篇「門の前の青春」に出てくる「あのずんぐりむっくりの皺々が田んぼから屹立している様子を思い出すと身慄《みぶる》いが出る」ほどであり、「伊吹山は大地の病巣」という断定に共感していた。ところが、このときは異形の伊吹山の姿にも心動くものがあった。そして突然、官吏としての篤実な仕事ぶりを示すカフカの請願の手紙に私自身が感動していることに気づいたのだ。しかもそれをまるで小説のように読もうとしていることにも驚いた。カフカ、給与改善嘆願書、伊吹山、色川武大が一列になって並んでいる。こんなふうにある本が記憶の奥に場所を得ることもあるのだ。

本書の趣意にも触れておかなければならない。

どのような本であろうか? 私たちひとりひとりの過去の読書地図に、輝く樹のように立っている本は。あるいは道の辺の石のように、ひっそり存在していたのに、やがて思わぬ道標となって、深い読書の森に誘ってくれた本は。

本との出会いが私たちにどのような驚きをもたらし、認識の更新を促したのか、読書の来歴が用意してきた記憶の舞台には何が演じられているのか。本書はそうした書物と共振する想念のあとをたどり、読書空間の眺望を記述しようと試みたものである。

四部構成の内容的な概略を述べれば、以下のとおりとなる。

Iの「読みの振幅」は、本という記憶装置と読書行為に向けた考察を示す各篇をまとめ、IIの「本の境域」は新著・旧著を取り混ぜて、書評的なエッセイや読書の軌跡を追う文章を収め、IIIの「書物、その出会いの光景」は、本との出会いあるいは本をめぐるエピソードなどを中心とする随想を収録した。以上、もとより厳密な分類ではないが、それぞれ異なった関心をもつ読者への便宜として区分したものである。

最後の「本をめぐる記憶のプロムナード――54名への読書アンケート」は、20世紀文学研究会のメンバーを含めて、創作、批評、翻訳、研究などの著述に携わる人だけでなく、編集者や書店員として本の仕事に関わっている方々など約七〇名へ依頼したアンケートのうち、返信をいただいた五四名の回答文を載せたものである。ひとつひとつは小欄にすぎないが、答えに託されたさまざまな本への思いには、しばしば読む者の胸を衝くような記憶と感情のドラマが覗いている。

今にして思えば、『ニューヨーク・タイムズ』の作家インタビュー（By the Book）の質問項目のようなものがあっても面白かったかもしれない。「あなたが、文学者のディナーパーティを計画する場合、現役作家と物故作家に関わりなく、三人を招待するとすれば、誰を呼びますか?」とか。

この質問にそって招待の理由を考えていくと、あれこれ想像が刺戟されるに違いない。たとえば、ベンヤミンとロラン・バルト、あとひとりは？　スーザン・ソンタグはどうだろう。夏目漱石に大岡昇平、それと誰か？　寺山修司にボルヘス、もうひとりは誰にするか？　具体的に検討し始めるとすぐに気づくのだが、三人目がとても難しい。
……と、こうして本の記憶をめぐる思いがとりとめなく動く。

＊

本書の刊行に当たって創意ある玉稿を寄せてくださったすべての方々に心から感謝申しあげます。また、諸々の事情で刊行が予定よりも三か月ほど遅れてしまったことをお詫びしなければなりません。出版に当たって、三浦清宏氏から援助の申し出があったことを感謝とともに特記しておきたいと思います。
『文学空間』（20世紀文学研究会編）全十巻に続き、刊行を快諾していただいた風濤社代表・高橋栄氏、多人数の執筆者による煩雑な編集作業にもかかわらず、いつもまことに丁寧に仕事を続けてくださった鈴木冬根氏のお二人に衷心から御礼を申し上げます。

（中村邦生記）

二〇一七年冬
20世紀文学研究会『読書空間』編集委員

執筆者紹介（掲載順）

小池昌代　詩人、作家。『コルカタ』、『たまもの』

波戸岡景太　アメリカ文学。『ロケットの正午を待っている』、『ピンチョンの動物園』

関口裕昭　ドイツ文学、比較文学。『評伝パウル・ツェラン』、『翼ある夜　ツェランとキーファー』

北　文美子　アイルランド文学。『ケルト　口承文学の水脈』（共著）、『ケルト復興』（共著）

佐藤真基子　西洋古典思想・古典文学。『神と生命倫理』（共著）、『希望に照らされて——深き淵より』（共著）

中村邦生　作家、比較文学。『転落譚』、『風の湧くところ』

武田　徹　メディア論、社会批評。『日本語とジャーナリズム』、『日本ノンフィクション史』

平井杏子　作家、イギリス文学。『カズオ・イシグロ』、『アガサ・クリスティを訪ねる旅』

榎本眞理子　イギリス文学。『イギリス小説のモンスターたち』、ロバート・クリッツマン『震える山』（翻訳）

伊勢功治　グラフィック・デザイナー。『写真の孤独』、『天空の結晶』。『北方の詩人　高島高』近刊予定

遠山義孝　哲学、ドイツ文学。『カントの実践哲学と平和の理論』（独語）、『ドイツ現代文学の軌跡』

山崎　勉　現代英米文学。ヘンリー・ミラー『黒い春』（翻訳）、ドナルド・バーセルミ『哀しみ』（翻訳）

神品芳夫　ドイツ文学。『リルケ研究』、『自然詩の系譜』（編著）、『リルケ、現代の吟遊詩人』

松永美穂　翻訳家、ドイツ文学。インゲボルク・バッハマン『三十歳』（翻訳）、ペーター・シュタム『誰

もいないホテルで』（翻訳）

近藤耕人　アングロ・アイリッシュ文学、映像学。『目の人』、『ミメーシスを越えて』

稲田武彦　アメリカ・ユダヤ系文学。『アメリカ・ユダヤ文学を読む』（共著）、ラビ・リー・J・レヴィンジャー『アメリカ合衆国とユダヤ人の出会い』（共訳）

向島正喜　イギリス文学。英米のポップスと文化。「それぞれの夏」、「夢のゆくえ」

三浦清宏　作家、アメリカ文学。『長男の出家』、『海洞――アフンルパロの物語』

読書空間、または記憶の舞台

2017年3月31日初版第1刷発行

編　20世紀文学研究会
編集委員　近藤耕人・中村邦生・平井杏子
発行者　高橋 栄
発行所　風濤社
〒113-0033 東京都文京区本郷3-17-13 本郷タナベビル4F
Tel. 03-3813-3421　Fax. 03-3813-3422
組版　閏月社
印刷・製本　中央精版印刷
printed in Japan
ISBN978-4-89219-431-3